ALIBABA
DESIGN YEARBOOK

阿里巴巴设计委员会 编著

Alibaba Design

>设计，不止于形式

阿里巴巴 设计 实战与解析

DESIGN IS
NOT JUST DESIGN

电子工业出版社·
Publishing House of Electronics Industry
北京·BEIJING

>目录

Chapter 1 2021 阿里巴巴设计大事记   P007-117

> 双十一全球狂欢季

· 收获，让幸福满溢——双十一品牌焕新
· 贴合数据化趋势的视觉研发
· 淘宝的内容消费叫种草
· 一起分享购物车，让你"抄作业"更方便
· 我们是如何让"会场"变得更好逛的？
· 一次与开发者的对话——阿里云双十一

> 奥运

· 飞扬火炬，思考中国设计的精神气韵
· 数字新奥运，智慧新社交——阿里巴巴云徽章
· 在 12 年周期里看阿里巴巴品牌的奥运传播

> 公益

· 阿里巴巴普惠体的诞生，造字原来要经历这么多思考
· 寻找远方的美好，一起为乡村做设计
· 设计是光，点亮梦想——公益画廊
· 在蚂蚁森林做设计，是一种怎样的体验？

Chapter 2 设计，有效的沟通   P119-257

· 创意设计如何构建"造物世界"与现实的桥梁
· 天猫品牌年轻化战役
· 七年五福，一出好戏
· 洞察生活的美，赋予造节创作
· 创造一场数字化的感官盛宴
· 用心淘，特实在
· 盒马品牌，赋予"吃"的仪式感
· 像数学家一样，将营销设计进行排列组合
· Alipay + Rewards，设计助力蚂蚁国际业务从零增长
· 在旅行中重新认识自己，人格化重构飞猪会员体系
· 设计携内容 IP 搅动潮玩界
· 钉三多，不仅要"生"好还要"养"好
· 闲鱼 IP 潮流破圈
· 用创意点亮空白，IP 化营销强势登陆海外市场
· 进出口设计带你"入乡随俗"

ALIBABA
DESIGN YEARBOOK

CONTENTS

Chapter 3 设计，友好的体验　　　　　　P259-335

· 淘宝 2021，找回最原始的购物体验
· 让商品活起来竟然如此简单
· 顺势而为，趋势对商品设计的影响
· 追光吧，精灵
· 为"无声骑士"提供公平的配送体验
· 适老化设计，让长辈顺畅使用支付宝
· 为全球设计，打造海外用户熟知的体验
· 为算力而设计，边缘计算一体机产品线工业设计
· 小蜜蜂，让连接美而简单
· 打造轻量有趣的电商互动体验

Chapter 4 设计，贴心的服务　　　　　　P337-411

· 十一全民出行都逛哪？——数据的地理时空演绎
· 遇见和探索线下新空间的未来
· 盒马设计，让零售门店温暖有 AI
· 品牌塑造边界拓展，暖成咖啡递给你
· 菜鸟 IoT 寄件服务设计模型与实践
· 跨时代的快递服务，人人都能用上的智能物流无人车
· 达摩院听悟，提高会议幸福感的帮手
· 钉闪会，开一场有备而来的会
· 麦座 Aseat，如何让传统票务更加数字化

Chapter 5 设计，高效的产能　　　　　　P413-451

· 数字重塑新物流
· 逆流而上，逆风而行——品牌出海新机遇
· DEEP！企业智能体验设计"双引擎"
· 链接工厂的体验设计探索
· 重塑商家经营新体验

Chapter 6 设计，可感知的未来　　　　　　P453-483

· 构建与数字世界的连接——下一代导航的创新体验
· "智造"未来新办公，原来可以这样
· "百变金刚"是怎样炼成的
· 机器意识 AI 之旅，神经符号创意设计

序言
一

现代主义建筑设计师路易斯·沙利文曾提出"形式追随功能"（Form follows function）理论，认为设计应主要追求功能，物品的表现形式应该随功能而改变。设计毕竟不是艺术，对于设计而言，并不只是为了追求某种表现形式，或者单纯为了追求某种新奇造型，而应该超越外在形式和造型层面，去追求更深层的东西，可能是某种科技创新、某种新体验，也可能是达成某种商业目的等。也就是说，我们看待设计，或者从事设计，一定要不止于形式，要去探索形式之外的价值和意义。

我们对于设计的评价，也需要超越形式的范畴，从更广或者更深的角度去考量，特别是在阿里巴巴，更是如此。比如说对于设计，我们会从客户价值、业务价值、专业影响力等多个维度来看。首先是客户价值，今天，当面对如此庞大的客户和用户体量时，设计师们应该站在他们的视角，切身用设计来为他们解决问题，他们对于设计是否满意，是否能有好的体验，是否能在满足需求之余还能感受到愉悦；其次是这个设计能否帮助业务实现价值，能否在业务这个滚滚向前的车轮中助推一把；再者，设计在整个行业里是不是能够有所创新，或者我们的设计作品在行业里能不能起到引领作用，启发更多的设计同行。

"我手写我心"，我们是这么想的，也是这么践行的。从2017年开始，阿里巴巴连续4年推出以"双十一"设计为载体的专题年鉴，对于阿里巴巴而言，"双十一"是非常有意义的一场全集团参与的"大战役"，不仅有外在的形式，更有商业、有技术、有创新……同时，"双十一"也是设计部门一年中最重要的"练兵场"，我们需要在这个场域，通过创新设计的手段，证明设计在商业版图中的价值，打造平台独有的特色，同时能助力品牌在消费者心智中谋取一席之地。当然，只有在这么重要的"练兵场"，设计才能有机会施展自己的"十八般武艺"。

但是只有"双十一"还不够，当今社会，设计更是跳脱表面形式的范畴，外延在不断拓展，内涵被重新定义，跨界也在不断发生……就像人生最重要的是体验，体验的拓宽会带来眼界的提升，眼界的提升会引领你的创造力达到更高的境界。其实反思一下，生活中有什么不是设计呢？做一顿饭是设计，走一段路是设计，迷恋一件物品是设计，体验一次露营是设计……特别是随着数字化、网络化、智能化等新一轮科技创新带来设计变革的新可能，由此，我们需要在一个更广义的视角去审视和思考设计。所以，基于这样一个大背景，我们将"双十一设计年鉴"全面升级为"阿里巴巴设计年鉴"，除保留"双十一"精选版块，还精选出阿里集团、蚂蚁集团的优秀设计案例，内容涵盖创意、营销、体验、互动、服务、工业、空间、智能化、公益等各个门类，对这些内容我们优中选优，将一年来最具创新性、专业性及价值影响力的案例汇聚成书，共享给广大的设计同行和关心设计的朋友们。

好的设计的诞生，既需要创新的形式表达，也需要设计师有一颗同理心，站在客户和用户的角度去思考，同时能发现问题、定义问题，并用创造性的手段去解决问题。所以一位好的设计师，并不只是一个形式创新大师，他需要有想法，对某些行业或者专业领域有自己独特的洞察，并因此激发非凡创造力；其次需要超强的执行力，好的想法只是第一步，好的设计师是能够把一个五分的想法执行到十分，而差的设计师可能会把一个十分的点子执行成五分，执行力是区分一个设计师是否成熟的标准。好的设计师还需要懂商业，设计首先是商业行为，设计师需要了解商业的目的和运作规律，一个不懂商业的设计师，就像一个不懂怎么打仗的战士，面对商业语境束手无策；好的设计师还需要积极的心态和良好的沟通能力，设计是一个服务行业，很多时候设计的话语权并不完全掌握在设计师手里，所以设计师需要在面对挑战时能够随时进行自我的"心理治愈"，并以全新的状态投入到创造中。

谈了这么多，还是希望面对未来，我们的设计师能够超越形式去看设计、做设计，希望设计师们能更聚焦于客户价值，只有满足了客户价值，设计师才算真正实现了自己的价值创造，而不是自我陶醉；希望设计师们能提升自己的经营意识，学会做判断、做取舍，让自己付出的每一分努力都能产生价值；希望设计师们能更有爱心，通过设计去助力社会问题的解决，帮助更多需要帮助的人，也期待更多的设计师参与到社会价值的创造中！

设计，不止于形式，而是更多的可能，可能是超越设计的创造，是温暖人心的惊喜，是解决问题的逻辑，是久久思考的谜语……一切都有可能，一切又充满未知！设计，不止于形式，设计产业才能获得解放，实现真正的蜕变。设计，不止于形式，也是一种解决复杂问题的智慧，这种智慧让我们无数次冲破迷雾，去践行我们的设计价值观：设计，让商业美而简单。

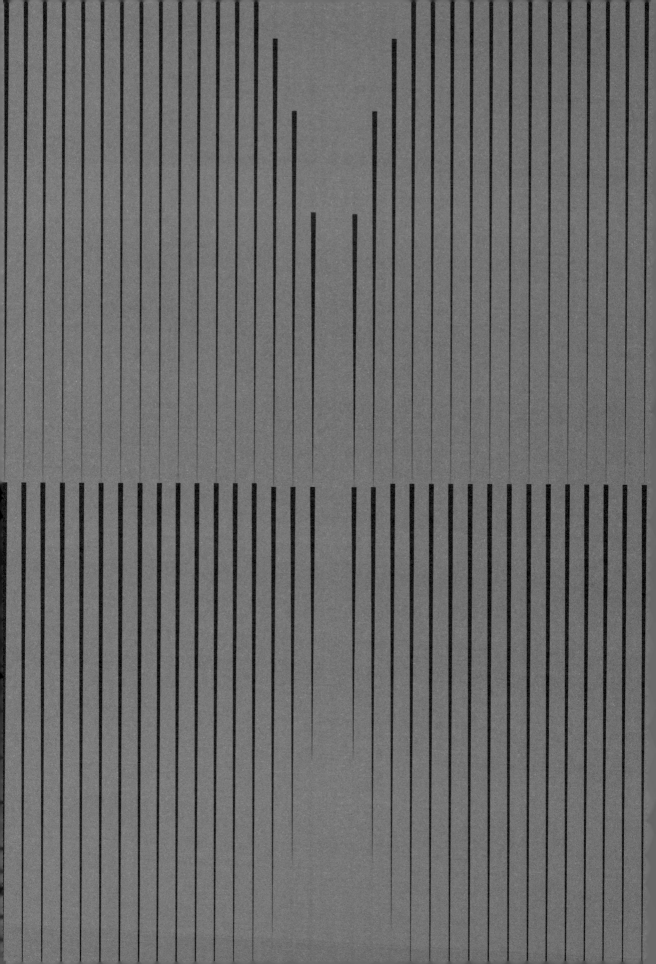

>阿里巴巴设计大事记
ALIBABA DESIGN MAJOR EVENTS

01 > 双十一全球狂欢季
GLOBAL SHOPPING FESTIVAL

02 > 奥运
OLYMPIC GAMES

03 > 公益
PUBLIC WELFARE

01 > 双十一全球狂欢季
GOLBAL SHOPPING FESTIVAL

收获，让幸福满溢
双十一品牌焕新
—

双十一品牌为何要焕新

提起天猫双十一品牌设计，有些朋友可能会感觉：不就是每年换个 Logo 吗？

的确，双十一每年都更换 Logo，但也远远不只是更换 Logo。重点是如何通过一个细节的改变，构建一个全新的品牌系统设定；让大家透过每一个触点，直观感受到每年都有新意的双十一。

这就好比你每年都和朋友们有个约会，约会前，你会精心打扮一番，想把最好的一面展示给他们，让他们感受到你一年比一年好，和他们分享自己一年来全新的生活体验。这是一个朴素的洞察，也是来自生活的经验。

如何焕新

那么，和大家相识了 13 年的"老朋友"天猫双十一，2021 年要以一种怎样的全新面貌和大家见面？作为连续 5 年负责双十一品牌设计的团队，我们面对的挑战 —— 双十一核心创意是什么呢？

"今年是国力上升、民族自信的一年，我们可以把自豪感融入品牌里。"

"现在作为后疫情时期，我们可以传递全球命运共同体的概念。"

"也可以回到狂欢本身！尽情热爱，尽情生活……激昂一些！"

Logo 前期 Demo

热烈的讨论氛围感染着会议室里的每个人 —— 因为这是简单直接的、每个人都在真正体会的生活情节；回到消费者的视角，往往才能真正想到至少能击中自己的创意。

因为我们本身就是消费者啊！

每个人都有不同的喜好，有自己的小圈子……大家都在双十一有着不同的乐趣，期待收获不同的惊喜。双十一就是这样一个能满足消费者多元爱好的节日！

这样看来，双十一通过携手全球超 20 万品牌，汇聚上百万款新品、新潮好物，释放海量福利的优惠玩法，只是为了给大家汇聚一年中最多的新品好物，满足所有对美好生活的向往"美好生活，大家在双十一共同向往。"

谈到这个主题，我们认为从视觉上解读它还是过于抽象，还想让它更接地气，更加一目了然。这就需要将品牌主张转化为用户视角的设计语言。

借机给自己买个大礼物！

一次性买齐所有新家的家具！

一起在0点边吃着火锅唱着歌、买买买！

互动游戏肝起来！

可以买尽打折的心水好货！

双11，消费者在期待着什么？

尝试一下新的穿搭风格！

工资回收开始！

买个瑜伽垫双11后开始健身！

给老爸买双新球鞋！

一年一度凑热闹现场！

给孙女买个大玩具！

买到最新的品牌单品！

朋友们相互种草安利太有趣！

买一大堆模型回家拼个够！

美好生活，共同向往

不同圈层、生活方式的理想，在双11共同实现

引领性 感性价值

撬动消费者的心理杠杆

满足所有对美好生活的向往

一年中汇聚最多的新品好物

丰富性 理性价值

凸显供给层面差异化优势，制造外消费驱动力

携手 汇聚 释放

全球超20万品牌 上百万款新品、新潮好物 海量福利优惠玩法

品牌 货品 价格 折扣 权益 互动 导购 配送

消费者

消费者的诉求

双11所力求的结果

美好生活

期待属于"我"的美好生活

共同向往

收获各自的理想、共同对双11感到满意！

收获各自的理想、共同对双11感到满意！

拆解品牌策略

"美好生活"是属于每个消费者的，而"共同向往"是大家共同在双十一收获属于自己的美好，共同开启对美好生活的向往……收获，让幸福满溢。

那么"收获，让幸福满溢"要如何具象化表达？什么样的画面才能直观地让大家感受到？

创意藏在每一个生活体验的细节里面。

当回到消费者的视角，去回顾每年双十一我们沉浸在其中的快乐，其中一个细节几乎被我们同时提及：作为消费者，在每年双十一，当我们从快递站手捧着大包小包的"战利品"，心中满是幸福，打开它们的瞬间，仿佛共同开启了属于我们每个人的美好生活。

收获的喜悦

大家开心地收获各自不同理想的瞬间，却有着相同的喜悦感受，满意又幸福！

把这个情绪，和天猫形象与 11.11 结合在一起时，我们直截了当地得到了生动的 Logo 图形 ——天猫手捧满溢的幸福，给到你。

2021 双十一品牌 Logo

那么，完成了 Logo 设计后，如何去表达一开始提到的——大家的向往和期待，是收获"属于自己独特的美好生活"呢？

我们邀请了一众品牌、IP 甚至还有城市，和我们玩在一起！

将"美好生活 共同向往"的核心概念与 Logo 相结合，让双十一的品牌更多元有趣。

双十一品牌与各品牌联合创意

双十一品牌体验系统构建

搞定了标志系统和创新玩法，只是完成了 2021 年双十一品牌设计的第一步。

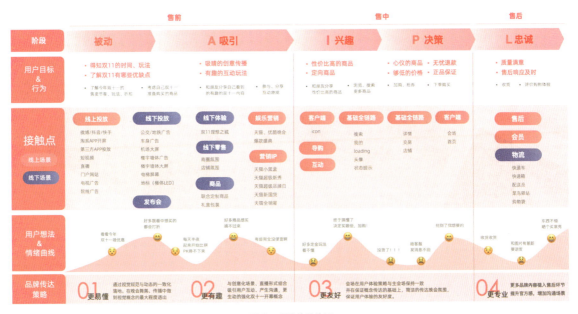

双十一品牌体验地图

接下来，我们要把基于"美好生活 共同向往"而来的品牌设计演绎概念"收获，让幸福满溢"，延展到线上线下各个场景，让大家能全方位地感知这个暖心而又表现多元的概念。

1. 2021 双十一 Format

首先，通过提取品牌核心的动态感知"双手捧着"幸福的表达，我们将其统一表达形成了 2021 年的双十一品牌 Format，结合满溢的幸福元素，将品牌对外的整体表达形神合一。

2021 天猫双十一线上会场设计

2021 天猫商家联合猫头海报设计

过去几年，我们已向大家介绍过天猫双十一主风格的来龙去脉；2021 年在传承双十一节日氛围的同时，在视觉风格上做了进一步创新：通过提取品牌心境映射"幸福满意的时刻"、结合视觉映射"溢出"构成感知，尝试用更丰富的画面表达"满溢的幸福能量"这个核心概念画面。

相比符号，视觉风格更直观、易感知，它可以通过形色质构形成全方位的表达。

2. 2021 双十一视觉系统——幸福的能量满溢

从发光的天猫猫头造型中满溢而出的幸福能量，形成了 2021 年双十一的浓郁视觉语言；再通过温暖、舒适的手写标语与形色质构的拆解，应用到各个场景。

2021 双十一主视觉系统

3. 2021 双十一限定天猫形象——向往猫

我们将视觉系统的幸福能量及向往的心形与天猫 IP 相结合，设定了 2021 年双十一的限定天猫形象！

至此，2021 双十一基础品牌系统构建完成。

2021 双十一限定天猫形象

4. 2021 双十一 美好生活乐园入场券

基于品牌的创意玩法，我们联动 1000 家品牌开启天猫双十一乐园开园仪式，打造满足所有向往的美好生活乐园！

在双十一预售开启之际，万千品牌与我们一同打造"双十一美好生活乐园"概念，通过"乐园"将"美好生活"具象化；并推出乐园邀请函的创意联动海报，邀请消费者在预售开启时，来到天猫双十一乐园畅享我们与品牌共同呈现的美好生活！

2021 天猫双十一：千家品牌联动

每一种生活的理想，

天猫都携手万千品牌，与你一起向往。

在这个双十一，共同收获美好生活吧！

时事热点

美术风格

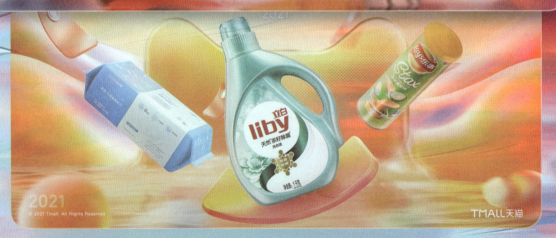

贴合数据化趋势的
视觉研发
—

持续反复的疫情，令人感到未来飘忽不定，元宇宙、NFT 疯狂破圈，以及时代背景下的自然环保命题……这些领域的变化都与人们的生活息息相关，同时影响了人们视觉感观的变化。

在多元内容高速传播、软趋势更迭的今天，如何让大型营销活动的美术设定对设计环境做出反应，抢先一步把控潮流与多元用户喜好，是一直以来的课题。

2021 年双十一，大胆打破传统依靠几个设计师的审美与经验而设定美术风格与设计好坏判断的局限，更客观、科学地通过数据化的趋势，产出适配更加多样、复杂的人群的视觉效果。

数据化营销创意趋势的沉淀

趋势定义了文化及文化中正在发生的事情，而定义文化本身是理解文化的一种方式。与前置型趋势洞察的区别在于，我们将营销创意领域作为主阵地，在较短的时间周期内高频次发布时下正在流行的创意趋势，包含对创新作品的洞察与分析，不断地从不同的创意类型中寻找借鉴新的设计元素。

运用趋势 = 与时俱进 + 不断创新

为了尽量获得客观的数据来总结趋势方向，指导设计，经过半年的沉淀与迭代，最终归纳为相对严谨的三大研究步骤，分别是宏观领域热点收集、数据化聚合分类的数据支撑，以及权威报告重合阈的结论验证。

趋势研究方法

数据化处理信息和图像是我们的关键能力，所以数据支撑部分是趋势产出的重中之重。这部分分为两个阶段：定性为主，定量补充；定量为主，定性归纳。

第一阶段运用社会学研究方法，广泛综合 ESTCD 五大领域热点信息，进行文本分析，以季度热点趋势为线索，寻找定量支撑。其中设计不应只有文本的呈现，需要更多地发散在设计案例、营销广告等层面，我们在第一阶段领域热点分析的基础上，通过技术手段直接从多种数据源收集素材，借由机器归因，将海量素材进行数据化聚类分类，再通过定性研究方法，对结果进行二次分析和加工，产出解释性结论。

图像多维转化为数据

看到这里读者可能会有疑问，机器是如何像设计师一样准确地做风格聚类的呢？

当前的图像识别技术大多是基于对象的分析，机器对于识别画面中是猫或狗已经达到了很成熟的阶段，但鲜有算法研究涉及整体画面风格的分析。最初，我们在建立底层通识风格样本库上花费了大量成本，就是从设计的角度罗列出同一层级认同度高的风格分类，进行典型图片汇总，如波普、极简主义、赛博朋克……

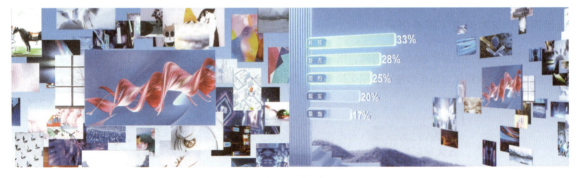

风格数据累计排序

经过对样本库进行数据增强与深度学习，建立底层算法模型，当机器"看到"一张图片时，会将它转化为轮廓、纹理、不同模式下的色彩表现等多层信息，同时拆解生成海量数据点，交叉分析多种视觉成像，完成图像分析。

简单来说，人眼感知图片时，可以将二维的信息进行提取，经过神经元转化，形成我们所熟知的内容，而机器对于二维平面不可分的图像内容，会通过高维拆分的方式模拟人类进行数据处理。

通常数据化聚类图像的结果不具备完美的可解释性，需要人工对多个聚类结果进行分析与判断，再产出趋势方向。

美术研发到趋势与美的多维转变

符合趋势的设计作品更容易做到平易近人，因为这是观众最近看到的东西，让人感觉很熟悉，而熟悉会产生认可和可及性，有助于产生共鸣和交流。经过半年多的趋势沉淀，2021年的双十一在有最新研究结论的情况下，希望视觉效果更加贴合消费者。

双十一趋势方向：东方新意韵

根据双十一周期前近3个月的视觉趋向数据，发现关于传统、复古、国潮风格类型的图片十分流行；在国际形势复杂，疫情一直持续的背景下，而中国依旧实现 GDP 正增长，并在文化、科学等多个领域持续进击；东京奥运会、新疆棉等事件不断增强着国人的凝聚力，由此，这一时期"民族文化自信"是人人乐道的。

在这样的背景下，我们希望能够打破人们脑海中对于国潮的刻板印象，做到不囿于传统、不缺少革新、不缺乏态度，以新颖的材料、色彩构成，营造东方韵律的新表达。

三大人群主视觉

在有大量的视觉数据与宏观文本的基础上，如何可视化视觉语言？即通过形态、色彩、质感、构成将宏观、抽象、概念性的趋势背景，转化为微观、具象、可见的设计手法。在形态上提取了传统山水这样的具象元素，简化纹理、概括外形，抽象归纳出流线形体表现层峦叠嶂的动势；在色彩上突破古时"五色"的朴素，借用传统配色原则，配以高亮度、高饱和度的色彩，烘托氛围感与舒适度；在质感上用晕染的方式来巧妙区分层山、景深；在构成上遵循传统绘画或韵文中对于格律的崇尚，以对称、秩序感构造画面。

背景构成参考素材库

趋势辅助我们做出前瞻的创意表达，精细化创作的双十一视觉进一步匹配了不同维度人群对于设计的感知与认同。

不断变化、不断有新事件和新风格产生的设计环境，无不鼓励人们突破习以为常的设计风格和创作方式，而今天对于营销创意趋势的分析，也包含了对将趋势应用于商业的期待。想要把握未来，继续前行，就要不断追求探索。

趋势风格主题落地页面

淘宝的内容消费
叫种草
—

横空出世种草机

双十一作为一场家喻户晓的国民级营销活动，消费者们每年双十一期间在淘宝天猫疯狂买买买已司空见惯，但对于大多数消费者而言，来淘宝都只是为了买商品，而在购买之前的发现安利、对比抉择、买什么不买什么的行为都是在淘宝外完成，这让用户在淘宝的消费体验出现了明显缺口，亟待满足。同时，近年来从淘宝土壤生长出来的"逛逛""淘宝直播""淘宝短视频"等内容社区越来越成熟，沉淀和积累了围绕消费购物等各种类型的海量优质内容和创作者,而这些充沛的内容蓄力为填补淘宝大促期间的消费体验空白提供了充足动力。在 2021 年的双十一期间，以逛逛为主力，整合直播、短视频、评价、有好货等全平台的内容能力，打造"搜推一体"内容种草体验的"双十一种草机"，为用户提供从种草到拔草的完整消费服务。

种草机助你种草

那么种草机是怎么帮助大家种草的呢？作为全新推出的玩法，种草机像是一个善于启发、精于洞察的"灵感挖掘机"，承载了帮助用户更迅速地发现更多优质宝贝的使命。访问种草机页面后，肉眼可见的种草机主体占据首屏核心视觉焦点，用户可以通过浏览主体屏幕内推荐的种草签词或者手动输入自己的搜索诉求，再点击"去种草"按钮就能得到相关的发布内容。不难发现，有别于其他的内容产品，种草机同时具备搜索和推荐能力，将"有目的直接搜"和"逛一逛发现更多"两种用户体验诉求一并解决，提高用户获取内容的效率，缩短用户到购买决策的路径。同时，搜索获得的内容不仅局限再逛逛内的图文视频，而是该词条下包含直播、评价、有好货等淘宝全平台的海量内容，并基于用户的消费标签和内容兴趣标签双层逻辑加权下进行推荐，从而让种草行为更精准，让用户更迅速地找到想要种草的宝贝。

种草机界面概览

种草机的设计要够直白、够好玩、能让人记住

承载了"搜推一体"的新产品能力和有待教育"种草"新概念,以及肩负撬动用户通过内容种草更多好物的使命,种草机的设计绝不会简单。我们从用户的主互动出发到衍生营销玩法,再到 IP 的传播推广,层层递进推展设计策略,对于主交互要"够直白",而拓展到衍生玩法要"够好玩",再到传播推广要"能让人记住"。

1. 够直白:打造游戏式的内容发现体验

一个既能搜索又会推荐,并能进行换一换等多重操作的交互载体,最需要做到的是化繁为简,而能让用户快速熟悉这些复杂事物最简单直接的方式是模仿,通过模拟物理世界中已有的自然操作习惯,来唤起用户的肌肉记忆,所以这也让我们顺理成章地联想到风靡全球的街头游戏机设定,即兼具了多种复杂交互的操作性和可玩性,由此,种草机的主体交互有了明确方向。一方面,模拟游戏机的上中下分布结构来确定页面布局关系,将词条展示和输入动作限定在种草机的屏幕内,通过触发中间操作区域的按钮,在机器下方展示相应的搜索结果内容,这既满足了我们对多层级信息的展示诉求,也顺应了用户对游戏机的自然操作习惯和信息浏览的阅读顺序;另一方面,抛开常规的无线端页面设计形式,将主形态、行动点甚至是装饰元素等页面组成元件尽可能地与游戏机的物理形态结合,如功能入口和游戏机按键的有机结合、操作按键时的物理按压反馈、从机器下方出口"吐出"内容的动效等,让用户快速接受游戏机的设定,而概念本身也能更有机地与创意构思融合,从而降低用户对操作的理解成本。

游戏式交互结构

上部
搜推词条

中部
行动操作

下部
搜索内容

游戏式视觉表达

游戏机式形态
仿真操作动效

主交互模拟游戏机降低学习成本

2. 够好玩：衍生多样化的内容互动玩法

想象你是一位游戏玩家，在日常游戏的基础逻辑中，除了主线操作，通常游戏中都会有许多隐藏玩法待玩家去开发。映射到我们的种草机玩法中，对于多次正向操作后或触发特殊词汇后即能获得彩蛋或者特定奖励，而这些彩蛋则可以变身为特定日期活动下强运营的优质精选内容、合作明星的内容等，它们以惊喜方式出现，以特殊定制样式呈现，从而增加玩法的丰富度和趣味性，还能有梯度地展示不同类型的内容。为此，我们设计了基于点击次数后触发的"惊喜彩蛋"和基于神人、神店等不同维度聚合的专属海景房内容。同时，除去围绕种草机的玩法，对内容本身的浏览、种草、分享等一系列内容消费行为同样可以转换为权益，用来激励用户更积极地互动参与，利用博彩类型游戏机的交互形式来承接，利用视焦中心轮播奖品激励来确保留住用户，利用进程式任务列表明确任务路径和节奏，一方面延续具备互动性的游戏机形式来拉动用户互动意愿，另一方面也通过这种"简单粗暴"的直给方式降低参与门槛。

正向场景

累计搜索次数达到阈值

定制运营

搜索到特殊运营词汇

权益激励

累计浏览、分享等内容消费行为

基于不同诉求和场景衍生多样化内容玩法

3. 能让人记住：视觉语言符号式应用和跨领域创新

基于全新的种草机概念出发，我们创造了一只可可爱爱、古灵精怪的"种草机" IP 形象，但它的横空出世也需要被大众用户认识和接受，由此展开一系列线上线下传播素材和生产侧素材的应用设计。首先，能让大众记住最简单、最有效的方式就是通过对全渠道反复渗透和教育，在主流媒体海报、开屏广告及线下发布会等各渠道物料设计上，反复延续种草机视觉符号，种草机的呆萌视觉形象通过圆滑的线条、钝感的转角、亚光润滑的质感来继承，种草机的潮流时尚度则利用高饱和糖果渐变色的冲击力来表现。再者，以内容为主的活动深入到内容本身的创新中去激发新的火花，而不仅仅是单纯的物料延展。对头部明星和中腰部达人这些具备专业能力的视频进行拍摄时，尽可能从还原创作出发，给予最轻量化的视频包装素材加以调性把控和品牌符号延续；而对于尾部的普通用户，撬动他们的发布意愿，辅助产出符合主题和调性的内容则成为第一诉求，结合双十一种草的主旋律创作出来"测测专属种草官""心动好物划划看"等特效影集玩法，通过结构化的脚本和封装式的画面特效来降低用户的发布成本，为大盘发布内容奠定数量基础，成为品牌影响最小颗粒度的传播因子。

素材模板激发内容创作

视觉符号在物料中反复应用

种草机视觉的应用与创新

种草机的影响力

伴随着双十一活动的落幕，种草机也完成了它的第一次尝试。我们在设计上也沉淀了"搜推一体"的内容发现交互模型，实践了基于内容的多样化互动玩法，构建了从种草到拔草的最完整高效的消费路径。它也为逛逛场域带来了新活力，活动期间拉动逛逛 MAU 增长至 2.5 亿，PAU 突破 4000 万，从此双十一大促时间表里有了"种草蓄水"时间段，将内容"种草"的概念植入给消费者，让大家记住了淘宝的内容消费叫"种草"。

一起分享购物车，
让你 "抄作业" 更方便

—

从 2020 年开始，双十一大促整体周期拉长，分为两段式进行售卖。这种双峰模式为用户提供了更充足选购周期的同时，也会带来消费动机与兴趣的疲软。所以在 2021 年的双十一，导购场景开辟了更多玩法，为用户提供更多样化的互动形式和种草方式，让用户更好地享受购物狂欢节。

从各大社交 App 中的购物分享类话题可以发现，用户希望看到同好消费者真实可参考的购物经验，也愿意将自己买到的好物分享给他人种草，这种互相分享的社交诉求在大促期受到营销刺激时会更加强烈。所以 "一起分享购物车" 应运而生，为用户提供购物车分享功能来解决批量分享宝贝的不便。用户可以分享自己的宝贝清单，也可以浏览他人的心爱之物并一键 "抄作业"，还可以和好友、同好一起互动。分享购物车的玩法可以让用户之间更方便地分享生活方式和审美追求。

为了让大家玩起来，我们这样做

分享购物车在大促期首次上线，在实现消费转化的业务目标的同时，也需要让用户有轻互动、快消费的体感，让用户乐于发现他人的生活并乐于展示自己的追求。因此该玩法整体体验的轻量、简单与营销目标的平衡需要在设计上被核心关注。设计师从整体链路、消费页交互设计、生产参与引导等多个维度对购物车玩法进行聚焦化设计，通过构建简单体感来让用户更好地玩起来。

1. 多链路分支中心化收敛，让用户链路体感简单

为了更好地触达用户，在手淘各渠道布点了 20 多个流量入口，以引导用户查看他人的购物车并参与分享。为了在链路层构建简单的用户体感，在设计上对复杂多样的分支链路进行了收敛设计。

- 构建以消费页为主核心、生产页和权益页为互动承接的短链路轻交互框架。

- 保证用户在通过外部渠道进入时，能立即看到感兴趣的购物车并持续发现更多内容。

- 在生产内容和获得权益后，能快速回到消费页继续浏览。

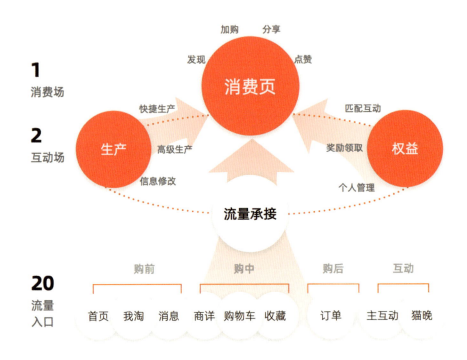

链路的收敛化设计

2. 单链路实现消费与发现，让用户的消费行为更简单

分享购物车是在双十一大促期诞生的产品，因为没有日常形态作为前期铺垫，用户心智的缺乏是一个需要面对的严峻问题。为了让用户快速理解产品特性并建立心智，在设计上对于单购物车的浏览和多购物车的切换方式需要尽量采用简单易理解的手段。

针对单购物车内容，设计上沿用了手淘购物车的列表设计，交互上也采用上下滑动的简单操作以映射用户日常查看购物车的方式。

针对多购物车的切换，设计上采用了左右滑动的手势以区分不同消费者的购物车。该操作有一定的学习成本，因此也增加了直观的新手引导来提醒用户，从数据结果看，人均切换购物车数量也达到了预期目标。

消费轻链路与引导

3. 表达真实感，让消费欲望增强

分享购物车的产品模式对用户最具吸引力的关键点是：分享内容均来自真实的消费者，是可靠、可参考的。真实感的表达需贯穿全链路，以促进用户的消费与加购。

在渠道入口、匹配动画、分享者信息模块等处，在设计上重点关注强化人的信息、他人与用户的真实关系，给用户跨越时间、空间与同类相遇的体感。在单购物车的展示上，用"以人带品"的框架设计，突出当前分享者的身份、关系和购物偏好等，并对已购商品强化打标，提升用户消费时的信任度。

真实人的强化表达

4. 由消费到生产，基于用户行为轨迹引导自然角色转化

丰富的、高价值的内容需要用户主动生产来提供，为了促进用户从消费者角色转变成生产者角色，需要在链路设计上让用户先消费再生产，以提升生产意愿：在未生产时，通过生产入口视觉性强化、消费时情感化过渡到轻量化生产面板以降低阻断感等手段，促进有高消费欲望的用户主动生产。

在内容生产过程中，在设计上通过增加展示商品来源信息（买过的/加购的）、已选商品数量等字段，提升用户对内容生产的控制感和安全感，由此进一步提高用户的主动分享意愿。

为用户隐私提供多维保护

购物车和已购商品是用户的高隐私性内容，其生产、展示和分享的主动权应归用户。用户在参与分享购物车的产品互动时，隐私安全感的建立是产品得以为继的基石。为了给予用户足够的安全感，产品底层和界面设计均为消费者分享的购物车内容提供了全面的隐私保护能力。

比如在内容生产时，用户可主动选择购物车商品的分享范围（仅好友圈或全部手淘用户）、可对淘宝昵称进行二次编辑，同时敏感商品也会被平台自动过滤。

由消费者自身购物经历与习惯而生成的购物标签，如"日用百货资深种草者""饰品 TOP 精英买家"等，用户也可使用一键隐藏功能来让自己更加低调。

大家的反馈

分享购物车玩法，在双十一期间累计触达 1 亿多用户，撬动 2600 多万用户参与分享购物车，外部传播热度超 60 亿，在集团双十一话题中排名第二。

除了达到预期的业务目标，分享购物车的玩法也收获了来自用户侧积极正向的反馈：可以快捷地对商品进行批量分享，可以发现更多同好的好价好物，也有人对亲朋好友的购物偏好产生了新的认知。这说明互动导购推荐是符合且可满足用户发现性需求的。

同时，分享购物车有效弥补了手淘内批量分享购物清单的短板，为手淘平台增添了社交维度的购物发现方式和乐趣。分享购物车后续也会沉淀成手淘的日常产品，用户可随时在购物车标签中找到它，继续发现更多的美好生活。

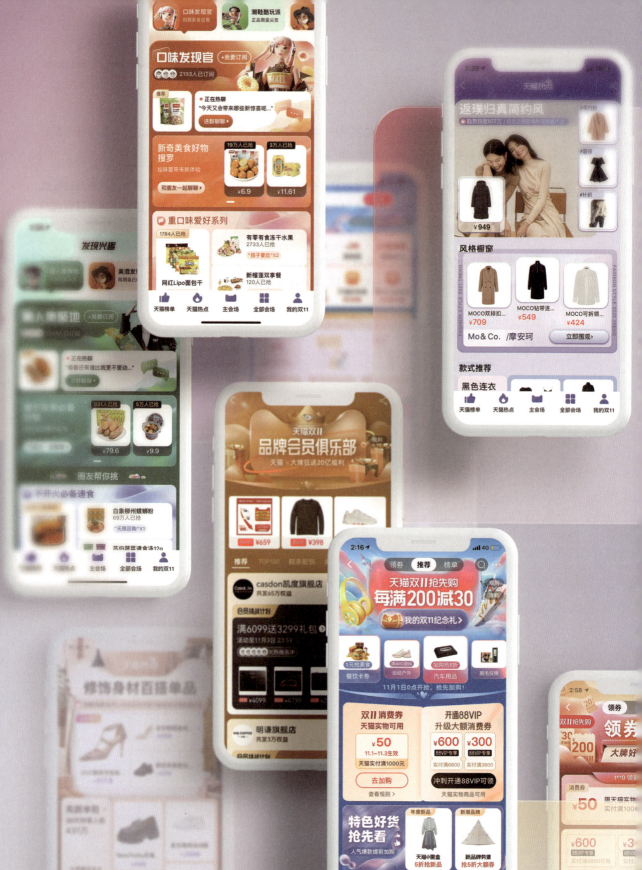

我们是如何让"会场"
变得更好逛的？
—

不管你是喜欢潮流单品、时尚家电、运动装备还是爱宠用品，每场大促你一定不会错过精彩纷呈的"会场"。

正如其名，会场就是各种活动促销的集合地。作为大促营销的主阵地之一，会场聚集了多样的商品推荐、优惠领取等内容。而多样化、精细化的消费者需求也给会场设计提出更新的挑战。

2021 双十一 各大会场

从 2021 年开始，我们尝试围绕消费热点、兴趣主题等理念，在会场中增加了许多新的元素。以"2021 双十一会场"为例，我们以用户导向为中心，分别从用户视角与用户体验出发，以"新发现、新场景、新体验"的设计策略，为消费者带来更好逛、更不同的双十一会场，希望以此帮助消费者在这个更加"个性化""多元化"的会场中，更好地发现属于他们的"专属"好物。

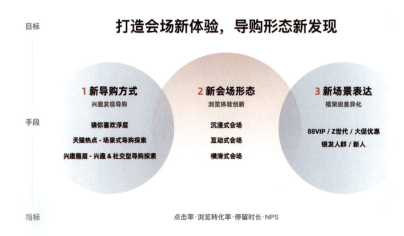

打造会场新体验，导购形态新发现

目标

1 新导购方式
兴趣发现导购

猜你喜欢浮层

天猫热点 - 场景式导购探索

兴趣圈层 - 兴趣 & 社交型导购探索

2 新会场形态
浏览体验创新

沉浸式会场

互动式会场

横滑式会场

3 新场景表达
框架级差异化

88VIP / Z世代 / 大促优惠

银发人群 / 新人

手段

指标

点击率 · 浏览转化率 · 停留时长 · NPS

设计策略

Discovery.

新发现，更快地帮你发现好物

1. 发掘每个消费者的兴趣

这一次我们重新审视消费者特征和个性需求，提取了超过 12 个时下热门的兴趣主题，其中包括"潮鞋酷玩""口味发现""野猫滑雪"等。当消费者进入"我的双十一"页面后，就会发现这个"五脏俱全"的"发现兴趣"模块。

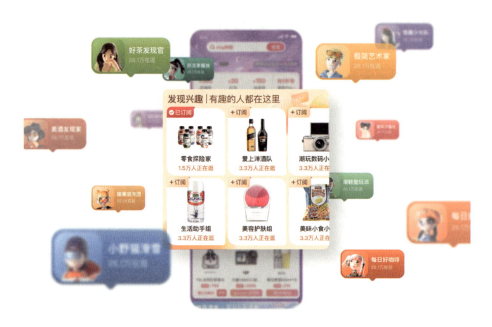

发现兴趣

消费者可以通过年轻化的个性 IP 表达及所见即所得的感兴趣物品，快速识别兴趣主题；并在主题与内容的吸引下，通过"订阅"和"热门话题"进一步探索其他兴趣主题。在发现兴趣的同时，还可以进入兴趣群组，与更多拥有相同兴趣的消费者建立圈层关系。

多样化兴趣圈层

在兴趣圈层页面中，用户可以通过譬如"大家都在买什么"或者"圈友人气之选"等话题场景，帮助其发掘更多感兴趣的好物。同时，通过群聊方式沉淀高黏性圈友，为圈友提供更多个性化表达的需要，源源不断地为圈层带来更加好玩有趣的内容。

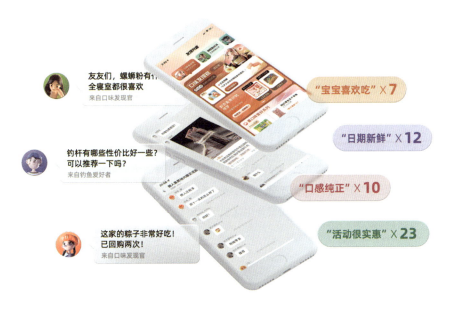

圈层群聊

2. 时下热点全触达

不同消费者的兴趣及发现、购买等行为的差异，在双十一狂欢之际"碰撞摩擦"出大大小小的热点趋势。我们综合最受消费者欢迎的购买指数，通过发布全年热点趋势，吸引了大批消费者的目光。我们也从体验链路出发，对热点发现过程进行了优化升级，使得用户不仅可以看到较为"集中"的时下热点主题，也可以由此发现更多感兴趣的商品。这个"从聚焦到发散"过程进一步提升了用户从发现兴趣到唤醒转化全周期的转化率。

天猫热点趋势

在主题货品组合中，透过平台用户的浏览、购买等行为而产出的"商品热度增长指数"直接在会场透传给消费者，为其提供更具价值的购物参考。另一方面，我们还对不同服饰风格的版型、色彩、质感进行解读及提炼，同时提取了商品组合背后的特色标签，在模块设计中增加了时下最受欢迎的商品类型、描述等，为用户提供更多"购买灵感"。

特色表达

Scenario.

新场景，更好地服务每个人

1. 为长辈而设计

在整个大环境下，适老化已经成为各大互联网公司不可忽视的决策之一。为了给"银发"人群提供一个体验更优的购物环境，我们首次在双十一期间设立了"银发会场"，通过简化会场元素、突出商品信息及价格、展示更多真实反馈信息等，帮助他们挑选自己满意的商品，让他们更好地感受节日氛围。

另外"银发会场"也接入智能 UI 能力，让我们能够了解哪些商品结构升级更加符合"银发"人群的使用习惯，为将来其他产品的适老化升级做好沉淀。

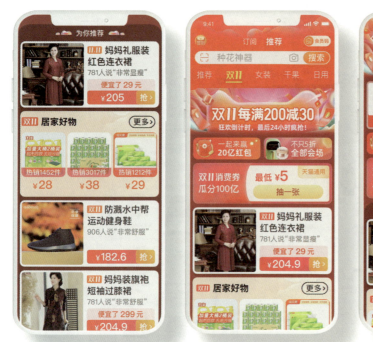

银发会场

2. 更多人群差异化表达

不仅对于"银发"人群，我们也对包括新人、88VIP 及 Z 世代人群做了更多差异化的表达。

比如对于新人来说，价格往往是购买转化最重要的因素之一。"新人会场"的商品卡片更为突出地展示了"到手价"及"便宜了多少"这两个用户更为关注的信息。通过增加价格及优惠对比，突出"减价"和"低价"心智，来激励用户购买转化。

更多人群差异化表达

Experience.

新体验，更准确地触达心中所想

随着新消费观及生活方式的改变，人们的购物方式也在发生细微转变。我们也在不同行业、不同场景下探索了一些新的解决方案，如"沉浸式会场""横滑式会场框架""猜你喜欢抽屉"等。

1. 沉浸式会场

"沉浸式会场"打破了常规的会场楼层货架展示方式，利用沉浸式视频浏览形式，让用户能够更加深度聚焦地了解品牌及商品特征，激发用户发现商品的兴趣，从而更进一步地浏览及探索。

沉浸式会场

2. 横滑式会场框架

"横滑式会场框架"拓展了单一会场框架形式，可以展示不同行业下多样化的特色内容，为用户提供更多浏览发现的视角。消费者能够主动选择感兴趣的主题场景,浏览体验更为丰富。这样也更容易扩展不同类型的信息，为不同行业承接打下了基础。

横滑式会场框架

3. 猜你喜欢抽屉

"猜你喜欢抽屉"改变了原有会场单一的浏览动线，消费者能够第一时间直达"猜你喜欢"的内容，为会场浏览动线带来了新的选择，提升了浏览体验和效率，满足了不同人群在浏览会场情景时的差异化需求。

猜你喜欢抽屉

结束语

抱着为每个用户带来更加不一样的会场购物体验的愿景，我们围绕"新发现、新场景、新体验"设计策略，通过持续探索创新，尝试描绘一个新形态的会场。

我们坚信，设计始终要以用户为中心，在满足用户对"美好生活"的向往道路上，我们将持续努力。

SALE

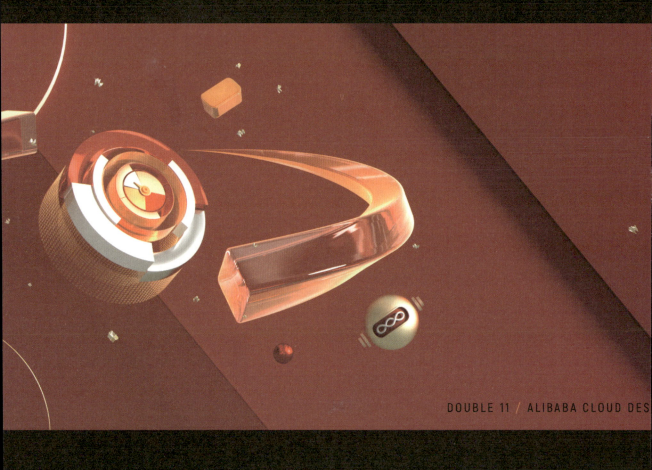

DOUBLE 11 / ALIBABA CLOUD DES

[-]
```
<script>
Boom()
</script>
```

一次与开发者的对话
阿里云双十一

—

B 端用户产品的视觉体验从之前不需要设计，到建立云产品识别体系、设计一致性，再到建立阿里云独特的设计语言，我们拉近了虚拟产品与用户的距离。2021 年双十一，基于已有的设计语言让设计真正走进用户——开发者的内心，提出"与开发者进行对话"的概念。在这样的设计目标下，将这个概念从创意表达到会场体验、传播互动贯穿始终。

源于代码，基于语言

计算和数据始终是阿里云设计的关键词，在阿里云的 Logo 品牌升级项目中，我们从计算的基本要素中寻找设计的原型，尝试过上百种图形后，最终选择计算框 "[ ]" 作为品牌基础图形，这个看似简单的符号从代码而来，符号 "-" 又象征源源不断的计算与数据。

在这样的品牌基因背景下，关于 2021 年阿里云双十一的主视觉创意，我们以业务和用户人群特征为切入点，选择代码字符作为设计主体，用开发者语言来做云计算营销氛围的表达。

1. 计算是逻辑的艺术，艺术是随机的计算

创意初始选择代码字符阶段，我们向开发者咨询：是否有万能、高深的字符？得到的回答是没有。因此选择象征"阶段"的字符，即一段简洁的、大多数开发者能够立即看懂的代码字符。

```
<script>

Boom( )

</script>
```

主视觉创意来源

以代码元素贯穿始终，在主视觉画面呈现上，用象征"阶段"的代码字符作为主体 + 运营玩法元素包含其中 + 主推云产品。

[2021 - **DOUBLE 11** _

OPERATION STRATEGY

CLOUD SERVICES SALE_ **STRATEGY**

创意辅助元素

2. 以进化设计语言为基础

阿里云产品设计体系是将云计算产品的数字虚拟概念进行图形化设计，为抽象的云计算产品在现实世界的理解范围内设计了一套产品识别系统。它将阿里云产品进行实体化、品牌化设计表达，并以简洁、立体和轻科技的方式表达产品的核心理念和特点。

[2021 - **DOUBLE 11** _

CLOUD PRODUCT IDENTITY SYSTEM

CLOUD SERVICES SALE_ **PRODUCT**

产品设计体系从语义到图形

分会场体系

分会场的设计延续了阿里云进化设计语言中产品设计体系的基因。将 2021 年双十一核心的代码符号融入背景中，又将每款产品注入代表不同产品类别的产品系列色及设计语言质感规范，去传达每个会场的概念。

让 20 多个分会场在统一的规范指导下，既有自己的产品特色又整体统一。

循序渐进式内容体验

1．以提升屏效为目的，进行内容结构创新

2021 年双十一，引入了对于首屏屏效的优化方案，以增加二屏以下活动楼层的曝光。通过对历年双十一数据中各楼层用户流存率的分析，PC 端从首屏到第三屏，用户留存仅为 30% 左右，所以增加曝光的关键点在于充分利用首屏空间。

我们重构了首屏为左右结构，以提升下方原本处于第二屏的区块位置到第一屏。并在首屏自动轮播时配合 banner 区域背景进行主题视频切换，以达到在不影响主玩法用户吸引力的基础上，充分利用首屏空间，提升内容曝光量。

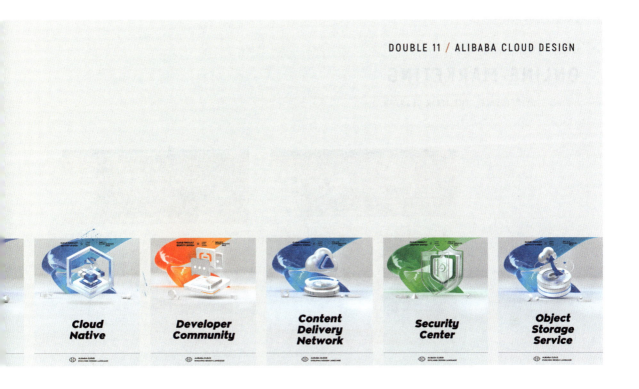

2．以符合用户习惯为目的，进行阶段性内容展示

B 端用户的购买行为的一大特点是：有计划的理性消费。基于用户的购买习惯，结合整个页面的模块屏效，在不同阶段传达给用户的信息采用了循序渐进的信息展示方式。

第 1 阶段：让用户了解活动，释出产品预告。

第 2 阶段：把产品前移，在用户了解信息后直接触达产品。

第 3 阶段：增加产品锚点条，让有需求的用户直接找到目标产品。

根据用户不同阶段所需要的信息进行展示，将整体页面信息的触达效率最大化。

不同阶段会场设计

3．以多端结构一致为目的，进行布局体验优化

我们也考虑到了用户在移动端的操作体验，通过分栏布局、精简信息划分视觉层级等，确保移动端的易读性及易操作性。

以上总结，迎合了 B 端用户在营销活动中的体验诉求，提高了不同区域的屏效，设计了不同时间段、不同展示内容、不同端对应的不同结构创新。

面向对的人，讲正确的事

1. 基于目标用户的共情

阿里云双十一的目标用户主要是各类开发者，在 2021 年的双十一传播创意上，围绕开发者极客、好奇、创造、想象力等特点进行创意聚焦。设计了一个极客解密的互动——在主会场的网页内埋入了隐藏代码，用户根据线索找到隐藏代码并进行解密后，最终可以获得神秘大奖。

为了让用户找到线索，制作了一个预热解密视频，视频中延续了主视觉创意中的代码元素，将各类动态代码作为创意元素在短视频各部分进行衔接串联。

2. 解密设计的尺度

在本雅明看来，遮盖状态对于美而言是本质性的，艺术作品的审美表象因此成为一个谜（riddle）。"谜"是谜底与谜面的合体，谜底寄身于谜面的表象之中。谜之所以为谜，恰在于它具有虚实相间、晦暗不明的表象。当"谜"进入敞明之境，丧失其朦胧遮盖后，谜本身也就消逝了。

因此在本次的解密视频设计上，设计师实质上不只是制作视频，而是参与了"谜"的设计本身，既希望用户能了解并进行解密，但又不希望将"谜"讲得过分直白。

隐藏代码提示视频

因此设计尺度的把握显得非常重要——在视频设计上不是直接将解密过程公示出来，而是将"找到隐藏代码""解码破译"等关键解密步骤以隐喻的方式进行透出，并在视频中体现网页隐藏代码和密码对照图，以此来体现视频的创意，做到一方面引导用户参与解密，给出关键线索，同时又保障了创意视频的神秘感与有趣性。

3．贴合目标用户的喜好，做"任务"得限量手办

2021 年双十一，针对 B 端个人开发者群体的用户喜好，发起"云小宝 A 计划"互动游戏。通过做任务收集云小宝组件，组装完整后就有机会获得实物手办，线上线下多渠道触达用户。

云小宝 IP 及游戏界面

DOUBLE 11 / ALIBABA CLOUD DESIGN

最后

回顾 2021 年双十一，我们与开发者们站在了一起，通过设计体现对开发者的尊重、对计算的尊重，收获了开发者的心智认同。未来，我们将继续从设计形态角度诠释阿里云庞大的虚拟云上数字世界。

飞扬火炬，思考中国设计
的精神气韵

—

2022 年 2 月 4 日，北京 2022 年冬奥会开幕式为世界呈现了一座史无前例的主火炬塔：带有参赛各国名称的万千雪花汇聚为一朵闪耀的巨型雪花，雪花中心燃烧着的，就是最后一棒火炬。火炬与主火炬塔融为一体，大道至简，既简约环保，也是新中国审美的一次自信表达。

北京 2022 年冬奥会开幕式主火炬台

这支万众瞩目的北京 2022 年冬奥会和冬残奥会火炬——"飞扬"，自冬奥会倒计时一周年之际正式发布以来广受好评。国际奥委会评价为"是体育与文化、艺术和科技的巧妙结合"。而它的外观设计正是来自 Alibaba Design 冬奥火炬设计团队！

奥运火炬既象征着永恒的奥运精神，也是每一届奥运会理念和主办国文化的集中体现，"飞扬"火炬究竟蕴含着怎样的设计精髓？作为一个主要面向商业和科技领域的设计团队，是如何把握火炬这样宏大的国家项目，又是怎样淬炼当代中国精神气度的审美，用设计去讲好中国故事的呢？

缘起——阿里设计与奥运的再次结缘

2020 年 5 月，在阿里集团奥运市场团队的牵头下，Alibaba Design 组织了奥运品牌设计和天猫精灵工业设计团队携手参与北京 2022 年冬奥会火炬设计项目竞标。奥运品牌设计团队此前完成了阿里巴巴集团奥运品牌形象设计，对奥运文化有着深入的理解；天猫精灵工业设计团队则擅长于全流程的产品设计。经过 3 周共创，团队从中国及北京文化符号、冬季运动及奥运元素等方向进行理念挖掘和设计转译，并于 6 月底向冬奥组委会正式送交了"瓷火之美"等 5 套设计方案。

会徽	色彩系统	核心图形	吉祥物	主场馆
汉字"冬" 运动英姿 舞动线条 书法	传统矿物色彩 自然四时 天地五方 二十四节气	赛区山形 长城形态 书法韵味 千里江山图 动感线条 前沿科技	熊猫+超能量冰晶外壳 彩色光环 "冰丝带"	22条冰丝带 交织成茧 速度与激情

| 瓷火之美 | 冰雪律动 | 岁寒三友 | 银装飞天 | 傲雪升节 |

基于文化符号挖掘和设计转译的首轮方案

溯源——从寻常器物到国之礼器的文化升华

8 月初，"瓷火之美"方案从 182 个全社会有效征集方案中脱颖而出，成为 3 个入围决选方案之一。然而组委会的修改意见近乎于推倒重来："要更明确地体现千年古都风范和大国的厚重典雅；要更系统地在造型、纹样、色彩等方面充分挖掘呈现中国文化元素；要更突出新时代特征和双奥城市概念，传承并创新 2008 年奥运会；形态要更现代时尚，材料和技术的科技感也有待加强。"

设计团队深刻认识到：火炬并不是一个工业产品，而是一件代表国家形象、传递城市特色、传承奥运精神的国之礼器。这意味着设计团队需要抛掉现有的形态，挖掘和寻找更深邃精微的文化根源，并据此延伸出更多设计可能性。

此时,阿里创意设计中心的内容策划团队也一起参与追本溯源。作为国之重器,火炬自然应有"立意、形意、技意"三重意蕴：立意，就是火炬的核心意蕴，应该阐明中华文明一脉相承的生存理念和文化底蕴；形意，就是火炬外形的源流，突出的是中华文明、冰雪奥运和双奥之城的设计形态与语义；技意，就是科技的精进，代表着先进技术及材料工艺的创新应用。

而三重意蕴中,"立意",即哲学层面的文化溯源,是设计最核心的立足点。中国的哲学思想里,有"天人合一"——对部分与整体、复杂系统内部和谐共处的追求;也有"师法自然"——对天然和人智相互协同制约的认可接纳;更有着"物盈则亏"——将对立和统一无尽转换的思辨。

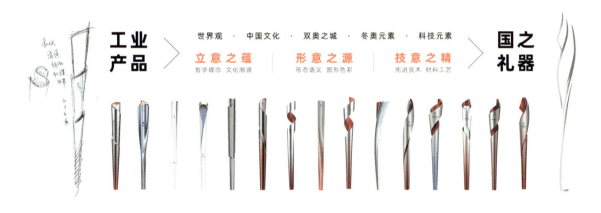

溯源——从寻常器物到国之礼器的文化升华

通过近一周的设计重溯后，团队完成了第二轮提案。这些方案虽然形式各异，但设计理念与核心图形同源于"道法自然、天人合一"思想，借助现代性的设计语汇，融中国风韵与全球意蕴，合古典风范与前沿科技，呈现人与自然和谐共生、人类命运生息与共的现代理念。

蜕变——从机械几何到自然曲线的焕然新生

第二轮方案中虚实相生的"中空螺旋"设计概念得到组委会专家青睐，但螺旋形态太过死板规律，成为需要挑战的新课题。工程软件中，螺旋曲线由几何公式或函数生成，但这种严谨理性的螺旋束缚了火炬的形体。"如何摆脱工业产品的几何形态"便成了亟须突破的"魔咒"。

机缘巧合下，团队从一片叶子中受到启发。自然舒展的叶片曲线蕴含着内敛而强大的生命力，这种对光明和生命的向往，正是生生不息的奥林匹克精神的生动写照。团队提取了自然写意的曲线，终于令火炬的螺旋焕然新生，亟待飞扬。

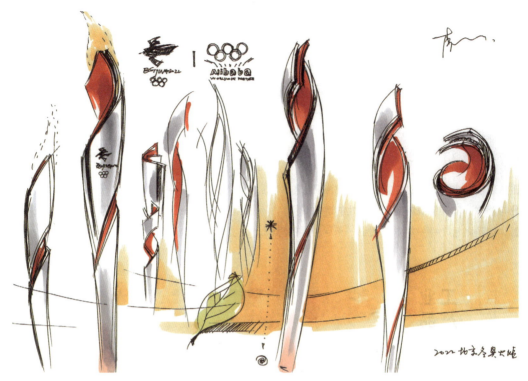

蜕变——从机械几何到自然曲线的焕然新生

"飞扬"火炬与北京 2008 年奥运会开幕式主火炬塔的形态相呼应，体现了"双奥之城"的传承与发扬。自下而上从祥云纹样逐渐过渡到剪纸风格的雪花图案，旋转上升，如丝带飘舞，最后呈现为飞扬的火焰。红银相间，寓意冰火相约、激情飞扬。红色线条随火炬转动而上下贯通，象征着激情的冰雪赛道，也代表着永恒的火种，光明向上，表达了人类生生不息、向往和平、追求卓越的期望和奥林匹克运动的力量。

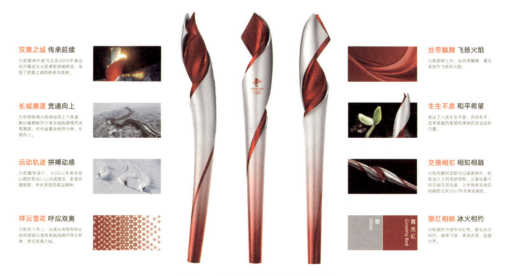

北京 2022 年冬奥会火炬视觉元素解读

在长达数月的设计过程中,团队向奥组委正式提报 11 轮方案。历经多轮评比,最终胜出成为火炬外观设计团队。这不仅是阿里巴巴设计在工业设计领域的突破,更是阿里巴巴在奥运合作和品牌价值维度上新的突破。

飞扬——从纸上外形到炬火升腾的上下求索

方案中选后,团队面临着更大的难题——一个月内将设计稿变成一支真正可以燃烧的火炬。工程化还原看似是工业设计的范畴,但制造火炬依然是前所未有的挑战。从形、火、材 3 个方面入手,是设计团队的破解之道。

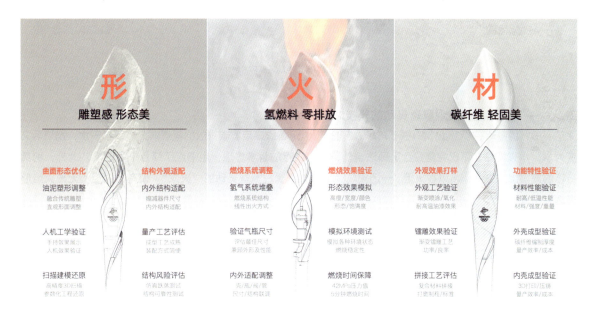

飞扬——从纸上外形到炬火升腾的上下求索

1. 形——以手塑形,运用科技手段还原艺术创作

火炬虽已初具雏形,但个别形面仍显生硬。为了摆脱计算机的造型桎梏,团队邀请中央美术学院的雕塑系教授进行指导,希望能用非常传统的方法——以手来塑形,用美学探索的方式,来解决设计和技术之间的问题。这种方式不仅能更直观地展现不同比例和持握效果,更巧妙地结合了中国传统雕塑中飘带的韵律。雕塑由心及手,去除了刻意"设计"的痕迹,在现代化形态中融入了独有的中国审美和气韵。

在近两周时间内,雕塑在一刻一划间逐渐被赋予了生命。成型后通过三维扫描及工程化软件建模,高度还原了艺术创作。这种跨越时空的创作方式,从艺术和设计角度出发,碰撞交融,最后达到和合之美。

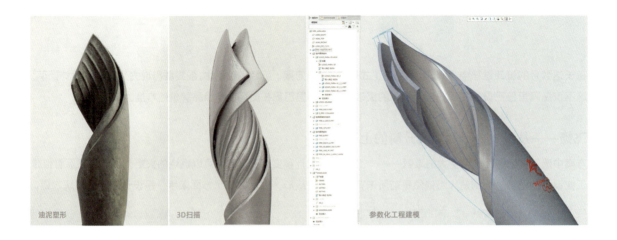

油泥塑形   3D扫描   参数化工程建模

以手塑形，运用科技手段还原艺术创作

2. 火——水火相生，实现飘逸灵动的科技之火

除了"形"的雕琢，"火"也富有匠心巧思。"飞扬"火炬首次采用零碳排放的氢燃料。氢取自于水，燃烧后又变为水。水火相生，不仅完美契合了师法自然、调和共存的哲学思想，也响应了绿色办奥理念。此外，别具一格的双层出火方式，将以往火炬"一团火"变为盘旋升腾、飘逸灵动的"火龙"，使有形火炬和无形火焰形态达到和谐统一。

通过和航天科技的通力配合，不断验证满足 5 分钟燃烧时间和持握人机性的气瓶尺寸，保证了外观形态和燃烧性能，实现了美学和科技的平衡。

3. 材——浴火重生，创新材料和传统智慧的古今对话

火炬外壳首次采用碳纤维材料，较铝合金轻 20% 以上，呈现"轻、固、美"的特性。火炬燃烧口采用碳基陶瓷化材料和陶瓷化工艺，可承受 1200℃ 高温，突破普通碳纤维材料耐温 200℃ 的限制，兼顾了轻盈形态与优异性能。这和将土烧制成瓷后展现浴火重生之美有着异曲同工之妙，也是创新材料和传统智慧的古今对话。

取形自然的外形、旋转装配的结构、可循环的氢燃料、陶瓷化的碳纤维，它们都蕴含着追求人与自然、部分与整体、复杂系统内外部和谐共处的底层逻辑，也是火炬设计理念的外在体现。

薪火——从火炬到周边配套的设计传承

团队基于"飞扬"火炬视觉形象和核心设计理念，通过文化溯源设计出火种灯和仪式火种台等一系列周边配套，形象统一又各具特色。

火种灯创意源于"中华第一灯"——西汉长信宫灯，造型轻巧华丽，设计巧妙环保。飞舞的红色丝带环绕在火种灯顶部，与火炬视觉形象统一，象征着拼搏的奥运激情。

仪式火种台以"承天载物"为设计理念，取形于中国传统青铜礼器——尊，其造型风格与火炬、火种灯和谐一致。基座沉稳，象征"地载万物"；顶部舒展开阔，寓意迎接纯洁的奥林匹克火种。

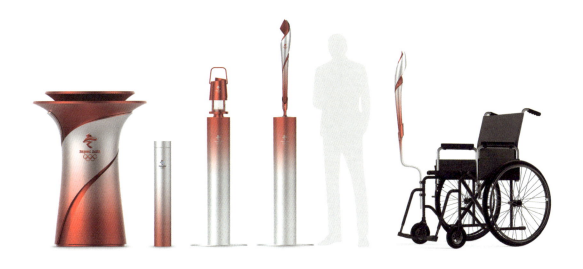

薪火——从火炬到周边配套的设计传承

"中华第一灯"
——西汉长信宫灯

中国传统青铜礼器
——尊

北京 2022 年冬奥会火种灯与仪式火种台

后记

何谓国之礼器，何为国之气韵？历经这 9 个月反复探索的设计过程，我们逐渐理解，所谓中国设计，不尽是高居庙堂的至宝重器，不尽是雕龙画凤的文化符号，更不尽是高深的引经据典。而是要寻找到中华文化的哲学根源，将所有这些熔于一炉，在现代性的表达中传递出至真至简的文化自信。这也许就是当代中国设计面向未来，面向世界，最强有力的精神气韵。

数字新奥运，智慧新社交
阿里巴巴云徽章
——

阿里巴巴云徽章（Alibaba Cloud Pin）是集团市场部和阿里云 IoT 事业部联手为东京奥运会打造的限量版纪念品。在这届特别的奥运会上，来自全球的媒体工作者为赛事报道付出了巨大努力。为了表达对他们的感谢，我们为每位媒体朋友准备了一份特别的礼物——阿里巴巴云徽章。

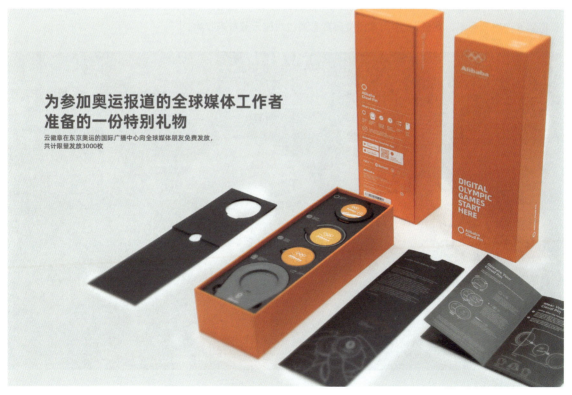

为媒体工作者准备的特别礼物

技术助力奥运数字转型

2017 年，阿里巴巴成为奥委会的顶级赞助商和全球合作伙伴。作为顶级赞助商，阿里巴巴肩负着一个重要使命——用技术助力百年奥运完成数字化转型。在刚刚落幕的东京 2020（2021 年举行）夏季奥运会和即将开幕的北京冬奥会上，阿里的技术大放异彩：阿里云的 IaaS（基础设施即服务）成为众多奥运数字服务的坚实底座，构建在阿里云之上奥运会 OBS（奥运广播系统）系统，为全球媒体提供数字协作平台和全新的内容分发模式。遗憾的是，这些技术大多是基础设施级的服务，它们默默地保障着奥运会的顺利运行，但参与者却很少能直接感受到。这枚小小的云徽章集成了众多阿里的数字黑科技，让奥运参与者可感知、可触及地体验到阿里技术和中国科技的魅力，成为阿里巴巴助力奥运数字转型的象征。

数字化传承百年奥运传统

在 1896 年雅典奥运会上，奥委会发行了第一枚奥运徽章。当时的徽章是木制的，主要用来区别组委会官员和运动员的身份。在接下来的每届奥运会上，国际奥委会、各国奥组委、代表队、赞助商都会发行纪念徽章。这些徽章用精美的设计传播了奥运精神和各国文化，成为拥有 125 年历史的奥运传统。很快，奥运参与者也开始自发收集和交换奥运徽章。这些参与者来自世界各地，在奥运精神的感召下聚集到一座城市。他们的每一次交换都在传播徽章所代表的文化，也成就了一段段美好的友谊。

在刚刚结束的东京 2020 奥运会上，阿里巴巴的云徽章将这个百年传统带入了数字时代。云徽章是一个小巧的穿戴式显示设备，佩戴者可以将自己喜爱的数字徽章图案显示在云徽章上。我们为云徽章设计了 33 张精美的数字徽章图案，这些图案的设计源于东京 2020 奥运会的 33 个运动大项。在拿到云徽章时，每个佩戴者会随机得到 5 个徽章图案，其余 28 个图案需要佩戴者通过对碰云徽章来收集。

徽章交换是奥运的百年传统

**33张精美的数字徽章图案
供佩戴者选择**

数字徽章图案的设计灵感来自于东京奥运的33个运动大项，
佩戴者还可以在图案上添加个性签名

云徽章 和 磁吸充电底座

数字徽章图案

满满的有趣功能：能交友的徽章，能计步的名签

小小的云徽章中集成了众多黑科技和满满的有趣功能。除了显示徽章图案，还能碰碰交友。两个佩戴者只要将彼此的徽章对碰，就可以将对方加为好友，还能在云徽章 App 上查看好友的社交网络信息，订阅对方的社交网络 Po 文。用户还可以在徽章图案上添加个性签名，让云徽章摇身变为数字名签，成为奥运现场的社交利器。云徽章还集成了加速度传感器，可以作为计步器使用，记录媒体工作者为奥运报道奔走的每一步。

满满的有趣功能：

◉ **是数字徽章，还是数字名签**
我们为云徽章设计了33个数字徽章图案，佩戴者可以挑选自己最爱的图案
显示在徽章上，还可以在图案添加个性签名，让云徽章摇身变为数字名签。

👤 **碰碰交友，特殊时期新社交**
只需将两枚云徽章轻轻对碰，就可以将彼此加为好友。用户可以
在云徽章App上查看好友列表和好友的社交网络信息。

⚄ **计步器**
记录佩戴者为奥运报道奔走的每一步。

徽章的有趣功能

碰碰交友：特殊时期的全新社交方式

东京 2020 奥运会是一届疫情之下的特殊奥运，现场少了新朋友初见时的握手和老友重逢后的拥抱。云徽章的碰碰交友功能让佩戴者可以在保持社交距离的前提下非接触交友，成为这届特殊奥运中的全新社交方式。佩戴者只需将两支云徽章背对背轻碰一下，就可以将彼此加为好友。用户还可以在云徽章 App 上查看好友列表及好友的社交网络信息。"见面不握手，碰碰就是好朋友"，在短短两周的云徽章活动期间，2177 位佩戴者利用云徽章结交了 62526 位好友，成为东京奥运现场的现象级事件。

只需轻轻对碰云徽章
就可以将彼此加为好友
"见面不握手，碰碰就是好朋友"

云徽章侧面笔直的设计有助于佩戴者在对碰交友时抓牢徽章
对碰后，佩戴者可以在云徽章App上查看好友列表及好友的社交网络信息

对碰交友

对碰交友功能在东京奥运现场引发现象级事件

简约轻巧，正装附件

云徽章的定稿设计方案有一个内部代号，称为 "Dress Code（正式着装）"。这个方案的造型稳重、克制，配上深邃的灰色，非常适合在奥运现场正式场合佩戴，因此得名。

在设计之初，就定下了两个设计原则。原则一：作为一枚数字徽章，产品的重点应该是屏幕中显示的徽章图案，硬件要淡出用户的视野，不和画面争夺用户的注意力。为此，尽量减少徽章正面的元素，屏幕盖板直接延伸到机身边缘，省去了固定框带来的视觉繁杂，配合点到为止的品牌透出，让徽章正面的最终呈现效果干净利落。原则二：作为穿戴式设备，徽章硬件要做到尽量轻薄。徽章虽小，却五脏俱全，为了做到轻薄，我们想尽了办法。首先，反复调整内部元器件的堆叠，巧妙地布置器件，不浪费任何空间。为了减轻重量，尽量精简徽章的结构设计，外壳装配一律使用粘胶，不增加一颗螺丝的重量。最终做到了 10mm 薄，35g 轻。

巧妙设计，随心佩戴

为了方便用户佩戴，为云徽章设计了一套巧妙的磁吸佩戴系统。这套佩戴系统包括两个佩戴适配器：适配器 A 适用于轻薄衣物（如衬衫和 T 恤）；适配器 B 内置别针，适用于更厚实的衣物和背包、挂绳等附件。使用时，用户先将适配器固定在衣物上，然后就可以轻松地将云徽章吸附在适配器上。设计师反复测试调整了佩戴适配器的磁石强度，佩戴者在剧烈运动时也不用担心徽章脱落。磁吸佩戴方式还有一个好处，即在对碰交友时，佩戴者可以随时将云徽章从适配器上方便地取下，对碰后再轻松装回。

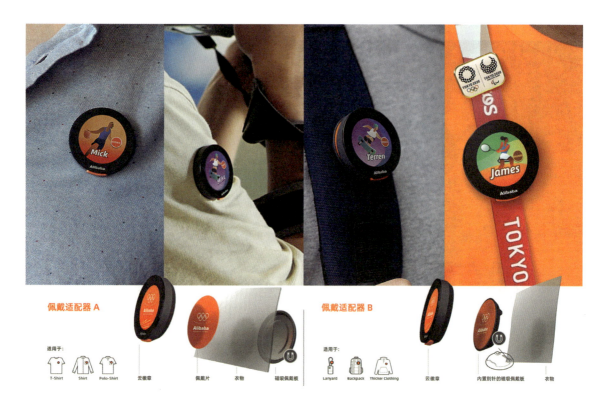

巧妙的磁吸佩戴系统

不知不觉的指数级传播

好玩的云徽章让自带流量的媒体朋友们爱不释手，他们自发在各大社交网络上发出了上百条关于云徽章的 Po 文，这些 Po 文再被他们的粉丝不断转发，实现了阿里巴巴品牌的指数级传播。此外，云徽章也被各大国际媒体争相报道，成为奥运现场的热门话题，为阿里巴巴和中国技术在全球圈粉。

RENDRE L'ORDINAIRE EXTRAORDINAIRE

En tant que fier partenaire mondial, Alibaba utilise des services de cloud computing, des services de plateforme de commerce électronique et la technologie de billetterie pour soutenir les Jeux olympiques d'hiver de Beijing 2022.

Alibaba Group est la plus grande entreprise de ventes de détail au monde et construit une infrastructure pour le commerce allant des places de marché à la logistique en passant par le cloud. Plus d'informations sur le nouveau site d'Alibaba : Alizila.com.

Alibaba
WORLDWIDE PARTNER

在 12 年周期里看阿里巴巴
品牌的奥运传播
—

项目背景

阿里巴巴是国际奥委会 12 年的全球顶级合作伙伴，拥有奥运会的云计算、全球电商平台和智慧票务独家权益。作为一个历经百年的国际运动盛会，奥运会无疑拥有空前的影响力，与这样一个全球顶级 IP 的合作过程，需要不断打磨和总结，在适当的时间找到更适当的传播方式。

也就是说，在 12 年里，阿里巴巴将经历 6 届奥运会，这期间将面临不断变化、发展的传播环境，因此每一届奥运会传播各有使命，互不相同。与此同时，作为奥运品牌的长期传播和运营者，这 12 年里，又必须打造出一个清晰而深刻的品牌奥运形象。

基于奥运会的全球影响力，奥运传播始终为企业在时代的大环境下创造一个发言位置和语境，这样的传播价值在复杂的传播环境下愈发显得重要。在刚刚过去的一年时间里，阿里巴巴和大家一起经历了两届奥运会，两届奥运会传播充满挑战，前所未有的疫情状况，不断变化的企业舆论环境，让阿里巴巴集团品牌更珍惜每一次发言机会，而奥运语境下的品牌传播也在保持品牌正能量的不断透出。

2021 年阿里巴巴集团品牌的奥运传播，为企业对外、对内都带来深远的向好影响，深刻体现了奥运传播的价值。

随着北京 2022 年冬奥会的结束，阿里巴巴已经成功地以奥林匹克全球顶级合作伙伴的身份完成了 3 届奥运会传播，期间所产生的沉淀、思考、经验、策略及定位也愈发清晰起来。

百年未有之变局，一年两届奥运会

2020 年，一场突如其来的全球疫情为世界带来巨大改变，2020 年东京奥运会也因此延期一年。疫情之下，人们原有的目标、生存方式都被改变，同样，众多品牌也在这个困境下面临传播和目标的迷茫。2021 年，延期一年的东京奥运会召开，正如国际奥委会主席巴赫所说，奥运会是照亮人类至暗时刻的一道光。这道光是所有人的希望，带领他们走出困境，并且 2020 年东京奥运会开幕式上，百年奥运口号在"更快、更高、更强"的基础上，加入"更团结"，这是困境下人类共同期待的目标。

因此，阿里巴巴 2020 年东京奥运会传播确立了"希望是光，希望有你"传播概念，表达出品牌希望用科技帮助每个人走出困境的主张。

2020 年东京奥运会 概念海报《希望是光 希望有你》

时隔半年来到北京 2022 年冬奥会，这个双奥之城希望本届冬奥会可以更真实地带来"三亿人参与冰雪运动"，这也是新时代国情下的人心所向。中国正在形成良好的冰雪文化和参与氛围，而阿里巴巴也在用科技支持更多人体验冬奥冰雪之乐。

阿里巴巴北京 2022 年冬奥会传播主张"让精彩每天出彩"，希望通过科技，让更多人把冬奥的精彩变成每天生活的出彩。而对应的冬奥传播也一改传统品牌营销的模式，用内容化的传播 & 营销展现每个人的冰雪之乐。

北京 2022 年冬奥会 内容海报《让精彩每天出彩》

阿里巴巴集团品牌在一年内完成了两届奥运传播，可以看到在不同的时代气息下，品牌总能做到透传自己的正能量，展现企业的科技向善，这也是阿里巴巴奥运传播的价值所在。

传播策略

品牌传播就是企业主张的对外输出，把企业的目标、思想等传达给用户，让用户了解并理解企业，形成良好的沟通方式，建立相互信任并形成稳定的用户关系。因此可以说，品牌传播就是企业对外发言的整体形象。

阿里巴巴集团品牌从人文视角与用户沟通，一方面摆正阿里巴巴作为奥林匹克全球顶级合作伙伴的位置，让用户清晰地认知阿里巴巴在用科技支持奥运会和每个人；另一方面，用更普世的价值观拉近和用户的距离，和他们站在一起。

1. 强化关联阿里巴巴的科技角色

阿里巴巴作为一家年轻的科技企业，数字科技是企业的发展核心，因此在与国际奥委会的合作中，阿里巴巴同样用云计算、全球电商平台和智慧票务支持奥运会的数字化转型。围绕奥运场景展现阿里巴巴的数字科技，是我们不变的传播内容核心。

2. 覆盖媒体内容的多样性

面对媒体多样化的数字传播时代，用户对信息的获取呈多渠道、碎片化状态，覆盖媒体内容的多样性是这个传播时代下的必然。集团品牌的奥运传播多样化，需要考虑传播环境、媒体带来的用户属性、对应平台的内容多样性等。总之，制定清晰目标，传播方法灵活多样，是符合时代特征的传播方式。

数字化传播时代，用碎片化的内容覆盖多类媒体渠道，形成整合式的内容传播
专题海报、主题海报、Social 海报、动态海报、话题内容、媒体内容、公众文章、TVC

3. 集团子公司联动的整合性营销

阿里巴巴的奥运权益覆盖了集团和集团旗下的 10 个子公司，因此对于阿里巴巴集团品牌来说，奥运传播是一场真正的整合性营销。确定集团的品牌透出，展示子公司的权益，与子公司之间形成传播合力，也是传播重要策略之一。

2020 年东京奥运会开幕日 阿里巴巴集团旗下 18 个 App 联合开屏

创意转化

数字传播时代的创意呈现，分为内容体系和视觉体系。

● 内容体系以沟通为目标，通过内容化的方式，把品牌主张、故事、目标、思想等直接传达给用户，与用户沟通，直接增强用户的感受。

● 视觉体系以识别为目标，通过 Logo、VI 规范等，强化品牌的视觉符号，建立和加强品牌识别性，用视觉建立品牌的第一印象。

内容体系和视觉体系相辅相成，支持品牌传播策略

内容体系

每一届奥运会传播都面临不同的时代背景，需要不同的沟通方式，**解决不同的传播问题。**

内容体系覆盖范围广泛，包括文字、图片、视频、语音、活动等，只要产生了品牌相关的内容传达，都可以归为内容体系。

内容体系的核心是明确品牌价值，建立品牌调性，用户通过理解获取。内容体系庞大而复杂，表现手法多样，需严格保证内容传达的准确性和统一性。更重要的是，确保用户在理解的过程中，尽量减少因思维方式不同而产生的误差，保证信息传达的准确性。因此，在奥运传播过程中，集团品牌先制定了《阿里巴巴集团品牌规范》，确保在不同渠道、不同供应商、不同对接人的前提下，品牌传达始终如一。

每届夏季奥运会和冬季奥运会时隔两年，期间不但传播环境、用户心智会发生变化，品牌的传播目标也可能会发生改变。在这种情况下，内容体系做到因时、因事、因环境而产生变化，解决问题和适时传播，同样是内容体系要做好的核心问题。

内容体系非常适合变化，如果一成不变讲相同的故事，不仅无法建立用户心智，反而会造成用户因感官陈旧、滞后而产生倦怠、反抗心理。试想一部精彩的电影，看两遍之后就不会再有任何新鲜感，很少有人会再持续看第 3 遍、第 4 遍。

这里强调一点，内容体系是沟通的方法，所以并不是指品牌主张、目标要经常变化，而是在适应传播环境的前提下，做对应有效的沟通。

视觉体系
用视觉符号统一集团的奥运传播形象，最终沉淀为传播 IP。

12 年的奥运传播，最先沉淀的价值一定是品牌的视觉体系。当一个 Logo 不断出现在观众的视野中，久而久之便成了印象。这个印象就是品牌视觉体系的价值，也是品牌的第一印象。

换而言之，品牌传播的直接目的就是为了加深用户对品牌的印象，在不断变化的内容体系里，唯一直观不变的就是品牌视觉体系。

在阿里巴巴的奥运传播中，视觉体系至关重要的一环就是在 2018 年平昌冬奥会后，奥运团队和品牌组快速总结和推进，设计出阿里巴巴奥运组合标识，并基于标识延展 VI 系统，以此来承担未来的奥运传播。

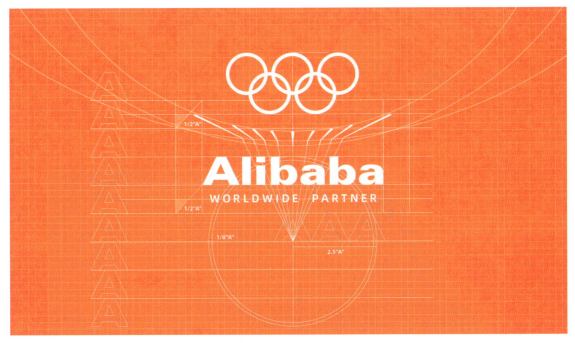

阿里巴巴奥运组合标识

阿里巴巴奥运组合标识设计理念
阿里巴巴奥运组合标识设计表达了阿里巴巴对奥林匹克的支持与期待，下面提取两个核心概念词："基石" 和 "绽放"，诠释阿里巴巴与奥林匹克之间的定位。

基石：阿里巴巴作为奥林匹克全球合作伙伴，以科技为基石，用云计算和全球电商服务全力支持奥运会的数字化转型。

绽放：阿里巴巴和每一名普通用户共同成长，相信每个人都可以绽放未来。现在，阿里巴巴荣幸成为奥林匹克全球合作伙伴，加入这个全人类的盛事中，期待共同见证精彩未来。

标识设计采用上下结构，阿里巴巴以科技为基石，支持每个人和奥林匹克绽放精彩。

阿里巴巴集团品牌奥运传播视觉 VI 系统

阿里巴巴 VI 沿用 Logo 的射线体系，形成统一的视觉设计。

用视觉统一每一届奥运传播，形成可记忆的视觉符号
（上图，2020 年东京奥运会视觉 | 下图，北京 2022 年冬奥会视觉）

火炬设计，不仅仅是设计情怀

Alibaba Design 承担了北京冬奥会火炬"飞扬"、火种灯、仪式火种台的整体外观设计，对奥运团队来说，这不仅是一种设计的情怀，更在复杂传播的环境下争取到多次重要的发言机会。围绕火炬产生的每一次传播机会都是品牌的承载，无论对内还是对外都具有重要的影响意义。

阿里巴巴北京 2022 年冬奥会 & 火炬 主题展览及带来的影响

奥运团队服装设计，和品牌见面的第一印象

阿里巴巴奥运衣物一直在赛场内外承载着集团品牌形象展示的角色，一次次的衣物制作过程也让奥运团队完善出了一套成熟的机制和打法。

作为在家门口举办的第二届奥运会，北京 2022 年冬奥会既是品牌传播的盛事，也是品牌形象一较高下的展示。拥有相关权益的各企业、品牌必然汇聚北京，投入在一线工作的奥运团队形象，就是企业奥运形象的第一印象。

阿里巴巴奥运团队 - 北京 2022 年冬奥会服装

阿里巴巴奥运会传播大事记

时至今日，阿里巴巴集团品牌已经成功参与了 3 届奥运会，一路走来，每一个脚印都清晰可见，指引着下一步继续向前。

a）2018 年平昌冬奥会，阿里巴巴在奥运舞台上的第一次成功亮相，奠定"相信小的伟大"奥运传播基调。

2018 年平昌冬奥会传播概念 & 海报

b）2020 年东京奥运会，集团开始以品牌的方式规划奥运传播，正式明确奥运传播基调，确定阿里巴巴＋奥运五环的品牌奥运 Logo 和 VI 系统。

2022 年东京奥运，品牌视觉 VI 正式在海内外启用

c）2022 年北京冬奥会，阿里巴巴的发言方式和传播目标更加清晰，以内容传播为核心，细致思考传播内容与媒体端的有效结合，最终形成针对时间节点和媒体平台的内容矩阵。

北京 2022 年冬奥会，取消概念海报，转换为内容海报

奥运传播就是一个品牌在不同的时代气息下，始终拥有一个统一的奥运语境。透过百年奥运会奠定的属性，始终回归于人，回归向好、积极、进步的人类共同目标。通过奥运会透传正能量，是一个目标长远的品牌必须要做的事。

即将开始的挑战，2024 年巴黎奥运会

奥运传播是一个长期的准备过程，需要考虑的因素有很多。2024 年巴黎奥运会虽然还未开始，集团品牌的奥运传播已经进入到下一个准备阶段，我们巴黎奥运会再见。

Alibaba Sans

7 8 9
4 5 6
1 2 3

普 普 普 普 普 普 普

Light

Regular

Medium

Bold

Heavy

Black

惠 惠 惠

Alibaba Sans Vietnamese —— 3 Weight	Alibaba Sans Thai —— 3 Weight	Alibaba Sans Italic —— 5 weight	Alibaba Sans —— 6 weight	Alibaba PuHuiTi 2.0 —— 9 weight

สวัสดี

PuHuiTi

PuHuiTi

PuHuiTi

PuHuiTi

PuHuiTi

PuHuiTi

PuHuiTi

PuHuiTi

PuHuiTi

阿里巴巴普惠体的诞生，
造字原来要经历这么多思考

—

字体，是塑造品牌形象的关键设计要素。如何设计出符合阅读体验并传递企业的精神形象的定制字体，是字体设计过程中必须面对的难题与关键。

各国语言版本的阿里巴巴普惠体

阿里巴巴普惠体是中国企业首次发布的可面向全场景使用的免费商用字体。阿里巴巴集团定制字体诞生于2019 年，由阿里巴巴集团品牌设计团队发起并主持，普惠体家族西文（Alibaba Sans）覆盖英文、法文、俄罗斯文等拉丁语系，共 172 个语种。经过不断优化、升级扩充，2021 年 5 月发布了阿里巴巴普惠体 2.0，新增泰文和越南文，并将简体中文扩充至 9 个字重，累计达 175 个语种。

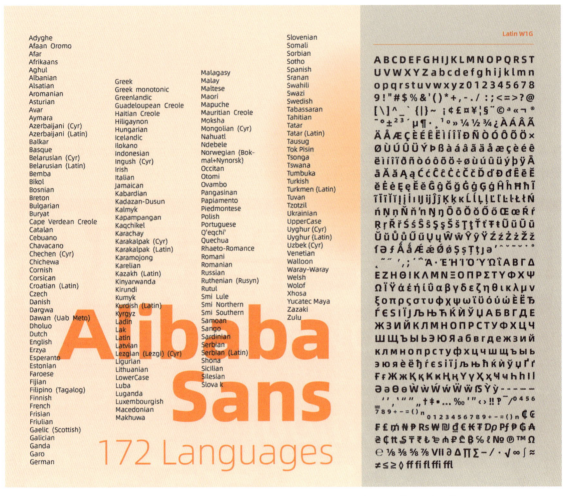

普惠体西文家族 - Alibaba Sans 涵盖正体/斜体 2 大风格、共 11 字重，覆盖 172 个语种。

开发定制字体的背景

作为全球著名品牌企业，阿里巴巴拥有庞大且多元的业务形态。开发定制字体有内部与外部两方面的原因。从内部品牌视角，集团业务快速发展，平台产品营销活动蓬勃，Alibaba Design 团队重新审视集团过去的视觉形象与机会点，发现缺少灵活的基础视觉元素来穿透覆盖多元场景。而 2019 年也是阿里巴巴成立 20 周年，以此为契机推出一款基础内文字体，强化品牌视觉整体性与一致性。从外部看，平台商家字体侵权案例频频发生，通过集团层面定制字体，在全球范围永久免费授权给全社会使用。阿里巴巴希望通过定制字体为中小商家减负，解决商家字体使用的版权困扰。

More & Wide 设计目标

场景 × 关键词 = 字重 × 复合字体

可以从集团品牌形象与复杂应用场景两个维度来展开字体定制。以 9 个体感关键词词组为基础，它们分别是动态的、多变的、年轻的、激情的、气势的、力量的、未来的、创新的和科技的。

通过一致的体感关键词词组向字体设计师提出需求，分别指导中文 / 拉丁文 / 数字的设计方向，由字体设计师从中感受并转化成造型。针对不同场景的展示需求，以"复合字"的概念，整合中文 / 拉丁文 / 数字各自的特征，成为一款针对场景定制的系统字。

在足够多样且限定的范围内，设计师可以自由地从词组中挑选有灵感的关键词进行不同层次的发散和创作尝试，不仅具备弹性，也能让字体风格在初创阶段产出更多的可能性。

虽然各自诠释的关键词不同，但因为关键词词组代表的就是阿里巴巴的印象，最终的风格结果是，中文显得"年轻有力量"、西文更"现代又可靠"、数字更"亲切好识别"。中文和拉丁文拥有各自的造型特征，演绎的是整体的品牌气质，整合起来也是定制字体想要呈现的独特且多变的感觉。

阿里巴巴普惠体、Alibaba Sans 字体家族

字体和人一样，也隐含着性格和内涵

1. Alibaba Sans 设计亮点：现代又可靠

西文字符设计之初，从骨架开始，采用 圆方形的外轮廓特征，兼具几何感与人文感的设定；加高 X 字高（X-Height）的比例、小写 hbdl 有上升部的设定，符合缩小字的长内文的阅读习惯。使得西文不论放大还是长篇编排，都呈现"现代又可靠"的心理感受。

GQCOceos

圆方形的外轮廓造型特征

大写字高
Cap height

Hh Bb Dd Ll

升部ascender

X字高x-height

降部descender

小写hbdl 有升部（ascender）符合长内文的阅读习惯

Alj 字符可替换 OpenType

强化大小写 L和 I 的识别差异

斜体具备手写感

Alibaba Sans 特征与细节

普惠体 2.0 新增泰文和越南文，一方面基于海外业务的考量，另一方面包括泰国、越南等国在内的东南亚地区人口众多，未来有足够大的潜在需求和使用人群。

在泰文的设计过程中，没有圈圈（loopless）设计的字形会更显简约，对比有圈圈（loop）的设计更能显示年轻活力和现代感，更契合我们想建立的形象方向。但在充分考察了当地人的使用习惯后，我们选择以用户为中心，选择更"传统"的设计。因为后者是符合更多年龄层消费者群体认知的字体，也是泰国本土中应用场景更多的一种字体风格。

选择以保持当地阅读习惯的 loop 设计风格为主，充分体现了阿里尊重当地文化、风俗习惯及用户观感，站在使用者而非阿里的立场上进行字体设计。希望通过这种方式让泰国用户更清晰地分辨信息，感知字体阅读上的熟悉亲切，感知到阿里巴巴的亲切周到。

普惠体泰文 loop 与 loopless 特征对比

2. 数字设计亮点：亲切好识别

数字的应用场景通常代表着价格与销售额。设计数字时，对最终呈现效果的期望是清晰好识别，给人一种亲切可靠的感觉。当应用在价格上时，读起来很舒服，感觉看到价格好像也没有压力。

货币符号部分考量了全球化业务，如金融及海外电子商务的拓展。首先把拉丁语系范围内的 Unicode 总计 27 个货币符号全部涵盖进来，就连虚拟货币——比特币也涵盖了进来！

如视力检测般，开口加大，识别起来不吃力，更方便阅读

3. 简体中文设计亮点：年轻有力量

从阿里巴巴的体感关键词逐步转化为设计感受，进而提取出更为贴合的感受词：明快、现代、可靠，并将其融入至每个笔画、每个字体。

从笔画的细节处理上汲古创新，简约明快。在字体的造型布局上，收窄字面，使字形更加瘦长，视觉重心略微提高，更好地展现阿里年轻活力的精神面貌（缩窄 92%，这对商家而言，意味着同样的版面空间，普惠体比其他字体能放下更多商品信息，使文案展示效率得到提升）。

字形偏瘦长，编排时可展示更多字符；重心提高，体现年轻活力的精神面貌；减少笔画细节，更加现代简洁，
粗字符不出脚、细字符保留出脚

为了让整套字更为现代简约，尝试省去字体的出脚部分。这种设计方式可以让字看起来更加简洁。但应用到长文排版的环境时，不出脚会影响字体之间的重心及用户阅读时的稳定性。经过反复的沟通、设计尝试，针对字体不同的使用场景及不同字重的功能性，分别进行了特殊化的家族设计。

Bold/Heavy 两个字重多用于标题字应用环境，字数较少，省去了部件中所有的出脚，以便更好地体现字体的块面感和简约的设计感。而 Light/Regular/Medium 这 3 个字重侧重于长文排版的使用场景，保留了底部结构的出脚，更好地平衡字体之间的重心，也确保了用户阅读时的舒适流畅感。对于未贴近底部的出脚，化繁为简，从而逐步达到字体功能和布局造型之间的平衡。

2021 年 5 月发布的阿里巴巴普惠体 2.0，不断优化简体中文的笔画细节，并扩充至 9 个字重，通过不同字重笔画的细节优化，升级一款满足营销场景多元化需求的字体，也希望通过一款通用、基础的系统字体，满足标准系统字对识读性的严格要求，最大限度地覆盖更多的应用场景。

字体的诞生对品牌的业务拓展带来了哪些优势和机遇

通过了解阿里巴巴普惠体的诞生过程，从品牌形象的设定转化为造型，从字符个体造型细节的曲直变化，到跨语种的特征组成庞大的家族字库，穿透在细微的用户接触点，覆盖丰富的应用场景。字体，以润物细无声的形式塑造出具有整体性的品牌形象，承载品牌形象的多重需求，创造了一个可以被合作伙伴和商家免费自由使用的字体家族，以最大限度地延长品牌资产的寿命和投资回报率。

当集团发展云计算、零售业务等全球业务，以 Alibaba Sans 来承载内容，一致的细节质感保证了品牌形象设计元素的全球整体性。同时，以"普惠"之名，也意味着这款字体肩负着比一般企业品牌字体更重要的使命：让天下没有难做的生意。在全球范围内永久免费授权给全社会使用，命名在一定程度上提高了阿里巴巴的品牌感知。

另一方面是平台上商家出海的便利性，阿里巴巴字体面向全社会进行字体商业授权，对个人、商家、全社会开放。当商家品牌出海全球或海外品牌进入中国时，都可以直接使用这一款免费的商业授权字体。在业务拓展时能更安心地使用授权字体，中小商家和用户也能参与阿里巴巴生态的一部分，共享普惠价值。

普惠精神的延续，接下来我们也会坚守在普惠这条路上

普惠体的发布降低了让商家使用正版字体的门槛，做到专业支持，让商家在全球商业环境中放心拓展，提供了免费的正版字体供商家使用。此举获得了用户的一致好评，国外设计媒体 DeZeen、创新媒体 FastCompany 等专业媒体关注报道，增强了人们对阿里巴巴品牌的好感度与普惠价值传递。未来不止于此，Alibaba Design 将持续不断延续与升华，弘扬普惠精神！

寻找远方的美好，
一起为乡村做设计
—

2020 年是全面打赢脱贫攻坚战的收官之年，乡村发展也进入振兴新征程。在这样的背景下，Alibaba Design 发起了《寻找远方的美好》设计公益项目，协同阿里巴巴乡村振兴基金，集结阿里内外部设计力量，为欠发达县域做整合设计，用设计为乡村带去实实在在的变化。

过去两年，我们累计走过 9 个欠发达县域，在这里我们看到了鲜为人知的美景，尝到了优质的农产品，却没有看到与之匹配的设计。我们从公共品牌塑造、文创文旅、农产品品牌、线上阵地建设、旧村落改造等各个方面为一个县做整体的设计升级。同时，在阿里内外部招募"公益设计官"和我们一起为乡村做设计，我们的初心就是希望让更多人看到、尝到、听到远方的美好。

这个过程中我们一直用设计和乡村发展对话，探索适合中国县城的"创生设计"，为乡村贡献温暖有爱的设计力量。

越是乡村的越是最好的

陕西省宜君县位于北纬 35 度，海拔 1300 米，优质的地理条件让这里的苹果色艳味浓，核桃皮薄肉厚，好山好水好空气孕育了宜君的好物产，但宜君农产品因为知名度不高，缺乏品牌，苹果甚至要用周边其他县市的外包装箱出售，我们看在眼里百感交集。

为宜君做设计，我们相信越是宜君的越是最好的。在宜君本土的历史文化里，我们发现有千年石窟里的魏碑石刻，记录着生动的风土人情；有从剪纸创作而来的宜君农民画，充满了艺术感染力。这些宜君素材为我们带来源源不断的灵感，用宜君的元素设计宜君，从县域公共品牌、系列农产品，到旅游服务体验各个方面提升宜君的竞争力。

因为县域统一包装降低了成本和设计的提升，县内预计新包装一年可为果农带来 3000 万增收，我们也不断听到宜君的果农告诉我们，"我们终于可以自信地说出我们卖的是宜君苹果了。"

陕西宜君县农产品系列包装设计

让地方物产包装成为传播文化的载体

在河北省巨鹿县城下，埋藏着一个 900 年前完整的宋代城市——巨鹿宋城遗址，被誉为"东方庞贝"，遗址曾出土大量精美的宋瓷，可以窥见当时的文化艺术之美。遗憾的是，这些巨鹿宋瓷大多流出海外，巨鹿县本地只有残缺的图文资料，我们希望用设计的方式来传承保护这份巨鹿宋城文化。

我们绘制还原真实的巨鹿宋瓷，制作巨鹿宋瓷名录，让这份文化资产不仅可以用数字化的方式记录展示，还可以拓展制作文化周边传播，同时将巨鹿宋瓷和巨鹿物产相结合，应用在巨鹿物产的包装设计中，让包装成为文化的载体，传播到远方。

河北巨鹿县饮料包装设计

河北巨鹿县巨鹿核心物产包装设计

用可爱的力量提升县域旅游服务体验

在以旅游为核心产业的县域，公共品牌形象需要清晰的定位来吸引游客，而可爱的吉祥物不仅能提升县域服务形象，还可以植入到旅游链路的方方面面，在和游客情感化沟通的同时，发挥可爱的力量，创造许多无形的价值。在河北省张北县、吉林省汪清县，将生动的吉祥物形象渗透到县域公共品牌、文旅文创周边、旅游服务中，是县域最可爱的发言人。

河北张北县吉祥物家族及核心商品包装

吉林汪清县吉祥物家族及 IP 周边

红色文化也可以很新潮

1930 年，毛主席在江西省寻乌县写下《反对本本主义》一文，提出了"没有调查，没有发言权"的著名论断，并在寻乌做了细致调研写下 8 万字的《寻乌调查》，代表了唯实求真的精神。我们在为寻乌做设计时，反复阅读全文，被里面翔实的内容深深触动，如果《寻乌调查》能激励我们，也一定能激励更多人。带着这样的心情我们完成了《寻乌调查》红色文化 IP 的设计，不仅要把"没有调查，没有发言权"宣传出去，更要将《寻乌调查》故事的始末传播出去，让更多年轻人乐于接受，发现其魅力。

江西寻乌县《寻乌调查》红色文化 IP 周边

设计激活县域企业品牌的生命力

县域企业发展不仅可以带动当地农产品种植，还可以增加就业机会。军杰辣酱就是这样一个湖南助农龙头企业，产品原以传统销售渠道为主，商品口味好但品牌形象缺乏线上竞争力，因此在线上增长缓慢。我们针对辣酱产品的市场特征，为其打造了全新的辣酱品牌形象"范四叔"，从品牌定位、商品线规划到销售策略做了整体升级，通过研发匹配健康人群需求的低脂系列、独立随享小袋装等，拓宽年轻市场。"范四叔"辣酱目前上线 4 款商品，已累计售出 30 余万瓶，销售额突破 300 万，还有 28 款商品即将上线。

"范四叔"辣酱品牌及新品礼盒

为了帮助更多县域企业发展，我们联合阿里巴巴乡村振兴基金推出了"寻味乡村"系列，打造一县一品，可以快速覆盖更多的欠发达县域，用可爱的力量提升县域商品的竞争力。

"TASTE OF COUNTRYSIDE" PACKAGE DESIGN

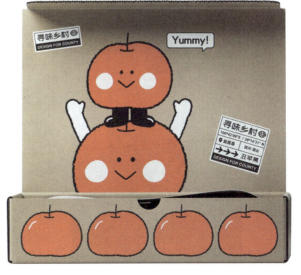

「寻味乡村」系列商品包装

公益设计官，一起为乡村做设计

乡村振兴需要设计，仅靠 Alibaba Design 的设计师是远远不够的，众人拾柴火焰高。2021 年 5 月，我们正式成立"公益设计官"并对外招募设计师。除了来自阿里巴巴集团 & 蚂蚁集团的内部设计师，还有来自全国各地的设计爱好者、各高校学生，甚至还有一群热爱绘画的小朋友，参与到各种形式的乡村振兴设计中。

本地生活的设计师们为山西省平顺县打造全新区域公共品牌，高德设计团队为河北张北设计了全新形象，Alibaba Design 空间设计团队为城市规划旅游民宿……还有一群坚持每一个设计公益项目都参加的高校研究生，他们带给我们的不只是优秀的设计，还有年轻人想为乡村发展做贡献的强烈愿望，在我们组织的"为平顺画门票"征集活动中，参与设计的年龄最小的公益设计官只有 5 岁。

我们用公益把这些素不相识的设计师联系在一起，组成了一个有生命力、有爱的以阿里设计师为向心力的公益设计团体，未来我们一定还会带领更多设计师为更多的县域做出更多更好的设计。

"公益设计官"为甘肃礼县做设计

"公益设计官"为山西平顺县绘制的门票

我们看到了乡村振兴发展的机会，看到了设计力量的注入带来的真切变化，设计人原来可以用自己的专业做公益，帮助乡村发展，希望未来会有更多人和 Alibaba Design 一起，设计有爱，温暖未来。

项目影响

2021 第五届阿里巴巴橙点公益榜年度十佳项目

2021 阿里巴巴及蚂蚁集团党委火种计划火种先锋奖

2021 全国互联网数字党建火种计划十佳项目

2021 杭州市未来科技城十佳公益项目

设计是光，
点亮梦想 - 公益画廊
—

画里有故事，心中有期许

看到下面这些画，你能区分哪些是艺术家的作品，哪些是普通绘画爱好者的作品吗？

以及，哪些是大人画的，哪些又是孩子画的？

或者，哪些是"普通人"画的，哪些又是"不那么普通的人"画的？

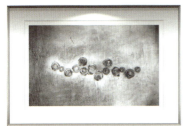  

部分作品展示

没错，上面这些作品，有的是阿里在职设计师创作的，有的是合作艺术家创作的，有的是非设计岗位的绘画爱好者创作的。

除此之外，还有一些来自因心智障碍、自闭症等原因陷入困境的儿童创作的——孩子们细腻、灵性和充满创意的笔触毫不逊色于成人，一份份对梦想的渴望跃然纸上。

2021 年 7 月，Alibaba Design 公益发起了"公益画廊"活动，以"帮孩子寻找内心的热爱"为主题，征集了超过 100 幅阿里设计师、合作艺术家和公益受助孩子的原创画作，举办了一场线上线下义卖画展。

A 空间线下画廊

在画展的作品征集阶段，有很多小伙伴迅速主动响应了这场公益活动：

@ 胖克是一名创意设计师，她以孩子的"笑容"为主角，为孩子们创作了 6 个不同的小故事，希望看到的人都能够"会心一笑"。

@ 韵好是一名体验设计师，擅长 3D 建模的她也爱好绘画。她的公益经历非常丰富，曾经参与过为视障人士录制音频、翻译盲文书等公益项目。

在一幅名为《美好图景》的作品中，她描绘了孩子们互相诉说梦想的场景——对未来的憧憬就像一颗启明星，遥远的梦不一定能实现，但一定代表了某种美好的期待。

还有几位特别的小作者，是来自受助于公益基金会的几位小朋友，即便他们和他们的家庭正在被贫困、疾病所困扰，但这依然不妨碍他们用画笔倾诉脑海中的梦与想象。

见字如面，见到画也是一样：丰富的色彩、无尽的想象力、灵性的笔触，投射了孩子们对内心热爱的探寻。

目前公益画廊活动已累计收到 250 余幅报名作品，其中 125 幅作品已正式上线开始义卖。使用支付宝扫描下面的二维码，就可以足不出户参观这场充满爱与光的艺术画廊。若你看到喜欢的作品，不妨就把它带回家吧！

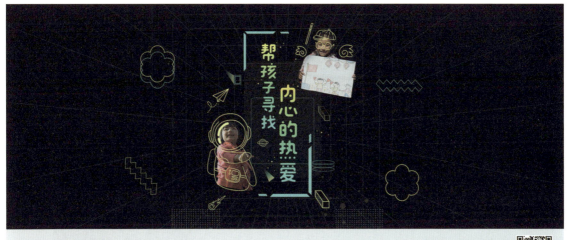

线上画廊

值得一提的是，搭建线下画展所使用的材料全部是一种经过特殊加工制成的板材，原材料取自园区咖啡店原本要倒掉的"咖啡渣"，完全环保，用行动践行了"绿色可回收"。除了画展形式，Alibaba design 公益也通过集市及线上直播的方式，展示设计师和孩子们的艺术风采。

画展、集市、直播活动

目前公益画廊累计销售额已超过 8 万元，Alibaba design 公益将会把义卖的全部利润捐赠给上海真爱梦想公益基金会，投入到"梦想教室"的建设中。我们会一同为欠发达地区的学生改造一间教室作为"梦想中心"——提供素质教育资源，促进教育均衡。

那么，除了义卖，还有什么更具"想象力"的公益形式吗？

如果你听说过 NFT，想必对这种区块链与数字艺术品的结合并不陌生。

Alibaba Design 公益与支付宝爱心捐赠平台、深圳壹基金公益基金会、芭莎公益慈善基金、上海艺途公益基金会合作，联合发起了一个在线的公益"想象力画廊"。希望为自闭症等心智障碍群体及乡村儿童提供美育课程，让他们在生活中获得更多阳光。可以通过捐赠 9.9 元为孩子们的梦想助力，与此同时捐赠者还将会随机获得一份 NFT 爱心回礼：一幅数字形式的画作，由蚂蚁链提供存证确权技术支持，让每一份爱心和回馈都独一无二。此次活动也带动了更广泛的人群参与到公益中。

NFT 数字画作

关于"信"与梦想的故事

据说，在文字还远没有诞生时，"信"就已经通过结绳、刻符的方式出现了。但当人们拿起手机就可以轻松联系到某个远方的朋友时，似乎"信"在人们生活里的必要性越来越少了。

试想，你上一个互相写信的人是谁？什么时候？在哪里？但是，我们亲手写下文字，看着墨水干透，将信寄出并等待数天，难道不是一件充满仪式感的事吗？

2021 年 11 月 20 日，联合国世界儿童日，Alibaba design 公益团队收到了一个厚重又意义非凡的包裹：600 多封来自全国不同偏远地区的孩子来信。其中，有来自孤儿学校等特殊群体的儿童的来信。

信中，孩子们用画笔描绘了自己心中未来的梦想职业：有救人水火的消防员、有教书育人的老师、有保家卫国的军人……除此之外，也不乏"花钱师""皮套奥特曼演员""单枪匹马的特警"等突破天际的脑洞。

部分来信作品展示

在感叹这些作品的创意、精美之余，设计师们想到，能否为孩子们回一封信？

其实，作为远方的大朋友，在一定程度上扮演着"权威"的角色，意见也更容易被孩子们重视和采纳。一个简短的鼓励，也许会为他们的未来开启一扇小小的窗。

于是，小伙伴们立即着手，发起了"想象力明信片活动"，并把孩子们的来信设计成一个"爱的包裹"，内含一张专属明信片、一份 DIY 迷你画及一份操作指南，并"偷偷"放到了每一位员工的办公桌上，邀请大家回信。

"爱的包裹"

设计师们收到孩子们的明信片后开始认真回复,他们有的为孩子们的线稿配色,共创了一幅作品,有的写上了最真诚的祝福,有的甚至为孩子们的梦想支招……设计师互相之间也会分享自己手中不同的画面,讨论孩子们的梦想。相信来自大朋友们温暖的鼓励与支持,一定能成为孩子们冬季最美好的回忆。

部分设计师回信内容展示

元旦前后，我们已将第一批 250 多封信件寄回到孩子手中，来看看小朋友们收到回信时的喜悦吧～

孩子与老师的反馈

如果在支付宝搜索小程序"阿里巴巴设计公益"，还能看到更多关于"想象力明信片"活动的故事。此外，也能在上面发现宠物救助、互联网科普、儿童教育等各类公益项目，还有上海联劝、中华少年儿童慈善救助基金会等优质机构的入驻。

欢迎热爱公益、热爱设计的小伙伴一起加入，用专业与内心的爱，为这个世界做一些微小而温暖的改变！

在蚂蚁森林做设计，
是一种怎样的体验？
—

为一款用户数超 5 亿的产品做设计，是一种怎样的体验？

蚂蚁森林就是这样一款让设计师幸福感爆棚的产品 —— 朋友都在用、不为消费娱乐、让世界变得更好。此外，还获得了联合国"地球卫士奖"。

5 年前，蚂蚁森林正式上线，无数用户在其中践行了自己的"低碳美学"。如今，当产品已经达到一定的高度和广度，需要给用户带来一些更新的体验。那么，设计在其中能做些什么呢？

蚂蚁森林设计改版

去年，蚂蚁森林升级之初，设计团队就定下了"真实"和"细节"两个关键目标。

真实：建立更多真实世界的映射，让用户更有沉浸感。

细节：融入更多故事和彩蛋，让场景活起来，传递"天更蓝，心更暖"的产品体验。

风格，让蚂蚁森林更真实

每一个蚂蚁森林的设计师，在做设计前都被要求到真正的森林地块去走访。初到蚂蚁森林时，"荒芜"是对大环境的第一印象，代表着造林所面临的恶劣条件。"有序"是迈入林地后对蚂蚁森林的又一感受，代表着人类在其中稳步推进。

然而真实世界的天空、地面和植物与手机屏幕相比，拥有更多细节，也意味着巨大的视觉差异。

蚂蚁森林地块实景

上面这张图就是很好的对比案例，那么，通过设计语言如何表达真实还是虚拟？我们在抽象和真实之间，到底选择谁？为了便于描述画面，可以用图形、配色、质感和视角 4 个要素进行设计。

视觉风格设计系统

图形、配色和质感越往右边走，我们的视觉感官就会愈发真实。但要做到 100% 真实往往细节过多、成本高昂，对产品设计来说未必是好事。因此，经过多版本尝试，把改版的视觉风格定位到了"微质感"上。

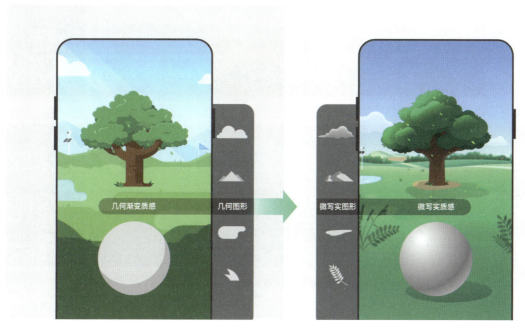

新旧版本质感对比

通过减少大面积几何色块，并合理增加阴影、高光反射面，可以有效塑造层次感和真实感。同样的手法还被应用在界面中的其他视觉元素上。

作为画面中的一员，它们同样需要在不影响固有认知的前提下，配合做一些视觉改变，使界面中的所有元素互相配合，形成统一的视觉感官。

在阿拉善，设计师一路坐着吉普车从沙漠边缘进入，穿过层叠的沙丘之后又突然来到一片绿洲，这可能是对蚂蚁森林演变的一种最好体验。

因此，运用"时间"和"空间"技巧，我们想把这种真实的感受送到用户面前。

首先在构图和透视上，使用更具纵深感的平行透视，使用户的目光聚焦到远方。

随着用户种树的进度，画面会从沙漠慢慢变成绿地。大色块的做法只能通过颜色来表达变化，差异性有限，给人的视觉冲击力不强。通过由近及远的视觉变化，搭配微质感，可以让用户明显感受到种树如何为沙漠带来绿色，同时白天和夜晚的差别也会更大。

地面色向渐变

绿色面积变化

新旧版本场景化效果对比

新场景，更好地服务每个人

在最初设计页面时，曾构想有一只可爱的小青蛙。想当然地，我们认为绿地里会有青蛙。但实地去蚂蚁森林地块探访后（是的，每个蚂蚁森林的设计师都必须要去现场走访一次），才发现沙漠环境里那么干燥，完全不可能出现青蛙。

虽然被现实打脸，不过在最终的方案里还是保留了这只青蛙，并且还为它配上了一只白色的蝴蝶——许愿在蚂蚁森林将沙漠真正变成绿洲的时候，这些小动物都能自由自在地生活在其中。

未来，也许保护地的小伙伴们也可以来这里做客：藏狐、黑颈鹤、菲氏叶猴……毕竟，有树、有动物、有鸡，才是热闹的蚂蚁森林。

随着视觉纵深的扩展，横向能否也给用户更多探索的空间？常见的交互方式是"左滑右滑"，但这种方式不容易被用户发现和误操作概率高，所以最终选用了"陀螺仪"这种更有趣的交互方式来实现横向场景的用户感知。与此同时，还为其他彩蛋留出了余地。

白天，通过左右晃动陀螺仪可以在页面最左侧发现一对放风筝的小朋友。而在晚上，页面的右上角还能看到沙漠里的银河。我们希望通过这些有趣的小彩蛋，为用户营造出更多故事感，让整个产品"活"起来。

更多公益场景，更多设计价值

其实，除了蚂蚁森林，还有更多支付宝互动公益产品在为这个世界变得更好而努力，如蚂蚁庄园、芭芭农场、蚂蚁新村、支付宝运动……与互动相结合为公益带来了一种全新的可能。

支付宝公益场景（部分）

如上图所示，可以发现，它们都以一种场景化、视觉化的方式将公益呈现在用户面前。于是设计师们不禁在想：树、小鸡、农场的果农、城镇，是否应该是生活在一个世界、有相互关联的时空与故事？

于是，我们构想了一个完全架空的虚拟世界，让这些小伙伴真正生活在一起。

公益星球（虚构）

在这个世界里，大家拥有统一的时空、节气，也有统一的文化背景。在其中，有蚂蚁森林这样耳熟能详的故事：
人类低碳行为的积累产生绿色能量，汇集到树上让沙漠变成绿洲，动物回归。

蚂蚁森林故事（虚构）

蚂蚁庄园和芭芭农场互相关照，小鸡在产爱心蛋之余也为农场送去新鲜的鸡粪肥，并且帮助果农让果树长得更
加健康、茁壮。

蚂蚁庄园与芭芭农场故事（虚构）

而在人类生存的城市，通过一点一滴的付出改变着这个世界，让天更蓝、心更暖。

公益城市故事（虚构）

在未来，这个世界观的故事会慢慢落地到产品中，让不同产品之间有更多的串联和互通，也让包括整合营销等场景联合有更多的契机和合理性。用户在其中穿梭，不仅仅是一个单一产品的体验，更是对整个支付宝公益观的接纳与深入。

结束语：回归公益初心，给用户以更好的体验

用互动体验的方式做产品，不代表要做一个真的"游戏"。因为蚂蚁森林，我们选择每天早起收能量，选择骑共享单车而不开车，又结识了很多一起种树的人，在蚂蚁森林的每一秒、每一克能量，都因设计而变得真实、有价值。

每一个创新上线后，是不是所有人都喜欢？答案是否定的，我们也收到了不少用户的宝贵建议，目前也依然在持续优化每一个产品中的颜色、细节和玩法。设计的升级并不单纯只有感官的改善，还会带来产品体验和业务数据的提升。

公益产品是互联网环境中难得的一片净土，让设计给它带来更好的用户体验。

>设计，有效的沟通
MARKETING DESIGN

ALIBABA
DESIGN YEARBOOK

ALIBABA

2022.

Chapter 2

p119-257

创意设计如何构建"造物世界"
与现实的桥梁

—

淘宝造物节是中国青年创造力展示的一个平台，也是年轻、好玩、有创造力的代名词。

每年的造物节我们都为观众准备了让人眼界大开的神奇人物和宝贝。2021 年，我们又为造物节带来了一波有别于以往的新奇体验……

打造"全球首个 3 万平的沉浸式密室寻宝"

相信首次看到这个标题时，绝大多数人心中都能激起极其浓厚的兴趣，"淘宝造物节 + 全球首个 +3 万平 + 密室寻宝"的组合，仅从字面上来看就足够点燃全场。

2021 淘宝造物节现场

造物之城现场

然而让人难以想象的是，在项目初期，造物节仅仅是围绕一个词来展开想象的。

那么，这个关键词是什么？又是怎么通过创意和设计来构建造物节的世界观，怎么应用到线上线下各个场景中的呢？

开端 4 个字 "东方奇幻"

1. 什么是 "东方奇幻"

有别于西方思维 "对于未来的想象"，东方思维更偏爱于 "世外桃源般的平行幻想"，对于时间和空间没有绝对的概念，可以涵盖多种世界观、多条时间线。

2. 最典型的对比案例就是 "赛博朋克"

赛博朋克的故事背景通常与人工智能、高端企业和黑客之间的冲突矛盾密切相关。

场景多数设定在离现代社会不远的未来世界，用高度发达的科技文明对比脆弱渺小的人类个体，形成强烈的反差，营造出一种扭曲又硬核的既视感。

用钢铁嵌合肉体，用现实嫁接虚幻，用高科技搭配低生活，是一种弥漫着反乌托邦氛围的未来。

3. "东方奇幻"正好与赛博朋克相反，是典型的乌托邦、桃花源
首先我们拆开来理解，"东方"指的是东方文化，这个很好理解，以中华文明为基础，衍生出的各类分支文明、文化，都可以称为东方文化。

而"奇幻"是一种矛盾冲突的感受，比如时间维度上古代与未来的冲突，空间维度上巨大与渺小的冲突。

所以简单来说，东方奇幻的风格主线就是以东方文化作为基础的故事背景，将多个不同甚至拥有强烈反差的世界观和时间轴进行融合，看似对立，却又紧密地联结在同一个故事中。

但是，不同的世界观拥有不同的风格，互相之间又有强烈的反差，要通过什么手法才可以将他们和谐地融合在一起呢？

平行蒙太奇

"蒙太奇"原指一种电影剪辑技术，通过将一系列不同地点、距离、角度、方法拍摄的多个短镜头组合使用，编辑成一部有情节的电影。

而"平行蒙太奇"又称并列蒙太奇，是指两条以上的情节线并行且分别表述，最后统一在一个完整的情节中；或者两个以上的事件相互穿插表现，揭示同一个主题或情节。

凭借蒙太奇的作用，电影及视觉艺术等领域在时空上享有了极大自由，甚至可以构建与实际生活中不一致的时间和空间。

造物节"东方奇幻"的设定便可以通过平行蒙太奇，将各类不同的世界观及视觉风格巧妙结合，融合在同一个故事、同一个画面中。

从"东方奇幻"到"平行蒙太奇"的表现手法，我们构建出造物节多世界观融合的主体框架，接下来进行内容填充，并在各场景中应用。

故事背景 & 造物之城

传说中，造物神创造了一座"造物之城"，并赐予了城市一件举世无双的秘宝，这个秘宝不仅曾帮助原住民创造无数的神奇商品，甚至让造物之城穿梭时空。

红甲骑士团与蓝血猎人团世代遵从造物神的旨意，共同守护着这件举世无双的秘宝，但是却因理念的分歧渐行渐远。

一次意外，导致秘宝遗失……

失去了动力的古城坠落海上，时间紧迫，若不尽快找回秘宝，造物之城将彻底毁灭！而寻宝的关键就掌握在红甲骑士团与蓝血猎人团手中，一场关于阵营间的争斗不可避免。

古城的命运掌握在你的手中……

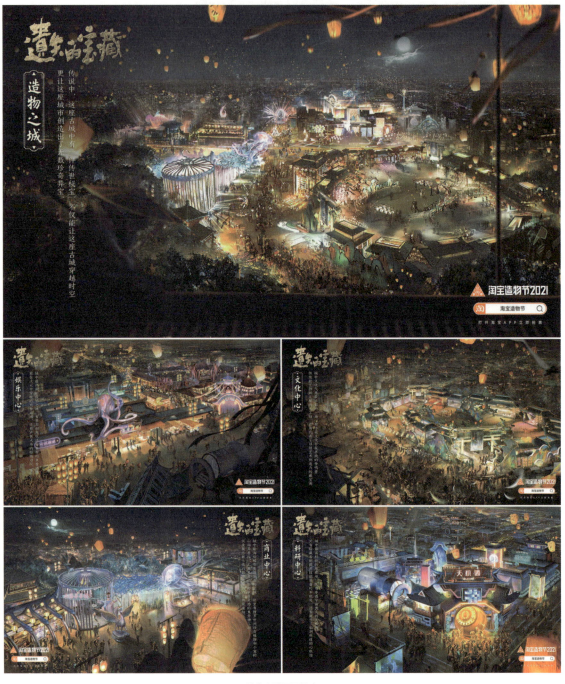

造物之城原画设定

遗失的宝藏 - 主视觉设定

遗失的宝藏灵感来源于苏轼的诗篇《海市》，登州有一种奇观异象被称为海市蜃楼，在初夏的天空中有时会出现云雾状的气体，像人群，像楼宇，又像蛟龙，始终变化着万物的模样，仿佛空中飘浮着一座包罗万象的城市，但不久之后又会消逝在云雾之中……

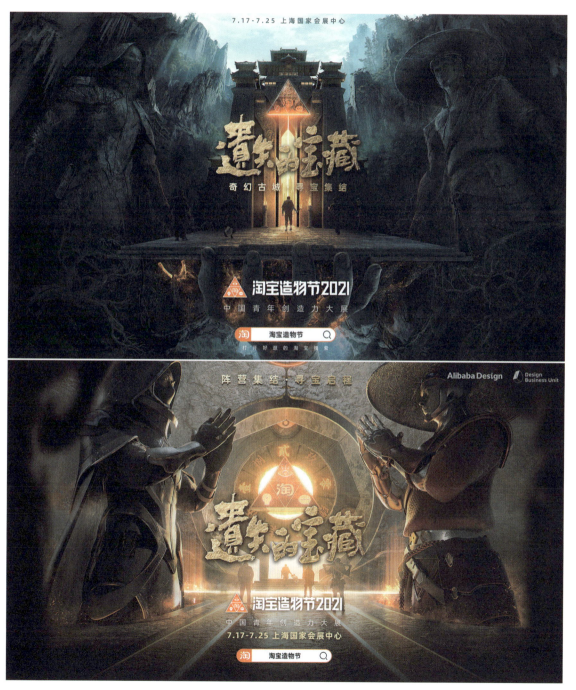

2021 淘宝造物节·遗失的宝藏主视觉

每年的造物节也像是一个"海市蜃楼"般的故事，气势宏大、精美绝伦的亭台楼阁，奇装异服的各种角色，以及跌宕起伏的故事剧情，突然降临人间，却又在短短几天后消失不见。

初次拜读时其实并没有太多感触，毕竟海市蜃楼等自然现象在现代科学中已经有了合理且明确的解释，但当我们一遍又一遍去细细品味时，居然在字里行间中发现了异样的光芒……

一幅充满奇幻色彩、穿越古今的具象画面慢慢浮现在眼前，群仙、宫殿、城墙、山鬼、造物主……这难道不就是"遗失的宝藏"所描绘的景象吗？

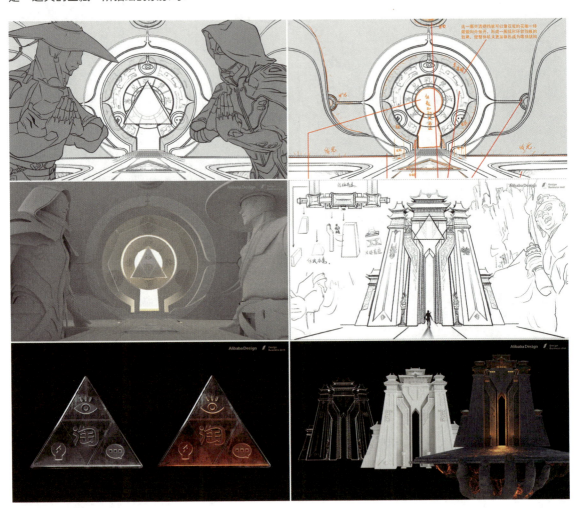

"遗失的宝藏"主视觉线稿设定

在视觉风格中，除了构图、材质与造型，色彩的设定同样重要。

本次造物节的色彩原型参考了明代画家仇英创作的《汉宫春晓图》，此画是一幅绢本重彩仕女画，通过人物长卷画生动地再现了汉代宫女的生活情景。

其用笔清劲而赋色妍雅，林木、奇石与华丽的宫阙穿插掩映，铺陈出宛如仙境般的瑰丽景象。

有别于传统的山水画，《汉宫春晓图》鲜亮浓重的色彩是用稀有的矿石研磨加工而成，极其珍贵，所以提取出的色彩本身也带有自然天生的特殊性。

在色彩命名方面，参考了古籍中对于颜色的描述与称呼。

"钢青"是蓝色系的一种颜色，介乎青玉色与群青色之间，因色质像钢而得名。

"瓶沁"是指玉瓷器长期与水、土及其他物质相接触，使其部分或整体产生自然的风化侵蚀，而得到的一种颜色变化。

"绶黄""纡紫"中的"绶"和"纡"同为系结之意，"黄"指金印，"紫"指紫色的印纽丝带。所以绶黄是淡雅的金黄色，纡紫是有丝绸质感的紫色。

"祭红"得名于明代永宣年间景德镇祭红瓷，祭红娇而不艳，色泽深沉而安定。古代皇室用这种红釉瓷做祭器，因而得名祭红；因烧制难度极大，成品率极低，所以身价奇高，极其珍贵。

明·仇英《汉宫春晓图》

"遗失的宝藏"色彩设定

阵营 & 角色设定

红甲骑士团是一队攻无不克、战无不胜的英勇骑士，他们受过正规训练，乐于助人，热心且善良。武器设定：印有图腾的盾牌，用于抵御袭击。

蓝血猎人团是穿梭于未来时空之中的机智猎人，他们足智多谋，消息灵通，个个身怀绝技。武器设定：印有图腾的暗器，既可以在打斗时当作匕首，又可以吹哨召集同伴。

"遗失的宝藏"阵营角色设定

藏宝阁 - 东方奇幻艺术展

在这座"东方奇幻"的造物之城中，藏着一个光怪陆离的藏宝阁，8 位当代艺术家齐聚一堂联合展现奇幻的东方艺术。我们用最直接的呈现形式来表现创造力，在艺术创作领域对淘宝做了重新诠释。

其中不乏与纸扇非遗手艺传承人卖家合作的《答案会在空气中打开》、与香云纱服饰卖家合作的《香云纱的涅槃》，这些艺术品的材料均来自淘宝店铺，结合了传承人的技艺在造物节上凝结成了精美的艺术品呈现在消费者眼前。

借用苏轼的名句：惟江上之清风，与山间之明月，耳得之而为声，目遇之而成色，是造物者之无尽藏也。我们也将淘宝上随手可得的商品与艺术碰撞出了新的无尽宝藏。

"藏宝阁"全貌与各色馆藏

六大宝藏好物

现场寻宝任务 & 玩法互动

造物节用户人群的组成结构决定了现场用户的解题能力会有较大的高低差，如果任务系统设定为单一的难度系数，那么必然会导致大部分用户失去主控感，产生较差的游玩体验。

因此对用户互动进行分层，将任务分为主线、隐藏、支线三大类型，让不同能力水平的用户都能找到适合自己的挑战。

玩家积极参与任务玩法

故事的结尾

2021 年的淘宝造物节已经圆满落下帷幕，造物之城也回到了时空之中继续穿越。接下来，就让我们共同期待下一年的造物节吧！

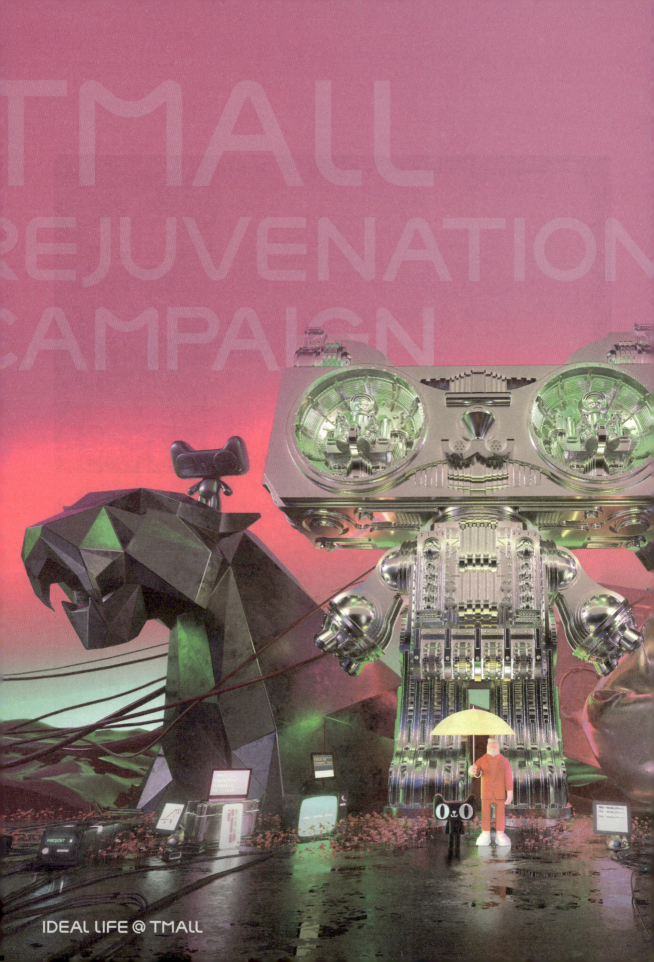

天猫品牌
年轻化战役

—

天猫是一个特殊的品牌

作为知名的线上购物平台，天猫不断出现在消费者视野中，具备了足够的大众认知。正因如此，天猫的品牌形象与沟通需要满足非常多元化的诉求：足够的包容度，高速的创新力。

天猫品牌 logo

从"理想生活上天猫"的口号到加入"官方正品在天猫""新品首发在天猫""潮流生活在天猫"的标语至今，天猫品牌尝试用更细腻的方式与每一位消费者进行更深度地沟通。在与不同的人对话时，会选择使用他们 "听得懂"的语言，否则很容易让传达的信息失真；同样，对于年轻人来说，品牌也需使用他们能感知的方式和语言，才能有效传递信息。

这里所讨论的品牌年轻化战役，不是去盲目地吸引、讨好年轻人。品牌不能背离原有的定位，不能背离多年来积累的品牌资产，而是通过品牌定位的升级及营销力度的加强，进一步提升自身的知名度与品牌力，对自身进行革新；同时，品牌年轻化战役也是表达态度、述说观点的机会，如何让年轻人产生好奇，进而认同？这不仅是创意的表达、外在的改变，而是一种品牌战术上的转型。

天猫品牌年轻化战役

本文将从品牌资产管理与品牌设计的视角来简要介绍，如何通过全新品牌营销方法与次世代用户沟通？以及要输出什么样的观点与内容？

Part.01

天猫 IP 无限模式演绎：

与创作者们玩出新世界

如今，人们接收信息的渠道日渐复杂，品牌与用户的沟通媒介和成本都在不断上升。如何与用户产生有效、高效的沟通，对品牌建立认知和认可，是大部分品牌都在绞尽脑汁、不断琢磨的事情。

品牌的沟通手法日益多样化，其中与艺术家、创作者们玩在一起，成了品牌创新沟通的热门公式，联名的脑洞也越开越大：与创作者合作、产生全新的原生内容，与消费者进行品牌文化渗透，可以为品牌打造更多文化价值。

而与艺术家、创作者们的合作更是未来品牌设计的操盘手能发挥优势、生成设计火花的重要版图；通过确定性的沟通内容（品牌与创作者/艺术家/IP 等相互背书）+ 主流沟通媒介（相应的垂直沟通圈层），来打造有效、高效的品牌沟通。

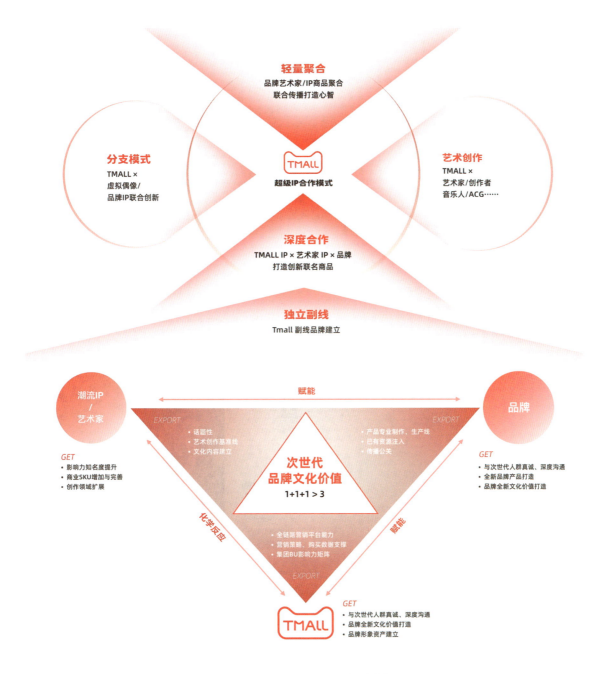

天猫超级 IP 合作模式 & 三方联合品牌价值

在联名合作上，天猫有其独特的平台属性：无数品牌在此聚集。通过"天猫×创作者/艺术家/IP×品牌"的全新模式探路，尝试进行品牌设计突围，打造创新沟通方式，让天猫与艺术/文化结盟擦出花火、与年轻人深度沟通，同时赋予联名商品更大的想象空间，推动传统品牌商业重塑新客，并将他们最终沉淀为天猫品牌增量资产，建立全新品牌文化价值！

天猫全新品牌文化资产

不论是上线就被二级市场炒到 2 万多的天猫×擦主席限定公仔，还是与 Superfiction× 美的×天猫的三方限定联名电器，甚至是与青山周平老师合作的天猫家装城虚拟建筑……天猫 IP 形象不断被各国艺术家、创作者们再演绎，推陈出新，让天猫持续焕发生机！

"天猫×创作者/艺术家/IP×品牌"

1. 品牌文化内容创作矩阵：品牌设计师与创作者们的共振

天猫品牌设计团队与艺术家不断联手打造话题性创作，让天猫能站在流行文化的前沿，与年轻人产生深度、真诚的沟通；我们从品牌沟通、商业促成、创意输出等更全面的能力出发，让品牌设计与艺术家、商业更"丝滑"地融合共振。

2. 品牌设计推动商业重塑：传统品牌年轻化破局

通过三方限定商品打造，通过设计力帮助商家品牌进行年轻化破局、重获新客；而在品牌策略、联名设计、商业场景中的应用，是天猫品牌团队更为擅长的能力：赋能商家在品牌、货品、人群沟通等多维度进行强有力的认知翻新。

3. 品牌创意设计资产沉淀：天猫品牌形象资产建设

通过天猫品牌形象与创作者、艺术家不断进行联名创作、碰撞火花、沉淀全新品牌资产；同时持续运维、源源不断地产生具备价值的品牌资产。

"天猫 × 哔哩哔哩 × 品牌"

"天猫 × 非遗文化技艺 / 艺术家 × 品牌"

Part.02

请明星代言？

不如看看天猫自家的超级偶像

粉丝们对于明星的支持与消费力不可估量，但与明星合作的可能性与可控性，品牌向来难以拿捏。

随着网络传输与技术的升级，创作虚拟偶像已不再难以实现；虚拟偶像拥有更生动的表现及更多元化的内容可能性，让其具备了无限的营销价值；而年轻用户对虚拟偶像的接受度与支持程度，也让其以各种形式活跃在线上平台。

天猫代言人易烊千玺的虚拟形象"千喵"及与哔哩哔哩合作应运而生的虚拟形象"喵酱",就是两个鲜活的案例:早在几年前虚拟偶像蓬勃发展之初,天猫品牌设计团队就对市面虚拟偶像矩阵进行了调研与解析,找到机会点提出了易烊千玺虚拟形象概念,通过人设及形象设定打造出天猫首位虚拟形象代言人——"千喵",一经亮相就引发了无数官方转载及粉丝喜爱。通过商业联动,让平台与商家也有了更多的商业合作契机,为代言人新玩法和粉丝联动提供了更多可能。

而"喵酱"则通过次元属性定位和剖析,被打造成一位可爱性感萌的"猫女"形象,并与李佳琦深度关联,在 B 站专栏也获取了极高的人气,为天猫品牌资产注入新生力量。

天猫虚拟偶像:千喵 & 喵酱　　　　　　　　　　天猫虚拟偶像易烊千玺人设系统

Part.03

入圈打造年轻化专属场景!
完成"丝滑"的品牌链接与转化

品牌年轻化战役,针对的从来不只是"年轻人",而是"年轻态"。

年轻从来不只是一种年龄段的含义,而是一种勇于冒险尝新的生活态度:滑雪、露营、打球、蹦迪、冲球鞋……品牌可以通过抓取这些核心的年轻化专属场景,打造自己的全新形象,沉浸式地让到场的消费者感受年轻态度。

传统的中心化品牌营销已不再有效:电视、报纸、杂志等帮助年轻人建立品牌认知的能力已经大不如前,品牌需要通过更有效的手段去进行传播;而新一代人的喜好也更多元化:文艺、街头、养生、佛系……没有人能再被单一化地定义。所以在这样的背景下找对特定圈层,与对的人沟通,让圈子中的爱好者们自发传播,建立对品牌的忠诚度,这种从入圈到破圈的方式变得尤为重要。

1. 天猫携手被称为"地表最强鞋展"的 SneakerCon,打造了线上线下流行文化全领域覆盖的"天猫万潮迎新节"。
本次潮流嘉年华,天猫打造了两千平方米的"万潮任性展",汇聚全球顶尖主理人与百大潮流圈 KOL 共庆流行文化盛典,并在线上同步打造"万潮任性节":集结八大行业百大潮牌、300 多件尖货线上首发,给没有机会来到现场的潮流爱好者们带来扫荡稀缺潮品的机会,并让 SneakerCon 的潮流现场长期还原在天猫平台。

期间,我们邀请到美国著名球鞋 & 潮流艺术主理人 Sean Wotherspoon 与其他 3 位艺术家,进行限定天猫造型打造。 同时 Alibaba Design 与 Sean 联手打造限定商品,并与艺术家们、天猫新锐品牌们三方合作,带来触及潮流生活方方面面的新奇潮品。

天猫 × SneakerCon："万潮迎新节"

2. 天猫 × 这就是街舞 IV：通过和街舞 IV 的合作，不仅在节目中以创意内容打动年轻人，而且通过街舞本身的潮流属性反哺平台内容，为消费者提供了丰富的同款潮品，让选手与明星导师同款悉数上传至平台，让品牌传播与平台价值相整合。

设计团队从节目联动策略到品牌系统、舞美创新设定、潮流选品着手，深度定制节目线上互动与节目的品牌植入表现，最后通过态度短片与魔性 TVC 等联合热门选手传播，全方位打造天猫联合综艺创新品牌全案。

以上便是天猫品牌设计团队带来的关于天猫品牌"年轻化战役"几种操盘方式的简要分享，今后我们还会持续创新品牌内容，与各位共同探讨。

未来的品牌设计应该突破传统的设计管理视角，通过多元化的策略与资源整合，产生创新玩法，将品牌打造成具备观点和态度的超级 IP，才能使其拥有蓬勃的生命力。

天猫 × 这就是街舞 IV

七年五福，
一出好戏

—

以工业化思维搭建现代新年俗

新年作为中国传统文化氛围最浓的时刻，成为品牌曝光及销售必争的黄金窗口。支付宝集五福活动在这个窗口被孕育出来，经历了 7 年成长，成为中国唯一一个具有新春文化和商业价值的超级新年俗。

在经历了 7 年的摸索和积累后，业务需求和设计要求都已非常明确。从发展的眼光来看，需要建立一个超级营销活动的设计规范体系来保障产出品质，持续为用户讲好每年的五福故事。就像好莱坞的电影产业发展一样，经历几十年探索，一点点建立起成熟完备的工业体系，每一项高精尖的工作，都能在第一时间找到对应的人去完成。

每年，五福设计团队都由来自不同业务线、不同职能的混合编制人员组成。为了让这种阶段性临时组建的虚拟团队形成良性运转并产生爆发力，采用了一种头狼领队的"大循环协作流程"，让不同职能领域的人员同学成为小组"头狼"，为各职能范围负责，设计总项目主管作为头部总控，相互拉通协同。良性的协作流程保证了产出品质及执行效率，项目期间持续为参与五福经济体协作的各个团队赋能。

团队协作流程图

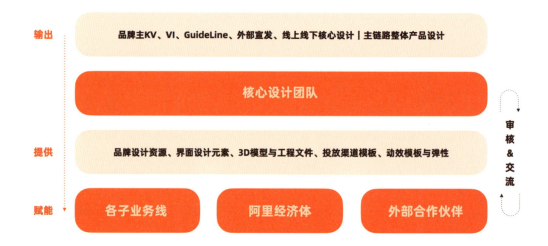

内部设计输出流程

工业化的核心要素是"分工"，即任何事情都可以项目化、标准化、流程化。营销活动也一样，以工业化、标准化的设计体系来运作，可以保证每个设计师都成为尖刀战士，精细化的分工能让工作更加聚焦，从而达到整体视觉品质与设计效率的提升。

为了将每年五福的年俗故事讲好，需要有好的 IP，好的演员，好的剧本、好的技术等，下面一一进行讲解。

1．夯实 IP

一个有系列感、有传承的 IP 标识一定是有统一的设计规则的，纵观七年五福的标识设计，从大大小小、形态不一到规整、系统化、有识别力，是一步一步演变的过程。目前所要做的是把标识的设计方式统一下来，确定哪些东西是可变的，哪些是不可变的，让用户更好地加以记忆。

五福标识规则

历年五福 Logo

近 3 年的五福活动贯彻了这一标识表达的系统，每年都切合当下时事与大众关切，给予最温和的体现，同时每年都在同用户进行"五福"对话，什么是身边的"福气"变成了我们不变的主旨；2020 年的"阖家幸福的窗"，从小家到大家都有一家人团聚时的那扇温暖的"窗"。每到过年，家家户户都会在自家门窗上贴上一张张大红色的"福"字，彼此间"祝福"，而当福字贴在窗上的那一刻，五福就来了，引发情感共鸣的点；2021 年的"复苏之花"，在疫情肆虐的形势下，给予春暖花开的祝福，自然界的新生每时每刻都在发生，而春日尤盛。萌发希望的"初芽"、润泽万物的"泉涌"、绽放新生的"花开"、破茧而出的"蝴蝶"等，这些美好的瞬间都能够激发大家对未来的希望；2022 年的"开门纳福"更加抒发了"开放"的理念，同时回归五福的本源，5 张福卡，给予享用的祝福与期许，更加坚定地做好五福的本质——为大家带来快乐与福气；在这个 IP 体系下充满了无限的可能，在"不变"的框架下提供了"变化"的美丽，形成了五福特有的 IP 形态。

2. 创造演员

从 2017 年开始，一家人作为五福的常客，见证着五福的成长，以他们为主角的五福才完整。往年运用的人物其实更偏向于素材，不能被称为严格意义上的一家人，真正的一家人要有相似的面相，会笑会闹，最重要的是"在一起"。2021 年我们确定了一家六口的固定形象，覆盖老中小全年龄段，并确立了每个角色的性格特点，让一家人有实实在在的存在感。以往五福对于活动的入口相对孤立，近 3 年我们以人物为载体，将整个故事线加以串联，降低认知门槛。用人物的亲和力拉近与观众的距离，每年都看到这一家人的变化，与我们共相成长，成为每一年的陪伴；同时五福一家人在线上线下不同场景中，以年画的形式传递，让大家反复记忆，形成统一认知。希望若干年后，他们能够成为一代人的温馨回忆。

历年五福人物设计沿革

2022 五福一家人定妆

3. 故事线剧本贯穿

一个好的故事，除了主线情节，还需要多条副线辅助，让故事变得更立体。营销活动也一样，除了线上的活动主场景，同时还需要各种线上线下的联动传播来丰富品牌的内涵。为了让每年的五福在设计气质上保持统一，从基础的形色质构出发，定义元素、框架、适用物料及场景等。为品牌、产品、商业化等提供指导规范，并利用在线协作平台建立规范及素材库，帮助内外部合作伙伴保持统一性，同时也提高设计效率。

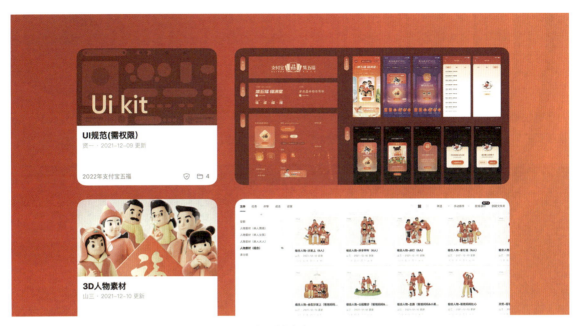

五福设计框架与 UIKET

在活动互动上，把当年的"IP 情绪"融合"一家人演员"形成本年度的活动情绪，秉承"起，承，转，结"的节奏来梳理整体互动故事线，让用户在互动过程中慢慢体会这一家人的新春"小福气"，让故事完整，让情绪饱满；同时，在与各大品牌的合作中进行了全场景覆盖，在不同的场景里讲述着这一家人的故事。在每年的外围传播上，都会通过品牌视频的预热造势、发布会声量的激活，以及配合线下投放的曝光形成转化，持续保持五福品牌的热度。

五福故事视频

为了抓住后浪们的心，2021 年的五福做了很多年轻化的尝试，除了各类周边，还与 Pantone 合作定义"五福福气红"，并与各类国潮品牌合作，一起将福气注入产品当中，让五福的姿态更加年轻。

五福礼物

4. 革新技术

就像 IMAX、巨幕、4D 等创新技术让电影越来越身临其境一样，营销活动也需要新的技术来给行业注入新鲜血液，带给用户新的体验。在延续五福集福卡主线玩法的前提下，我们在技术上也不断进行升级。无论是 2D 龙骨动画的"小试水"，还是 3D 即时渲染的"大突破"，在五福这个覆盖海量人群的互动上，我们都在一步一步地引领着行业的进步，通过自己研发的渲染引擎已经可以创造不逊于手游的渲染质量与互动能力，同时推出一系列的 PBR 能力，给予整个阿里设计以底层支持。在同时应用了这些技术能力的情况下，为业务和自身活动资源消耗上都做出了卓越的增量；2D 骨骼动画的运用让整体效能资源占用下降了 50%；3D 动效即时渲染，相比 2D 场景，入口转化率提高了 36%，视觉上的升级提升了设计执行效率，真正做到了降本提效提质。

五福动效与表现力

3D 能力与 2D 动态平台

写在最后

团聚，是一家人最大的"福"，五福的内涵始终如一，我们力求改变的是更优的品牌与产品体验。作为中国唯一兼具新春文化与商业价值的超级 IP，要保持生命力需要每年参与的各方代表不断突破。作为艺术与技术之间的平衡尺，设计能否衡量出五福更远的距离，并持续给用户带来惊喜，让我们新年再见！

洞察生活的美，
赋予造节创作
—

线下阵地，全新背景

飞猪首次尝试以线下目的地景区作为营销阵地，一改以往纯"线上淘式货架页面"的营销模式，选址网红打卡地——中卫沙坡头景区，挖掘传统西北文化特性，结合潮流摇滚乐、美食、酒吧、游园等多元化的主流文娱模式，沁入飞猪品牌特性，打造了一场名为"奇幻之旅"的飞猪旅行音乐节。希望通过线下景区造节的方式，一方面充分发挥阿里擅长的市场及资源整合能力，在旅行业头部竞品中夯实"玩乐"的差异化品牌心智，并展示年轻化姿态，吸引 Z 世代消费人群；另一方面也通过"一城一节"的形式，来加深与当地文旅局的合作，撬动当地文旅经济的复合发展，同时对平台自身也将扩大供给，提升服务，尝试一种属于飞猪旅行的新营销整合模式。

三点一线，创作难点

整体活动定调是以"奇妙"为内涵的音乐造节，设计初心在于让不可能成为可能，让旅行因飞猪而变得不可思议。整体创作上，既要充分利用西北地貌及文化特征，打造浩瀚感和历史观；又要植入时尚潮流文娱模式，吸引年轻消费群体；同时还需建立一个顶层的"奇妙"体感，来建立品牌 IP 活动的长期世界观；而且还需要涉及平面、空间、造型等多域的创作。我们称之为"三点一线"的创作难点，需要在创作内容上融合好三者的属性关系，以及需要更立体化的创作思维来达到多域表达，这些对于飞猪设计团队和业务团队而言都是首次遇到，面临的挑战也很清楚，设计团队要么辅助做好海报传播和页面卖货，要么就全身心投入进去，一起"搅合"，边学习边落地，带着压力，兴奋得干！

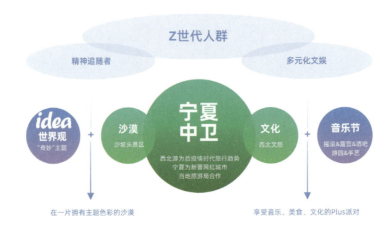

造节整体框架分析

Z 世代，游西北，建立世界观

我们把整体的创作过程当作是拍摄一部电影，因此需要先在顶层建立一套以奇妙为方向的"世界观"，从而更好地统一后续所有的创作理念，让人觉得这一切都是真实存在的。从两个视角来切入：首先围绕 Z 世代特征，从"淘宝造物节"线下活动域、种草域、爱好域这 3 块同人群而不同域的场景中，梳理心智共性；通过对大西北的游历，基于沙漠 & 戈壁这个核心场景去创作，并关联近几年火热的动画、电影等主流影视作品，提炼视觉基调。其中，我们受 DC 电影《海王》中的海底世界的启发，产生了一个有趣的想法：要在沙漠里创造一片神秘海洋，因为"神秘海洋"非常契合大西北历史、文化、地貌的浩瀚感和探索欲，映射关系成立，而"在沙漠造海"这种不可能的自然矛盾也很契合 Z 世代人群对精神向往的一种奇特体验，这个概念也很好地诠释了"飞猪奇幻之旅"的主题心智，所以世界观就确定了："开启想象，探索未知，去大漠发现一片神秘海洋，奔赴奇妙之旅"。

"开启想象,探索未知,去大漠发现一片神秘海洋,奔赴奇妙之旅。"

建立世界观

敦煌游忆，造节灵感

在整体世界观下，对物料 KV 的创作上，融合了沙漠地貌特性、海的颜色及探索特性，并考虑音乐节的年轻主流文化，因此采用了平面＆抽象的视觉风格，用于线上的传媒包装及线下所有的物料布展。

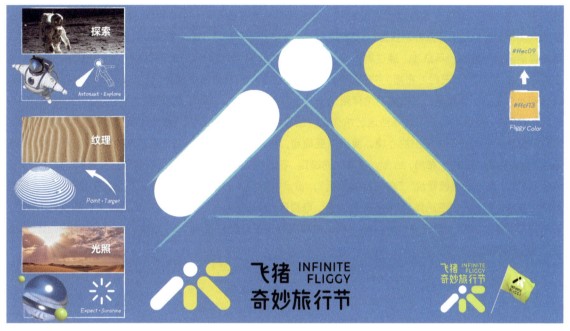

KV 创意推导

KV 整体延展

但最具挑战的还是沙坡头的那片沙漠平地,以及音乐节的场地设计和布置,因为无论前期说了多少,做了多少,这才是给予用户最真实的"奇幻"体验阵地。但摆在面前有两个难点:一是如何让用户在现场感受到沙漠中的这片"怪海"?二是在 3000 平方米的超级大沙漠平台上,且呈长方形状,布局上如何饱满且经济?毕竟是非永久性的节日展区,为期 3 天后会拆除,既希望拥有真实的奇幻体验,但同时也要考虑成本。我们在游历敦煌时,对壁画的印象非常震撼,尤其是佛学经遍图,记忆深刻,每一幅画面的布局和结构都非常饱满,且内容清晰,不堆砌、不杂乱。通过进一步了解,得知古代佛学壁画多以长方形为主,排版上会把画面分为左中右(或上中下)"三栏"布局,并在三栏内刻画重点主体,把长方形画面的内容巧妙撑满,显得相当饱满,节奏层次分明。同时发现,在敦煌的戈壁路途上,从巨大的玉门关口到汉长城遗址,再到路上遇到的"巨型汉武帝头雕""巨型大地之子"等当地艺术作品,给人的感觉是巨像丛生,威武壮丽,非常能展现出大西北的浩瀚无银和人类企图去征服的心境。我们深受触动,所以尝试把这个 3000 平方米的长方形沙漠比作一幅画,分为左中右"三栏"布局,结合"怪海"的设定,在三栏区创作了 3 个巨大的海怪互动装置,分别是"安康鱼酒吧""海神三叉戟看台""告别海螺展区",重点打造相关的投入和精力,从而撑起了整个会展的骨架和视觉焦点,然后再把音乐舞台、入口、美食区、野营区、游园区、古玩区等模块,以这三大巨怪属性为中心,逐渐铺开布局,并增加船只等载具,配上夜晚的海底灯光秀及真人海底 COS 表演,终于打造了一出在沙漠造"海"的尝试。

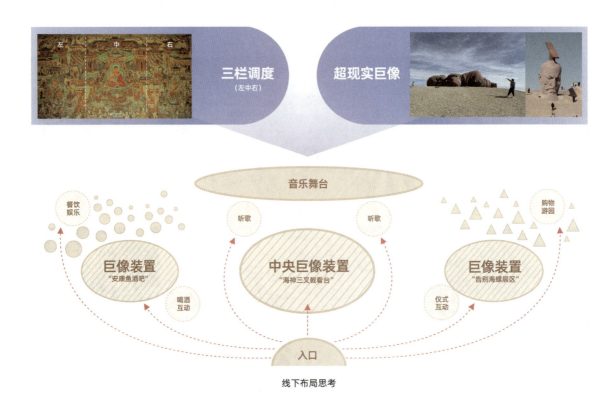

线下布局思考

"巨像海怪 - 三叉戟"看台设计

"巨像海怪 - 安康鱼"看台设计

"巨像海怪－海螺"看台设计

露营＆游园＆手艺人店铺设计及现场照

在传播上，模仿了敦煌壁画的质感，对音乐节布局做了二次绘制艺术传播，更好地展现出在西北沙漠上出现了一片"神秘海洋"的奇幻之旅。

"巨像海怪"插画传播

整体布局插画传播

并且，还对飞猪 IP 形象做了定制化设计，使其融入这片"海域"场景中，散布在门头和舞台两大核心曝光区，体现出飞猪品牌的独家性质。

飞猪 IP 定制设计

奠定基调，一次双赢

最终，在外部市场上，在创意方面获得了 2021 蒲公英《最佳创意奖》，也受到了业内认可，同时也真正奠定了"飞猪奇幻之旅"这个 IP 活动的后续创作方向。在商务上，活动成功撬动了中卫旅游的周边经济，飞猪和当地旅游局签署了长期战略合作协议，成为飞猪第一个出圈的线下品牌 IP。

创造一场数字化的
感官盛宴
—

数字重启未来

每一个时代,都有能代表当前先进生产力的盛大展览,由此反映社会背景下产品和技术的极致体验。2021 年,人工智能正在穿过工厂、透过机床、以智能产品的形态进入大众视野,在一幅半遮半掩的智能时代画卷中,诞生于杭州的阿里巴巴云栖大会已迈入第 13 个年头,这也是阿里云设计中心陪伴大会走过的第 11 年。历经 2020 年一场纯线上的会议后,脱胎换骨的"数字云栖"首次携 4 万平方米智能新品展重回线下,一场数字化的活动到底需要具备怎样的底层能力和品牌形象,是我们的全新议题。

设计团队通过"数字会展全触点解决方案",以内容资产数字化、会展体验数字化和科技传播数字化为3个抓手,融合数字IP、智能硬件、XR技术等新的表达媒介,希望带领参会者们共同迈入一场数字化的感官盛宴。

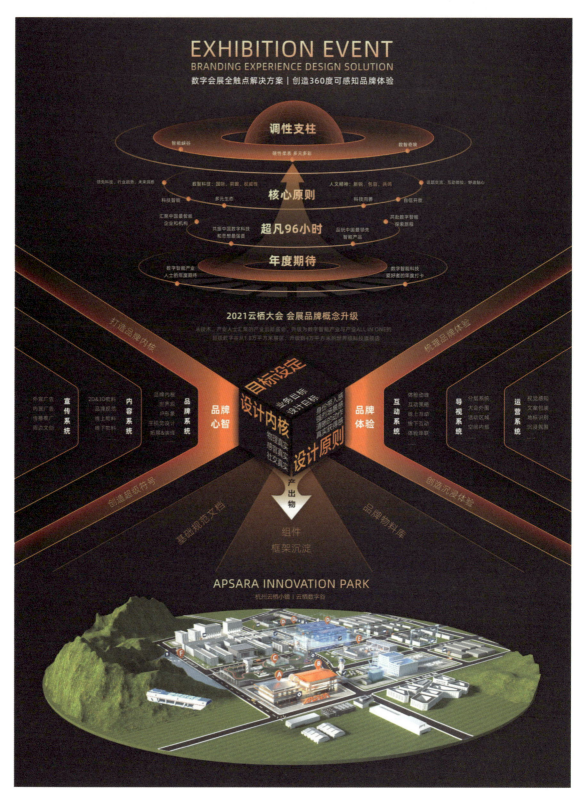

数字会展全触点解决方案

1. 数字云栖

2019 年以前的云栖大会线上平台，主要以提供直播和传播入口为核心功能搭建；2020 年，大会主题内容首次以纯线上形式输出，官网成为重要的会议举办主体平台；2021 年，重回线下的云栖大会，需要以数字化的基座辅助线下参会，同时以更加智能和创新的形式在线上呈现"会 + 展"的亮点。

参与会展活动的观众带着不同的诉求而来，为了满足多样化的需求，下面通过梳理一场数字化会展活动的全部功能流程，将信息化的服务全景分为前期、中期和后期 3 个阶段，从而为用户提供有针对性的服务能力。

数字会展信息化服务全景

（1）数字化内容。

2021 年数字云栖真正做到了"一站式内容中心"，以此来提供更优质的信息。首页的设计从功能性向内容性进行了转型升级，迎合 2021 年的"会＋展"特性。通过更加智能化的系统搭建和数字化的运营管理，联动线上线下，集直播、互动导览、议程预约推送、互动传播、票务、线下洽谈室会议预约等核心功能于一体，真正实现了全面数字技术武装的会展活动建设，将云栖大会的科技感渗透到体验细节上。

数字会展核心用户体验

（2）数字化直播。

2021 年，云栖大会首次推出了"云栖电视台"栏目，进行了直播模式的创新，"网红"是对"个人影响力"的数字化，通过结合泛科技圈 KOL 的力量，可以为线上参会的用户提供更具有参与感的氛围，以此带动线上直播的体验升级。

（3）数字化传播。

将线上融合线下的体验链路进行了故事化的内容串联，应用 H5 技术制作强互动感的宣传方案，在展前、展中、展后进行精准化推广，提升用户对会展的黏性。在线下的路线引导体验中，引入阿里云设计中心"数字巡展"产品功能，结合 3D 技术、VR/AR 等融合体验再造会展现场，让用户无论在线上还是线下都能共享数字体验。

（4）数字化管控。

通过融合钉工牌参会签到功能、移动互联网 LBS 和人脸识别技术，大会首次结合 IoT 硬件，通过设计中心 DataV 产品能力，搭建云栖中央调度中心，对大会整体运营进行更加智能化的管控。

2. 品牌重塑：感官体验的拥护者
会展活动作为一种能够触达公众的最有效的媒介形式，除了提供资讯和数字化的线上体验，还应该为公众提供一种可持续的价值。为了达到这个目标，我们从零创造了"云栖数字谷"品牌形象，期待为每一位科技爱好者献上 360 度可感知的沉浸体验。

（1）目标设定｜步入数字新时代。

将设计的发力点聚焦在首次举办智能新品展的线下场地：云栖小镇，以真实体验场景为切入点，创造全方位的数字化会展体验。我们希望品牌心智的传达，能够让参会者感觉不仅是参加了一场活动，而是步入了一个数字新时代。

（2）设计内核｜创造难忘的真实体验。

会展本质上是一种非常自由的体验形式，参会者们在空间中可以通过自主选择进行内容浏览。作为一种独特的沟通渠道，会展具备 3 个显著特点：提供真实的"东西"即物理真实，提供真实的体验即感官真实，提供社交的空间即社交真实。其中，"真实"是关键因素，设计师的任务就是要通过创意的巧思，扮演参会者们的感官诠释者和翻译官，将这种真实感进行传递和放大。

（3）设计原则｜传递真实感。

以会展活动的"真实感"为传达目标，我们明确了 4 个设计原则和抓手，重塑云栖大会焕然一新的品牌体验。

1）通过设计"云栖探索者｜APSARA EXPLORER"数字 IP 形象，为参会者们提供真实的身份代入感。

2）从云栖大会的举办地点"云栖小镇"入手，对云栖大会世界观进行了重塑，为用户提供强烈的场景感。

3）将世界观融入到互动故事线"探索科技智能新世界"中，为参会者们提供具体的行动点指引。

4）通过对完成任务的参会者们给予专属礼品激励，在场景中建立社交环境，为其提供真实的获得感。

云栖探索者 IP 形象设计

3. 从零打造"云栖数字谷"品牌心智

我们围绕基础元素、能量体系、生物体系构建了云栖数字谷的世界观，通过形态 & 颜色、版图与区域地貌的区分串联，对线下体验进行了融合渗透。

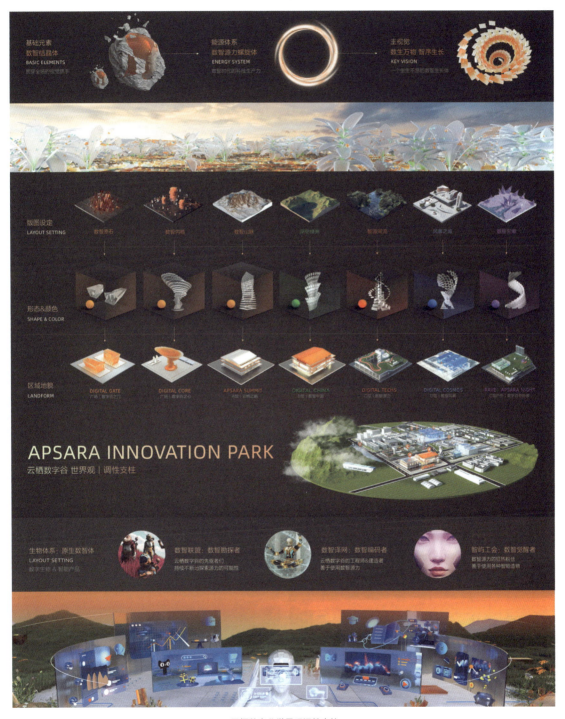

云栖数字谷世界观调性支柱

（1）主视觉 | 数生万物 智序生长。

以万物凝结智慧而成的"数智结晶体"，作为云栖数字谷的核心能量元素，在数智原力中爆发，智序生长。将一个生生不息的数智螺旋作为主视觉图形，应用于大会主题"前沿·探索·想象力"及品牌透传。

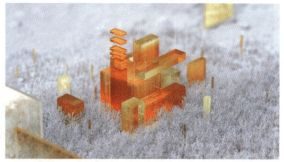

主视觉设计 | 数生万物 智序生长

（2）线下品牌延展。

晶体不断生长、不断演变为更多拓展形态，用于云栖数字谷区域氛围的塑造。

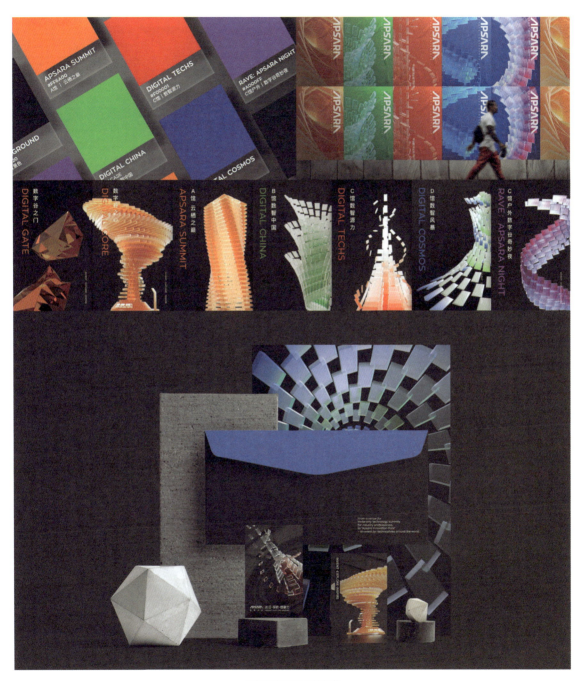

云栖数字谷 VI 设计规范

4. 创造品牌沉浸体验

有这样一种说法："展览是非正式环境中的教育形式，它不会给前来学习的任何人打分数。"好的展览会鼓励观众从体验中获得启发与自信，观众是为了得到收获而来，不应让他们感到困惑或挫败，自在和自信的观众更能获得有意义的参会体验。

云栖数字谷互动体验＆礼品设计 - 跨页配图

（1）互动系统 | 用户动线。

我们设定的核心互动主题为"探索云栖数字谷"，通过梳理参会者的核心体验动线，将主线剧情从线上官网预热期开始一路延伸到线下的打卡互动游戏中，通过视觉氛围营造前奏，以打卡地标的形式设计主要的参观点，引导参会者进行"主动参与"。

云栖数字谷用户动线设计

（2）清晰的指引 | 三级指引系统。

为了更好地传递会展信息，制定了本次活动的三级指引系统。
一级指引：从外围区域向云栖小镇指引的导视。

二级指引：云栖小镇内部向各区域场所指引的导视。

三级指引：各区域场馆内部指引的导视。

（3）三级运营分层。

为了完美地营造舒适的社交氛围，对整体运营体验进行了三级分层，对细节体验进行查漏补缺。

一级氛围：具有一致性的品牌视觉体验。

二级氛围：具有逻辑性的品牌文案包装。

三级氛围：具有故事性的品牌沉浸体验。

云栖数字谷三级运营分层

写在最后

2015 年的云栖大会提出"数据将替代石油，成为下一个时代的核心资源"。时至今日，人们亲眼见证了数字驱动的时代发展进程，"数字"已不再是遥远的未来，它与每一个生活在当代的人息息相关，是充满无限可能的美丽图景。作为设计师，陪伴云栖大会走过的 11 年间，能有幸莅临这场变革，我们是幸运的。

在这条路上，我们还只是一个如同"孩子"仰望星空般的探索者，为了走出自己脚下的"云上之路"，我们将不断奔跑，全力向前，期待在一个"实时在线，永续链接"的未来，与"你"相遇。

TAOTE FAMILY

用心淘，
特实在

—

你眼中的淘特是怎样的

2021 年是淘特双促活动的第二年，相较于其他电商平台的节点类活动，淘特此次的双促周期非常长，共计 38 天，分为 9 个阶段，每个阶段都以相应的主推货品与品牌心智向用户传达淘特的平台特性，以此逐步建立用户对淘特的心理定位。

那么，你眼中的淘特是怎样的？

一年前，如果我问你，你眼中的淘特是怎样的？

从用户角度看，它是一个特价版的淘宝，商品不多，价格低廉；从商业角度看，它是一个主打下沉市场的低价购物平台，模式新颖，增长迅速；从设计角度看，它是一个界面丰富、玩法多变的 App，质感浓烈，很接地气。

如今，你眼中的淘特又是怎样的呢？

随着用户数量的增长、商品种类的增多、服务质量的提高及用户体验的提升，如今，淘特已经从一个低价特卖的 App 逐渐成长为一个源头直供、货量丰富的大平台。过去的体感印象已经无法满足今天我们期望用户对淘特的感知，于是借助活动契机，用新的画面与创意，与用户进行一次感官沟通，突破用户对淘特的固有印象，建立新的感知，带来一个人们眼中不一样的淘特。

下面，来看看我们是怎么做的。

1. 什么是淘特的品牌主张

首先，如果用一个关键词来形容淘特，它应该是什么？

源头直供？太过冰冷；物美价廉？不够形象；好货低价？缺乏情感；便宜好玩？难以信任。

似乎从平台、货品、价格、玩法上向用户展示淘特的优势与特长都不能很好地传达我们想要表达的理念与主张，在理性视角下，品牌方更强调品牌的物理属性，非常平实生硬，严肃克制，像是一排排严肃而冰冷的货架，没有考虑到站在货架前的"人"的感受。买完即走，干涩无趣，单向表达，毫无情感，难以建立长期联系。

品牌的理性与感性

于是，我们回归到"人"这一课题，回归到"用户"的视角，从"感性"维度挖掘我们希望表达什么内容？传递什么感受？挖掘何种情感关系，是一个双向探索与沟通的过程，一个更真实、有趣的过程。

"我"会经常光顾哪家小店？"我"会常常从哪里购买商品？"我"会信任谁的推荐？"我"会喜欢站在货架前看到怎样的包装与内容？"我"会希望哪些信息最明确、最先被看到？"我"会想要什么的优惠？"我"会希望享受什么服务？

"我"既是淘特的每一个用户，也是真实的自己，当代入角色后，自己切身的"所看、所感、所想、所求"才是更加重要的。当这些信息汇聚在一起时，真正的主张表达逐渐清晰起来，货与价只是骨骼，情与真才是血肉，当冰冷的骨骼逐渐长出了血肉，生命才会鲜活。

这个平台真正想要表达的其实是：淘特是人们身边一个"实在"的朋友。

2. 如何让用户感受到我们想要表达什么

"大方好客、值得信赖、好玩有趣、温暖有爱"，这样一个"实在"的朋友谁会不喜欢呢？淘特就是这样一个"实在"的朋友，淘特希望在用户心中建立一个"实实在在"的心智，让平台能够更好地取得用户的信任，也让用户能够更加放心地购买到物美价廉的商品。让淘特成为"实在电商"的代名词。

那么如何打造一个生动鲜活的"实在"朋友呢？

"实在"这个关键词在设计中很难用画面语言来表现，它只是一个抽象的概念，以往概念的具象要通过符号化——形象化——内容化——最终形成部分世界观才能使用户逐步接受，而心智的建立需要先通过直接观感反向一步步影响用户的心理占位，并且单一的、抽象的概念也很难与符号建立真正的信任。

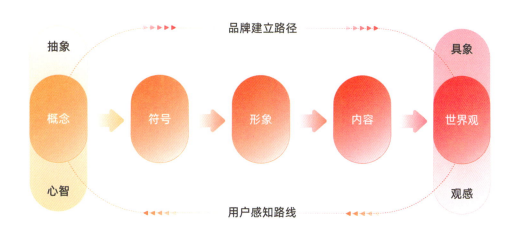

用户的感知路径

IP 形象是一种很好的媒介，生动有趣的形象能够迅速拉近产品与用户之间的距离，而淘特之前的 IP "萝卜特"已经在用户心中建立起一个可爱搞怪的形象，在这一阶段赋予它"实在"的特质会稍显违和。于是，在"萝卜特"原本的世界观框架下建立新的人物形象来解决这一难题。

通过"实在人"表达淘特的性格，通过"实在事"传递淘特的价值理念，一个人只能搭建简单的场景，而一群人更能讲出丰富且饱满的故事，于是淘特 Family 人物群像应运而生。通过人与人、人与货之间不断产生的故事，逐渐让"实在人"这一系列形象在用户心中建立。

3. 为何要建立这样的形象

以往的品牌 IP 设计会集中在形象的独特、可爱、潮酷等特质上，而淘特 Family 想要表达的是一群"实在"
的普通人，他们不是特立独行、完美比例、可爱萌趣的人，而是有高、有矮、有胖、有瘦的"普通"人，他
们可能是楼下跳广场舞的大妈、小区亲切的保安、邻居家和善的大叔、爱购物的小镇青年、调皮可爱的邻家
小妹……都是身边的"普通"人，他们是我们的用户中亲切的、值得信赖的一群"实在"人。让他们之间产生
的故事丰富内容，增加趣味性，拉近与用户之间的距离，逐步传达淘特想要表现的"实在"形象。

"实实在在" IP 形象的建立

4. 淘特的营销创意如何表达

当形象建立之后，回到导购场景中，我们也期望整体的表达能够与 IP 形象保持一致，同样做到"实实在在"。
并且由于一部分用户是老年人，更习惯字体较大的界面，于是建立了"利益明确、柔和清晰、简而不俗、生
动有趣"的设计原则。

"利益明确、柔和清晰、简而不俗、生动有趣" 的设计原则

聚焦于文案信息本身，用大字报的形式，让利益更加清晰明确，更加易读；让色域更广，不局限于大促红黄紫的色彩框定，让色彩更加丰富柔和，更加耐看；用简洁有力的版式设计对信息进行筛选排列组合，更加易懂；用丰富的 IP 形象组合与排版串联长周期的每个阶段画面，让视觉更加连贯，更加有趣；用去中心化的会场结构形式丰富导购场景的可能性，提升转化率和单用户的价值。

同时，全周期全域的高频透传是设计语言短期内建立影响的关键。在端内投放要保持一致性，在端外投放时既需要保持设计语言的特性，也要与其他资源位有相应的适配。

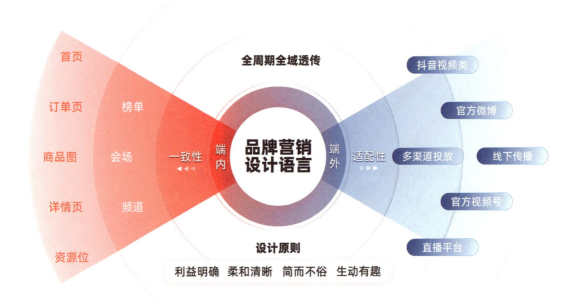

怎样打好这场战役

通过以上方式逐步重塑淘特的品牌营销语言，形成有淘特特色的创意视觉体系。相关的数据结果与调研反馈，也证明了淘特新的设计语言体系在用户当中是普遍接受且认可的，在帮助用户清楚地理解信息的同时，增强了品牌在用户心中的信赖感。

5. 淘特品牌营销语言的延续

淘特的品牌营销视觉语言不仅在此次双促活动中建立并应用，在后续的活动中也需要不断透出，伴随着淘特世界观的逐步丰富，淘特 Family 形象人物之间也会不断产生新的故事。结合季节为形象做换装，结合节点为形象做场景，使每一个形象的性格逐渐从故事当中显现出来，让用户认识、了解、喜欢这些形象带来的亲切与温暖，配合 App 体验的逐步提升，帮助淘特品牌在用户心智中建立一个"温暖有爱、简单实在"的形象，最终赢得用户的满意与赞扬。

未来的延续

FRESHIPPO

盒马品牌，
赋予 "吃" 的仪式感

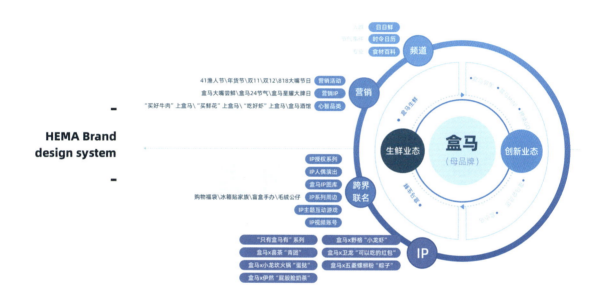

HEMA Brand design system

盒马品牌生态图

"吃" 的符号化代言人——盒马 "屁股脸"

盒马作为新零售的排头兵，不仅拥有海量线上用户，在近 300 家门店覆盖的盒区房内更拥有大量线下用户，我们拥有更多与消费者面对面沟通的机会，品牌急需一种方式与盒马的消费者建立更好地沟通。

1. "屁股脸" 的诞生

2018 年，盒马品牌全新升级，基于盒马的 Logo 图形——盒马先生的 IP 角色应运而生，以 IP 建立品牌人设，以 IP 拉近与消费者的关系，成为盒马品牌传播的重点策略。

我们设计了 Mr. Freshippo 盒马先生，并让他为自己代言，憨态可掬的形象使其成为新零售行业的第一只品牌吉祥物。为了更好地在线下渠道沟通，将它人偶实体化，在门店更是成为大家追捧的焦点。

盒马先生的外形不仅要可爱，更要立人设，做一个有趣的灵魂。庞然巨物会腾空劈叉的绝活在 "510" 阿里日一招出圈，每次盒马新店开张，它的表演总会吸引很多 "粉丝" 来打卡，我们也为它开设了视频账号，与 35 万粉丝分享快乐打工人的日常，大家都亲切地称它 "屁股脸"。

2."屁股脸"的发展历程

随着用户对"屁股脸"的逐渐认可，盒马 IP 也成为盒马重要的品牌资产，我们推出了"盒马屁股脸"周边品牌，从毛绒公仔到盲盒手办，打造一整条商品线，周边系列也成为盒马门店最有特色的商品。

从 2020 年起，盒马开始与各大品牌打造 IP 联名款，从一口爆浆的喜茶青团，到气氛担当的卫龙辣条"红包"；从"臭味相投"的五菱宏光螺蛳粉粽子，到萌趣十足的伊然屁股脸奶茶，越来越多的联名款成了盒马网红商品，也成了盒马的亮点项目。

"吃"的仪式感从营销开始

1. 盒马大促营销

盒马渔人节、818 大嘴节、双十一、双十二、盒马年货节等大型营销活动期间，短期高流量是一个很好的与盒区用户沟通的场景。2021 年，盒马整体营销视觉进行升级，将"盒马带来鲜美生活"这句话具象化，落实到创意视觉表达中，从中探索出含有盒马鲜美心智的视觉方向。通过线上、线下营销场景，在每一档大促期间持续与用户沟通鲜美生活。

盒马屁股脸 IP 发展史

盒马大促活动

2. 盒马 X 会员营销

盒马 X 会员旨在为盒马核心用户提供更多的增值服务，是阿里系会费中较高的付费会员，以享受高品质生活为项目主题。因此需要一个能够表达出不同业务、不同权益的视觉载体。视觉创意层面选用了与仪式感、高品质生活关联度高的礼帽元素，在礼帽上呈现鲜美食材、会员特享权益、联合其他品牌权益等信息，让其成为一个延展性高的强视觉符号。业务层面上，X 会员的业务逻辑就像一个大帽子一样涵盖了盒马很多不同的业务线，权益分布也比较广泛，在这些业务上提供会员专享的权益，用帽子来表达更加生动的独特形象。

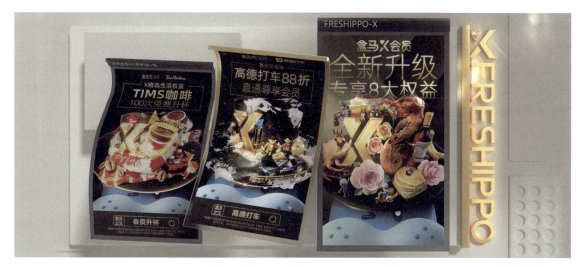

盒马 X 会员营销视觉升级

3. 盒马 24 节气

寒来暑往，秋收冬藏，24 节气展现出中国传统文化的天时地利之美。24 节气从指导农耕到应用生活，蕴含节气的智慧与美学，直到今日依然影响着人们的生活方式，顺时、顺势。盒马 24 节气以盒马推动节气司南作为每期节气的主视觉，"在节气里感知四季，在食物里品尝时间"。以盒马的"鲜"+节气的"美"，讲述关于食物的故事，营造一种独特的节气氛围，每个节气都有一道主推菜肴，符合时令鲜美，有据可依，希望人们可以在节气当天跟着盒马吃。

24 节气开机屏

"吃"的生活仪式感

1. 营销互动——好食成双 & 顺藤摸瓜

民以食为天，在新零售场景下围绕"吃"的消费升级和"懂生活"的营销互动体验设计方法与创新从未停止，以新零售基因作为设计平衡来打造线上线下新营销的互动模式；通过顺藤摸瓜、好事成双等多种线上线下一体化的营销互动方法进行试点，调动品牌 IP 一起参与，在沉浸式和趣味化的互动中感受盒马的商品力，向消费者传递出新零售"懂生活"的品牌感知。

818 大促顺藤摸瓜和双十二好食成双的大促营销玩法，不仅将线上线下完美结合，这些营销互动的新玩法以揣摩用户的视觉关注点和情感寄托为出发点，将设计灵感不断注入产品设计过程中，以新零售的设计探索，以及不断打破边界，致力于探索更有趣、更多元、更有态度的设计方式，让用户每次来到盒马都能有美好、丰富和新奇的体验。并且让每一个营销互动玩法都充满创造力，诠释了新零售的新奇，给用户带来快乐和创新的同时，延续盒马想要向社会大众传达的品牌影响力。

顺藤摸瓜 & 好食成双互动设计

2. 营销互动——粮票

粮票是基于盒马鲜生电商属性的去营销化优惠券表达，使用有时令感的当季食物插画氛围，表达一种对季节饮食、生活方式的发现。通过带有感情和温度的视觉氛围打动用户，加强对券的情感价值认同；通过插画的食材和券商品的链接结合，用场景化吸引用户转化。同时食物插画选择偏写实插画风格，相比清新扁平插画风格更具有情感和温度，受众人群更广，与盒马其他时令场景风格契合，保持品牌视觉的整体统一性。

时令粮票

"吃" 的仪式感渗透在日常

面对日新月异的市场挑战和竞争，数字化的人货场的重构成为新零售的核心阵地，从消费者洞察到数据验证再到核心供应链体系，线上线下一体化的导购模式设计成为盒马新零售的秘密武器。多元化的线上导购渠道，从解决"货"的问题到满足"人"的需求升级，并提供优秀和差异化的用户体验，打破时间和空间限制，让用户需求可以随时随地被满足。

日日鲜、时令日历、知多少、食材百科、导购频道成为盒马心智传达和品牌美誉度传播的核心场景。

1. 日日鲜餐桌频道

面对盒马不同的 "人群" 画像，围绕 3 个设计主张：可信赖、有活力、懂生活。打造以新鲜为核心的"日日鲜餐桌"，以节气为核心的"时令日历"，以及以食材专业为核心的"知多少""食材百科"等，满足不同消费者日益变化的消息诉求。

Fresh every day

日日鲜餐桌频道

时令日历频道

2. "吃"的百科全书——食材百科

食材百科的定位是围绕盒马甄选食材打造吃的百科全书,从 300 多种 SKU 食材分类开始到知识介绍及 2000多种推荐做法,通过个性化布局到结构化、自动化生产打造所见即所得,给消费者提供不翻车的下厨体验,用营销产品化来满足年轻消费者的需求,解决生活场景中用户今天吃什么的核心痛点。把用户的选购和做食材的灵感相结合,让用户做得更加方便,用新颜值、新内容方式去做导购。

将一个从消费者开始的洞察支点凝练成一个好的场景,从回答购买食材更上游的问题"今天吃什么",并结合一体化供应链和差异化的用户体验方式驱动业务增长。导购频道的重要性就是它让消费者选得方便,解决了用户不知道今天吃什么的问题,并有多种搭配组合内容给用户一个转化的合理理由,同时达到在 App 中除了可以买东西,还可以是一种生活方式的传达和引导,基于懂生活、可信赖的品牌个性,通过内容传达给消费者,变成第二层级品牌心智池,打造新零售差异化的导购方案。

食材百科频道

像数学家一样，
将营销设计进行排列组合
—

当营销设计遇上精准个性化时代

营销手段疯狂迭代的时代，用户对媒介设计和内容设计都有了更多更好的选择，尤其在媒介投放和营销导购的变革中，如何更加精准地服务用户，采用怎样的设计方式，才能为用户提供更加喜欢对味的设计服务，为商家提供更加有效的设计方案，成为核心议题。因此，把种类繁多的设计内容拆解为版式、信息、主体、动效等基础因子，形成海量有序的设计方案包，再针对商品化差异性、个性化商品、人群差异性、媒体形式差异等营销场域投放验证，通过大量数据结果总结"动态恒效的设计结论"，做到"把经验和数据相结合"进行创意分层的数据化、精准化设计，这就是"分层创意设计"。

1. 不同场景、不同设计的需求

"我知道我的广告费有一半被浪费掉了，但我不知道是哪一半"。这就是赫赫有名的沃纳梅克之惑，被誉为广告营销界的哥德巴赫猜想。设计上的"不同场景不同设计"等于设计需求的"专属定制"需要更加精准的服务，需要更加"懂我"的设计。阿里设计师们在高频的营销设计工作中，一直在思考这个问题。如果设计在应用之前有精准的设计纬度数据参考，应用之后又有精准的设计效果结论，那么就可以做到知道"被浪费的是哪一半"。

创意设计设计需求

2. 设计因子的解构归纳

通过把设计产出进行元素级别的拆解，细致到字体、排版、构成、风格、颜色、质感、商品表达等因子，再有序地进行方案包的组合，应用到大量的媒介投放、会场营销、活动大促中，针对不同人群需求进行不同方案包的验证，沉淀海量数据结论进行系统性计算解析。总结出行之有效的动态设计数据报告，哪些设计因子是数据表现高，哪些方案包是常规经验之外的，并形成数据设计大盘，可进行阶段实时抓取动态结果和设计效果预估。在这么多的可能性预设下，通过技术手段，结合活动策略设计方式实现了多样化的内容投放测试，也产生了一系列的数据结论，形成设计效果的数据大盘。这样测试方案并抓取动态排优的方式，就是先把众多设计师的经验转化为有明确结果的指导数据，再进行大样本小类别排列组合，与设计因子相对应，就能在海量的测试中找到恒久的设计基准方案，大大降低了日常营销设计的不可预见性，节省了时间成本。

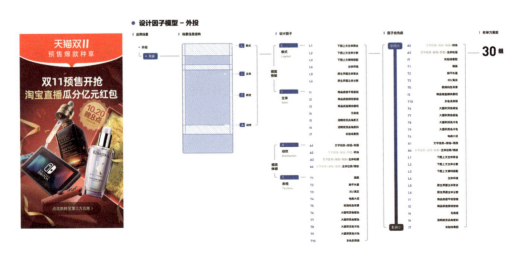

分层创意设计因子拆解模型

3. 设计方案归纳与举例

把一项设计完整结构分成 4 个维度，通过一年的调试，将一项设计分为几类因子并且在每个类型下又有一些因子。经过分解后，通过不断组合，一定阶段内已产生 8700 多种测试方案。再通过结合图像聚类识别能力和大数据分析，大大提升了创意分层设计的效率性和准确性。

精准场景创意设计

4. 有趣的分层创意设计结论

某些有趣结论可以分享给大家，比如听周杰伦的歌长大的那一批男孩，他们在冷艳的氛围里会有极强的购买欲，决定他们购买下单的因素可能不是价格、品牌，而仅仅是一张实景图，他们的审美非常高，能准确地找出哪张图文是黄金分割比。尤其是在大促期间，他们更会秉持理性主义，特别钟爱清新简洁的那一款。

而面对酷爱购物的男神们，哪怕是年龄跨度为 20 岁的两代男性，在购物喜好上却惊人的一致，都钟爱淡淡的纯色感觉。如果买东西必须要进行组合，会发现他们的最优选永远是 3 个。喜欢买东西的男人都有"轻度视觉洁癖"，仅是纯色还不够，还要有细节肌理。

再比如下单纠结的女孩，她们通常特别"懂行"，因此让信息的传递更加快速、清晰、准确就是万能钥匙；想买东西却还没下单的女孩，对更快速地看清画面中的优惠信息这个点特别在乎，要么非常绚烂，要么特别小清新，这就是让准备下单的女孩决心购买的关键。

所以设计因子在沉淀结论效果的过程中，不单单是简单的数字效果，而是有很多创意结论洞察。让设计师从经验预估转变为数据判断，并反哺自己的经验进行整体的模型调优。

有趣的分层创意设计结论 1

加购犹豫的男孩纸	
听周杰伦长大的那一批男孩纸，在冷艳的氛围里会有极强的购买欲。 HOT	男孩纸买东西犹豫的时候，决定因素可能不是价格、品牌，仅仅是一张实景图… HOT
小镇男青年的审美素养出奇高，他们能准确的找出，哪张的图文是黄金分割比。	尤其是大促，男子更会秉持理性主义，特别钟爱清新简洁的那一款。

下单纠结的女孩纸	
听孙燕姿长大的小姐姐们大促永远冲在第一线！囤货永远稳居第一名！	想买东西还却没下单的女孩子，对更快速地看清画面中的优惠信息这个点特别在乎！
要么就红黄绚烂炸！要么就极致小清新！这就是打开准备下单女孩的视觉钥匙！ HOT	未付款的姐姐们觉得：比价格更敏感的是颜色！比颜色更敏感的是颜值！

酷爱购物的男神们	
哪怕年龄跨度为20岁的两代男性，在喜好上却惊人的一致，都钟爱淡淡的纯色感觉！	如果买东西必须要组合你会神奇的发现男人的最优选永远是三个！ HOT
喜欢买东西的男人都有"轻度视觉洁癖"纯色还不够，要有细节肌理。 HOT	可能因为游戏玩的多，爱购物小哥哥们对3D的视觉敏感度更高！

消费主力的女神们	
对购物车满满的女神们而言她们更喜欢~慢慢读读倾斜上扬的文字！	经常购物的女孩纸，更喜欢仪式感满满的设计，精致的小框、小动态都超赞。
女孩子一样喜欢美女，甚至要比男人更看脸，所以有模特的产品更吸引她们。 HOT	超级爱购物的女人，面对这种神秘的深红色#952029都会有下单的冲动！ HOT

有趣的分层创意设计结论 2

5. 系统验证后的业务增量

建立了这套分层创意设计的工作模型，让营销创意设计工作更加科学准确。有了海量数据的支持，可以把设计师常用的"我感觉、我觉得"替换成"我分析、我判断"，让设计用数据说话，让价值用结果验证。完成设计师的工作角色提档改变，在 618、双十一、年货节等各大活动应用超过 200 多场次，其中产生的设计增量明显，设计素材生成超过 100 多亿，设计组合归纳 8712 组方案，并加快优胜劣汰的设计验证过程，带来极大的业务增量。

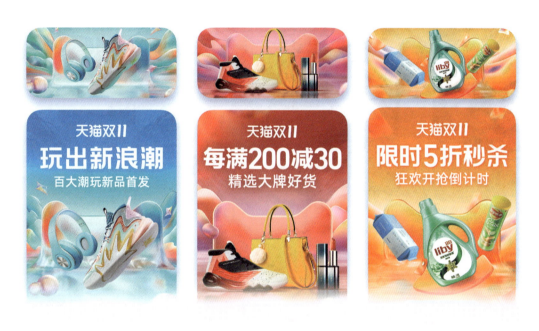

将分层创意设计应用到活动中

过去，我们有创意的灵气，没有决策的土壤，这样的设计很感性，我们的判断来自学到的知识。未来，我们将会具备创意的洞察，具有决策的能力，这样的设计更理性，让我们在数据的基础上，形成更为科学的专业判断。

Alipay+ Rewards，
设计助力蚂蚁国际业务从零增长
—

Alipay+ Rewards: 蚂蚁首个境外数字生活平台

2021 年，我们在菲律宾、印度尼西亚、马来西亚、泰国、韩国、中国香港 6 个国家与地区的电子钱包中上线了 Alipay+ Rewards。用户可以免费领取或购买有关电商平台、数字娱乐、餐厅饮食、超市/便利店等方面的优惠券，这是蚂蚁集团首个针对国外及中国香港本土用户打造的数字生活服务平台。

在整个落地过程中，面临着 3 个巨大挑战

（1）商业模式的不确定性。

（2）境外钱包的合作限制，用户画像的缺失。

（3）陌生的境外市场与触达困难的当地用户，全新的品牌落地他乡。

Alipay+ Rewards 商业模式与挑战

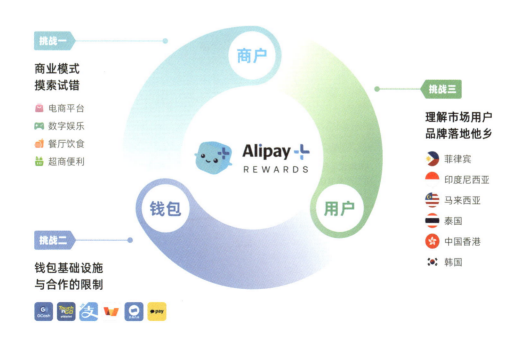

商业模式与挑战

用户增长设计整体策略

1. 明确设计命题

助力全新的业务、统一的品牌认知和产品体验设计快速落地，应对本地化差异，实现用户增长。

2. 拆解业务目标 "拉新"

从零起步，"拉新"无疑是当下最重要的目标：新用户签约数量与支付新用户数量。

设计策略

设计解法——如何实现用户增长

1. "萌即正义" 的品牌设计突破

Alipay+（蚂蚁国际品牌）的目标群体更偏向全球 B 端商户，而 Alipay+ Rewards 则面向 C 端用户，品牌设计需要更具 "烟火气"。因此，选择用 "礼盒" 诠释 "礼遇"，并希望 Alipay+ Rewards 可以在用户的生活中流动起来，建立更频繁的链接。通过火爆的直播业务洞察到带动用户转化的关键是主播将"人"的概念发挥到极致。因此，将设计突破点定义为拟人化，一个平凡的礼盒在遇见 Alipay+ 的那刻，幻化成了有生命力的萌萌的精灵——"小方"，载着满满的诚意，成为用户的朋友，诠释了核心用户价值，"萌即正义"的差异化表现也让 Alipay+ Rewards 的产品入口脱颖而出，瞬间吸引用户眼球，带着好奇点击进入，帮助业务实现用户拉新转化的第一步。

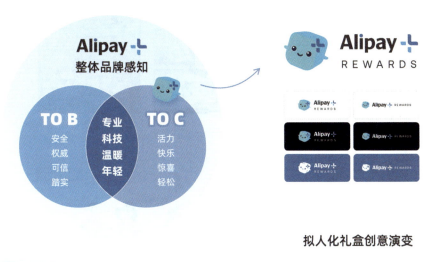

拟人化礼盒创意演变

品牌设计

2. 创造线上线下情感连接的"小方"

为直接建立与用户的情感链接，眷携"用户价值""玩法"与"本地化特色"的吉祥物——"小方"应运而生，它是 Alipay+ Rewards 世界的使者，与数娱男孩、电商淘货姐、商超妹妹及吃货弟弟组成了一个大家庭，为用户带来淘券的快乐。

为了让"小方"更好地适应本地化，我们对东南亚和韩国的用户分别进行了访谈，赋予了"小方"五官上的细微差别。为了进一步增强用户对品牌的好感度，"小方"被制作成了人们用来沟通情感的表情包，出现在用户日常聊天中;还生产制作了"小方盲盒"，并寄往 6 个国家和地区的用户手中，来到现实世界，常伴用户左右。

情感连接的"小方"

3. 既要高效转化又要兼顾情感的交互体验

基于业务整体的"拉新"目标，将阵地首页简化为 3 个分区：品牌区、玩法区和选购区。在用户进入的第一时间，帮助其建立优惠心智;通过最清晰的分区布局、简单的交互、最直白的信息框架与视觉表述吸引用户停留，提升用户决策速度。

（1）有温度有互动的品牌区。

结合"用户问好""新券提醒""券催用提醒"信息设计了用户与"小方"的情感互动，人性化地引导用户查找优惠券，礼貌地提醒用户核销优惠券。恰逢不同国家或地区的节日时，头部区域会被替换成有温度的氛围感设计，给用户带来惊喜，拉近情感距离。

高效转化，兼顾情感体验

（2）可灵活适配的玩法区。

我们调研了市场中的各种营销玩法，根据不同纬度进行分类，对于从零起步的业务，我们在众多玩法中发现，简单的交互、直白的利益点、极少的参与成本是初期获客拉新的最优解法，而国人耳熟能详的"人传人""限时抢购""幸运抽奖"正是脱颖而出的胜者。通过放大利益点信息，凸显紧迫感和稀缺性来调动用户情绪，配合颇具故事感的氛围设计，号召用户当即行动，完成转化。

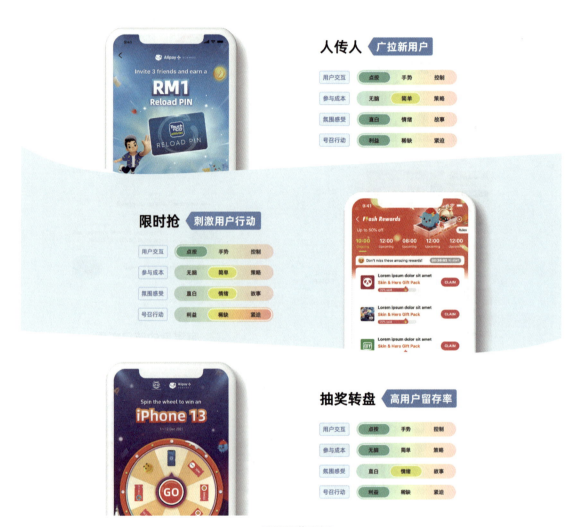

灵活适配的玩法区

（3）建立用户信任感的购买流程体验。

为了达成用户支付转化的目标，基于 30 多场的用户测试结果，将影响用户的关键转化点锁定在 3 个方面，首先"这是值得我选购的"：清晰直白的商品导购信息（品牌、品类、价格、券价值、优惠力度）；其次，"这是我可以安心购买的"：在商品详情页中，充分展示使用说明与使用限制信息，以此建立用户信任，达成购买转化；最后，"我知道该如何使用"：在券详情页中，包含详细的使用说明及核销引导。

购买流程建立信任感

购买流程建立信任感体验

4. "求同存异"的本地化营销创意语言

我们从本地用户日常生活、产品、传媒的角度进行了视觉风格调研,发现东南亚国家（菲律宾、印度尼西亚、泰国、马来西亚）具有高度相似的审美喜好,偏向于高饱和度和强对比的颜色,布局紧凑丰富;中国香港地区和韩国则更偏向于中低饱和度、整体布局较松散的欧系风格。需要在尊重各区域文化、价值观与审美喜好的基础上,充分思考本地化设计的适配,协同海外供应商持续 AB 实验,沉淀出有效促进用户增长转化的视觉体系设计。

"求同存异"的本地化营销

5. 创造用户爆发式增长，双十一、双十二大促首战告捷

为实现爆发式用户增长，我们助力业务设计了蚂蚁集团历史上第一场针对国外及中国香港本土用户的双十一和双十二大促，首先，从用户认知层面打造大促的超级符号，增强用户对品牌和活动的感知，带来新用户的卷入；其次，从体验层面上带给用户不同于日常的体验，建立超强世界观概念；最后，从应用层面上加强模块化与可复用性设计，提升设计效率。

（1）大促超级符号。

为与竞品形成差异化，将超级符号定义为"充满惊喜的魔幻礼盒"，升级成连接用户和可视化权益的 3D 立体空间。在 2D 设计中，我们强调"11.11""12.12"节日信息的凸显，强化"这是一场超级划算的大促"的心智。

（2）打造数字化 Wonderland 小镇的世界观。

围绕业务定位，将大促概念锁定为数字化 Wonderland 小镇，电商平台、数字娱乐、餐厅饮食、超市/便利店成了具备复用性的店铺单元体设计，各式营销玩法化身游乐场的游乐设施。我们戏剧化地放大代表性品类的关键元素，通过光影、颜色、材质的氛围烘托，使用户被 Wonderland 的奇幻氛围所吸引，感受品牌与触手可及的权益，开启沉浸的转化之旅。

大促超级符号

我们将超级符号定义为"充满惊喜的魔幻礼盒"，升级成连接用户和可视化权益的3D立体空间。

平面符号

小镇里的品类商店形态也从礼盒形态演变而来，便于拓展与提效。

大促超级符号

双十一/双十二大促首战告捷

通过海外钱包内和海外钱包外两个渠道投放，
包括预热期、品类日、品牌日、爆发日。

YouTube广告   Instagram   TikTok

**外部传播
社交媒体**

双十一/双十二大促

设计价值与影响力

截至 2022 年 1 月，设计助力业务顺利完成全年拉新 KPI：在双十一和双十二大促期间，设计助力业务实现用户拉新与支付转化的指数级上涨；在市场宣传活动中，吉祥物"小方"作为主角为业务赢得超 20 亿次的用户关注，帮助 Alipay+ 网络进一步拓展了场景版图。

在面对巨大不确定性因素和阻碍的情况下，我们与业务团队携手完成了一次从零开始的"全球化"与"本地化"探索之旅，一起去共情不同国度和区域用户的文化、价值观、态度和习惯。也正是因为有了设计的介入，让相对单一的业务模式变得更加丰满，用体验和创意丰富了当地用户的感知，拓展了新晋品牌的影响力，才让 Alipay+ Rewards 小而美的权益和服务惠泽了千万级别的用户。我们正站在业务历史的转折点上，以此，踏出国际化征程的一小步、自己能力与经验上的一大步。

在旅行中重新认识自己，
人格化重构飞猪会员体系
—

会员体系现状与潜在价值

市面上大部分产品都是通过金、银、铜、钻石、星星等元素来代表该会员的等级高低，这种会员等级的表达方式存在同质化严重、缺少自身行业特征、权益感知弱、缺少身份共鸣等问题，对致力于探索品牌年轻化的飞猪旅行而言，会员等级体系是一个非常好的与用户沟通的场景，庞大的会员用户是飞猪最重要的品牌资产，也是品牌忠诚度最高的一群用户。如果能打造出一套具有旅行行业特征，同时又兼具飞猪特征的差异化会员体系表达，对飞猪品牌情感化与差异化的打造将提升一个台阶。

会员体系表达现状分析

如何重构会员等级的表达？

1. 核心价值观 & 设计策略

视用户为人，打造情感化产品是飞猪一直以来的用户体验原则。冰冷物化（金、银、铜、钻石、星星）的会员体系既不符合飞猪的用户体验原则，也与旅行行业的特征相去甚远。在飞猪眼中，每一个用户 ID 背后都是一个鲜活的人；每一次购买记录背后都是用户一段愉快的旅行体验；每一个等级背后都是一群对生活充满热爱的旅行者。于是我们对飞猪会员等级体系做群像化表达，即飞猪会员等级人格化。提炼出每一个等级人群的行为特征与人物形象，从而让每一个会员用户都能有身份共鸣，认可自己的身份，来提升飞猪会员的感知。

2. 会员等级人格化表达

确定以飞猪会员等级人格化作为核心设计策略后，如何归纳设定各个等级的会员等级命名 & 性格特征 & 人物形象映射 & 旅行偏爱映射的表达变得尤其关键。通过对会员购买品类 & 频次分布情况的分析，可以发现会员等级越高，购买机票/酒店/出行的频次也越高，旅行的空间距离也越远，累计的里程也越长。

如何理解不同等级人群背后的这种现象？

影响你在旅行中走得更远的核心因素是什么？

好奇心！

好奇心是人类探索未知世界的源动力，驱使人类去勇敢探索世界。

好奇，是一种天性，是一种自然，是真情实感的火花。

哥伦布出于对海洋的好奇，勇敢探索发现了新大陆。

牛顿因为对苹果好奇，发现了万有引力。

人类对月球的好奇，阿姆斯特朗迈出了人类的一大步，世界的一大步。

人类对火星的好奇，发射了好奇者探测器，好奇已成为人类的一种精神 ICON。

最后可以得出结论，好奇心是驱使人类勇敢探索世界的核心动力。

好奇心，人类探索未知世界的原动力

（1）等级命名 & 性格映射。

"你的好奇心走了多远？" 成为飞猪会员定级的标准。

F1 会员（0~100 里程用户），未在飞猪平台进行过消费，未真正踏上旅途的旅行小白用户，但他们拥有一颗好奇的心，是对未知世界充满好奇的渴望旅行者，所以将这群人命名为"好奇者"。

F2 会员（101~1000 里程用户），除了拥有一颗好奇心，还付出了实际行动，是一群开始行动已经在路上旅行的爱好者，以周边短途游为主，将这群人命名为"探路者"。

F3 会员（1001~7000 里程用户），除了拥有一颗好奇心并付出实际行动，而且追求一种极致的冒险体验，是一群狂热的旅行专家，将这群人命名为"冒险家"。

F4 会员（7000+ 里程用户），除了拥有一颗好奇心并付出实际行动，而且追求一种极致的冒险体验，是不受时间、空间约束的自由灵魂，足迹遍布全球，是一群将旅行与理想生活融为一体，一直在路上的环球旅行家，将这群人命名为"寰旅家"。

会员人群分析 & 创意思路

（2）人物形象映射。

具有什么样特征的人物形象才能完全诠释 F1 好奇者、F2 探路者、F3 冒险家、F4 寰旅家的会员人物形象呢？

7 头身人物比例：因为 5 头身以下太 Q 萌，不利于人物动作的演绎；8 头身以上四肢太细，在手机上展示太弱、屏效太高。7 头身的优点：接近真实人物又带点 Q 萌，动作舒展，符合飞猪风格。

面部去五官化：带有具象五官特征的面孔容易让用户失去关注重心，而我们希望通过一个高度提炼化的人物形象来映射一群人。

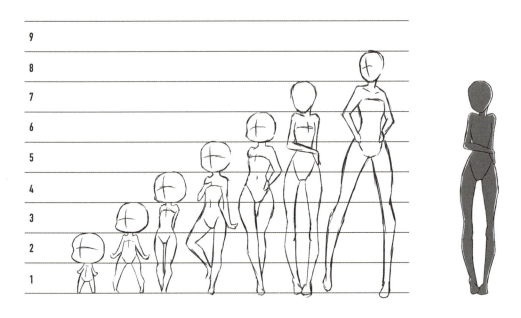

人物比例探索

服装 & 动作 & 场景设定：

"F1 好奇者"身着日常生活服饰，或在家中，或在公园里，手持望远镜，渴望逃离城市，好奇探索更大的世界。

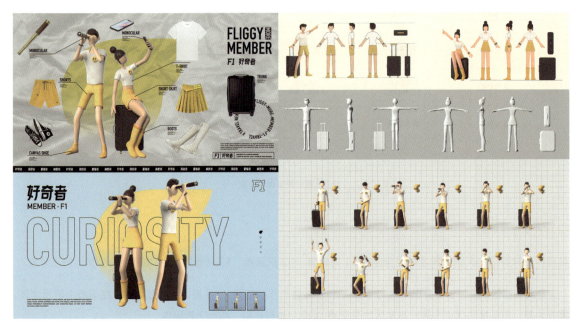

"F1 好奇者"人物设定思路

"F2探路者"戴上帽子，背上背包，穿上运动服，踏出家门游历于城市周边，沿着他人的地图经验去探索。

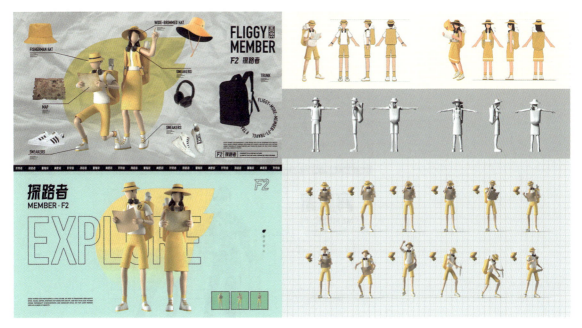

"F2 探路者"人物设定思路

"F3 冒险家"身着专业户外探险装备，小黄靴、登山杖、手电筒等成为这群人的标配，奔跑在人迹罕至的旷野沙漠，抑或是穿行在鲜为人知的秘境丛林。

"F3 冒险家"人物设定思路

"F4 寰旅家"头戴飞行头盔与墨镜，作为追求极致格调的旅行体验，足迹遍布全球的环球旅行家，用一身全黑的飞行员套装来代表其独特的自由身份，在北极光下感受旅行的真谛。

"F4 寰旅家"人物设定思路

线上应用 & 周边延展

进行会员等级人格化后，飞猪会员也沉淀形成了一套完整的品牌资产，在线上的会员频道页及各触点弹窗中不断透出，同时延展到线下周边。

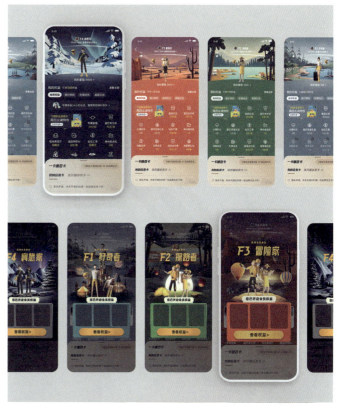

线上应用及周边

设计携内容 IP
搅动潮玩界

—

伴随着近年来盲盒热、文创热、传统文化热在年轻群体中的不断升温，潮玩迎来新一轮的机遇。自 2015 年开始，中国潮玩市场复合年增长率超 30%，2021 年市场规模预计超过 300 亿元，预测到 2024 年潮玩市场将超过 700 亿元，有相当大的增长空间。中国的潮玩市场仍处于早期阶段，整个潮玩产业链，从 IP 到产品再到渠道，都给行业玩家以足够的机会和空间。每一环节都需要建设、改造，都有可能跑出头部玩家。而身在文娱优酷阵地里的设计师们，拥有着特殊"基因"——内容 IP 的理解。

作为内容IP潮玩设计的头部探索者，从自研、成立SAMI工作室，到签约设计师，再到联名等多种设计形式并行，依托文娱优酷在影剧综漫内容领域的布局，实体化的造型设计凝结着用户对内容IP故事的深厚情感与寄托。

为什么要做 IP 衍生周边

目前行业趋势比较火热，在此阶段潮玩对品牌推广是一个比较好的发力点；其次，在 IP 推广初期通过这样一个实体化的造型可以强化品牌符号和用户认知。所以做 IP 衍生是为了帮助平台提升行业竞争力和解决内容推广痛点。

在分析市场时发现了两种潮玩形式：一种是独立 IP 潮玩，另一种是艺术创作者研发的 IP 潮玩，两种都会带有个人情感寄托和创意想法，风格各异，表现材质多样，都是偏向市场潮流化的体现。然而偏内容属性的 IP 潮玩则少之又少，凸显出优酷作为内容阵地的优势和基因。

"顶流"潮玩诞生，对内容产生共鸣和回忆

内容 IP+ 潮玩：良性循环，互为新增量

《乡村爱情》系列盲盒

作为东北喜剧文化的国民性符号，《乡村爱情》剧中诙谐幽默的对话与经典片段早已成为年轻人之间的"土味"交流调味剂。这也使得《乡村爱情》的 IP 衍生品天生具有造梗性。海报宣传标语对每个人的性格进行了趣味概括，这些对《乡村爱情》手办的调侃性描述，正反映了年轻人喜爱黑色幽默的消费心理。

《乡村爱情》潮玩以外观个性化、线条明快简单的人偶形象，还原了剧中的经典角色，兼具十足的设计感与潮趣。在设计上除了挖掘角色本身的造型特征，还做了非常多的减法，刻意弱化了演员本身的神态表情，以简单的几何结构去表达，并结合了京剧脸谱的元素造型，最终打造出一个特有的"土萌"喜剧人系列潮玩。这种生动结合潮流、艺术、角色的特色设计风格，也将在未来喜剧系列的潮玩创作中延续下去。

"象牙山著名活动家"刘能　　"象牙山著名舞蹈家"赵四　　"象牙山著名企业家"谢广坤

第一款达成"破圈"热度的《乡村爱情》手办，6 小时内便售罄，引发了新一轮的"土酷潮流"。在文娱多年沉淀的宣发及用户阵地，潮玩设计的推出不仅为用户提供了通往"象牙山宇宙"的情感桥梁，同时也丰富了 IP 的热度。《乡村爱情》主题潮玩实现了对 IP 粉丝的精准触达，刺激着观众的"乡爱记忆"。

《超能一家人》手办隐藏款乞乞科夫

除了《乡村爱情》系列手办，《超能一家人》官方 Q 版手办官宣，其夸张大笑的潮玩版角色将喜剧效果拉满。

《超能一家人》真人版海报与潮玩版海报保持完美同步

开心麻花官方系列手办之《超能一家人》

艾伦出席北京合生麒麟社开店

首次披露了影片主要角色的手办形象。以"开怀大笑"为核心灵感的设计，高度提炼并艺术化呈现了艾伦、沈腾等主演的面部特征，夸张的大笑表情完美契合了影片的喜剧气质。大背头、鹰钩鼻、金发金牙，进一步突出了沈腾所饰演的乞乞科夫市长的异域造型感。这组"魔性"大笑的潮玩设计极富感染力，网友纷纷表示，"已经在笑了""不由自主地跟着他们笑"。

依托专业的内容评估、科学的研发规划、极具辨识度的设计风格和完善的供应链管理，直面漫长生产周期带来的衍生品与内容 IP 热度脱节、消费者体验不佳等行业顽疾，实现潮玩营销与电影宣发互补共赢，更将在最大程度上压缩消费者的等待，提升用户购买体验。

《这！就是街舞 4》AZZO 潮流手办

《这！就是街舞》官方联名款潮玩、《你好，火焰蓝》棉花娃娃、《玉楼春》创意国风手办等多款内容 IP 潮玩齐聚一堂，为用户带来多样化互动体验。

受众群体既有内容的深度消费者，也有喜爱潮玩本身的消费人群。独立潮玩人群的消费能力更强，内容消费者的体量更大。要让这两个既存在差异化又存在重叠性的人群实现比较深度的融合，需要设计师本身要具备"双重属性"。在创作初期，同时对内容中角色的加以理解，还原内容 IP 及 IP 粉丝的喜好，实现符合当下年轻人潮流审美的艺术再创作，这样才能获得用户共鸣。

独有的宣发阵地

阿里文娱多年积累的宣发经验，在拆解内容看点、制造话题、衍生品卖点抽取、宣发渠道选取等多方面领先于传统潮玩公司。除了通过线上各大电商平台和自有的渠道共同销售的传统电商玩法，阿里文娱影剧综漫的宣发渠道为 IP 潮玩提供了独立的场，优酷、淘票票、大麦等平台都是能触达潜在消费人群的优质渠道，属于文娱的固有优势。

首次在潮玩行业中打通从内容、营销到销售的全链路，打造新一代潮玩品牌。它背靠阿里文娱的内容 IP 池，连接影剧综漫等娱乐内容，同时还拥有淘系的电商资源和互联网营销的能力。三者互为助力，能够搭建一条完善的产业供应链。

同时文娱推出自有品牌"锦鲤拿趣"（KOI TAKE），目前已经产出 144 多个自研 SKU，2 家线下旗舰店（杭州西湖银泰、北京合生麒麟社）及线上天猫店、得物店，2021 年第二、三季度销售商品交易总额（GMV）突破 5000 万。让用户在线上追剧、线下打卡中都有潮玩相伴，影剧综漫或有"收官"之时，衍生潮玩却可以持续为用户提供联结好内容的桥梁，延续内容 IP 的生命力。

锦鲤拿趣在线下则更注重对内容场景的还原和深度体验。实体店对 IP 内容中的名场面进行还原，定期举办粉丝见面会等活动，让用户在购买之余享受到互动体验。围绕线下的文娱消费，锦鲤拿趣以线上线下联动的方式拓展销售渠道，形成了营销 + 销售的顺畅链路。

杭州西湖银泰旗舰店

北京合生麒麟社旗舰店

让潮玩更好玩

随着潮玩行业愈加火热，消费者的选择也越来越多。

无内容 IP 的潮玩在降低消费接入门槛的同时，也不可避免地会导致用户黏性不强。相比之下，内容 IP 具有明显优势。

将整个潮玩作为基础，制作手机壳、摆件、车挂等装饰，这样一来，潮玩本身将更加融入生活场景中，也更易于被本不是娃圈的消费者接受。除此之外，市面上的手绘表情包也是年轻人大力追捧的对象，尤其是一些原创的手绘表情包，已成为很多手绘插画师们获得额外收入的一种途径。无论是表情包、手办还是盲盒，只要会手绘，似乎都可以自己做！

2022 年初，《乡村爱情 2.0》与北京国际设计周有限公司联合，革命历史题材《觉醒年代》、春节档《麻花大电影》《独行月球》等 IP 已在紧锣密鼓的生产中。

无论最终哪个潮玩品牌或 IP 成为下一个爆款，可以确定的是，潮玩将与人们的日常生活结合得越来越紧密。IP 成了经济时代的"吸粉神器"，而优秀的 IP 设计带来的商业价值也是不可估量的。

钉三多，不仅要"生"好
还要"养"好
—

钉三多作为钉钉的品牌形象物，于 2018 年 12 月正式亮相，当初在视觉设计上采用平面图形的绘制方式，导致五官、肢体在做动作延展和演绎时不易用、不够生动，同时在故事性包装上也不够丰富，造成不少用户"看不懂"钉三多中一些有趣的设定梗。例如，钉三多是只燕子，并且它没有脚掌，只有剪刀一样的尾巴，这些都没有机会传达给受众。因此，我们决定在"五星好评，跪地求饶"事件后，趁着钉钉形象物出圈的余热，发起"钉三多形象升级"，一方面尝试通过动画角色制作的设计方法来优化形象，另一方面也尝试寻找钉三多 IP 化运营的方向和思路，与用户平等沟通，以提升品牌美誉度。

形象设计升级

1. 生动化设计

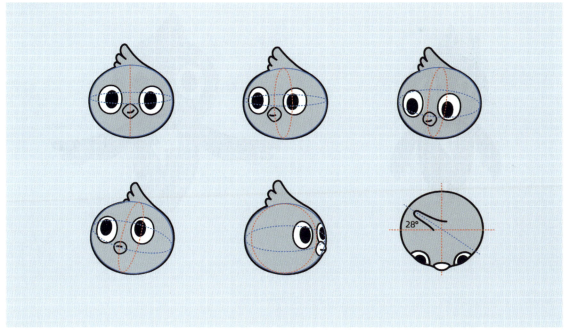

头部透视结构

面部表情上，增加透视关系，让五官能随着角度变化而呈现不同的大小、远近关系；在头冠造型上，模仿迪士尼中的米奇角色耳朵的绘制（始终固定的角度和轮廓，强化特点识别度），钉三多形象在万变的各视角下，羽毛头冠特征固定不变，始终表现头冠完整形态，使其深入人心。

2. 为表演而设计

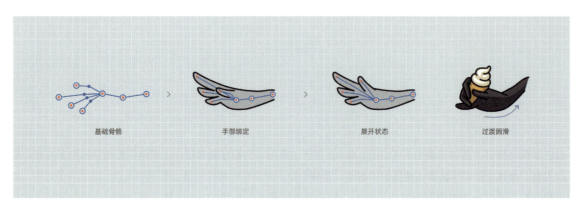

翅膀手臂结构

在肢体表现上，延续鸟类翅膀特征的同时，其翅膀手部从三指变成了四指，模拟更偏向于人类的肢体动态，以便于使用人类熟知的演绎动作。以上称之为：为了表演而设计。

钉三多新旧形象对比

3D 形象

内容生产 & 运营

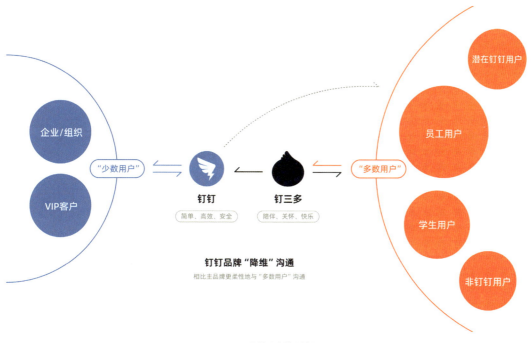

品牌 "降维" 沟通

基于钉钉年轻化用户的规模增长，需要与钉钉的"多数用户"有效沟通，并持续提供原创内容生产，打造钉三多的人设和世界观，与用户产生情感链接，帮助钉钉提升品牌好感度和美誉度。

1. 发布造势

体假出远门	穿越城市	飞越平原	掠过大海	穿过沙漠	昼夜不停飞	小伙伴一起加入	抵达神秘地
DAY1	DAY2	DAY3	DAY4	DAY5	DAY6	DAY7	DAY8

形象发布创意视频

在新形象的发布事件传播创意中,通过致敬电影"阿甘正传"中男主角"一直跑"的经典桥段,以钉三多视角"一直飞",飞越山川河流和城市街道,剧情设计中带上阿里动物园 IP 互动,通过视频的方式将这些内容串连成一个完整的故事,最终完成蜕变,引出新形象发布的高点。

2. 内容运营

01 #钉三多的日常

工作（职场文化）
学习（校园文化）
情感生活（娱乐文化）

02 #三多恰饭

新产品（解锁）
新功能（上新）
新版本（上线）

03 #三多开箱

钉钉上的小而美
妙用知识点

04 #三多嗑瓜子

话题评论
投票互动

IP 运营的四大栏目

日常运营中划分了 4 个栏目（钉三多日常 - 文化、三多恰饭 - 产品更新、三多开箱 - 知识点、三多嗑瓜子 - 互动），更好地贴合钉钉的产品和场景，进行有规划、有节奏的 IP 运营，为品牌 IP 带来与用户沟通的能量。

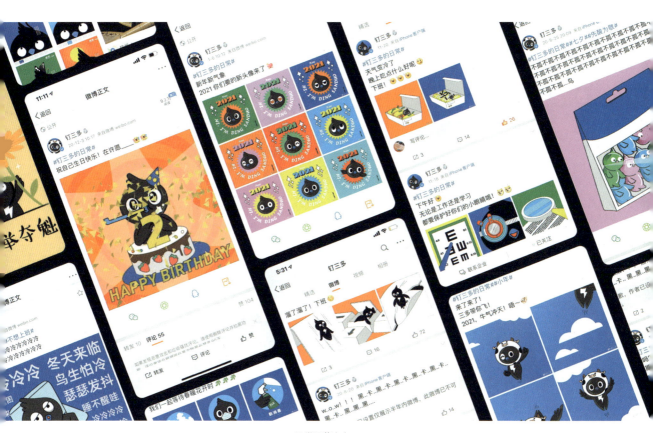

日常运营内容

IP 衍生品开发

围绕新形象的发布，通过设计自研、品牌Co-branding的形式进行周边产品的开发，以满足内部活动礼赠需求，以及外部粉丝互动和消费等场景，也逐步开始构建IP周边产品矩阵，通过实体内容进一步提升品牌年轻化和美誉度。

艺术家系列贴纸 & 徽章

主题公仔

钉三多 2.0 形象进行了升级，让其蜕变成更加生动可爱的角色，持续做有规划、有节奏的 IP 内容运营，才能有效地形成角色价值观，产生用户情感链接和认可。最后要明白，IP 形象设计任重道远，不仅要"生"好，更要"养"好。

TRENDY XIANYU

OMG!

HEY, NICE TO MEET YOU MY FRIEND ! ▸▸▸ ‖‖‖ TAKE A LOOK

闲鱼 IP
潮流破圈
—

相信很多人一提起闲鱼，就会立刻想到拥有一只大眼睛、圆滚滚的短手小黄鱼！闲鱼品牌已创建 7 年多了，闲鱼 IP 也一直是设计师坚持努力的方向。现阶段，随着闲鱼业务越来越丰富，年轻用户越来越多，不论是业务年轻潮流的发展方向，还是对闲鱼 IP 的关注度，都是很好的机会点。闲鱼在品牌方面希望持续加深与用户的情感连接，让闲鱼品牌真正融入潮流文化圈层中。

我们希望通过更多不一样的创意，整体强化闲鱼 IP 的品牌记忆，让大家感觉闲鱼和之前不一样了，打破之前闲鱼 IP 作为一个 "电商 IP 吉祥物" 的刻板印象，而是真正玩起来的、年轻的、潮的闲鱼！

品牌 IP 自身设定的潮流化打造

我们用不同的创意设计将闲鱼 IP 作为品牌核心资产玩起来，尽可能穿透到产品、营销、传播等全场景中，将闲鱼 IP 打造成为超级符号。

首先将原先扁平线描风格的闲鱼品牌形象进行 3D 化升级，让闲鱼形象的呈现方式更加立体、丰富。并不断优化，为它增加各种服装配饰，以代表各类人群，进行角色演绎。但是一个 Logo 化的 IP 形象很难真正走近年轻用户群体，使用场景也会受限。闲鱼形象需要潮起来，玩起来。

那么，为什么闲鱼一定要一直是黄色呢？为什么闲鱼就只能靠变装来改变呢？于是，我们做了大胆尝试，打破了闲鱼形象的固有颜色和质感设定，赋予其不同的质感材质。改变材质后的闲鱼既符合年轻群体的审美喜好，又表现出闲鱼品牌的包容和丰富度！

闲鱼服饰变装角色演绎（上），闲鱼材质变装（下）

品牌形象对用户的影响，需要多场景、有广度、有深度的渗透。通过丰富的角色演绎和材质延展，以年轻潮流的设计风格扩大形象的透出和影响力。奢品、数码、二次元、复古、汉服等不同垂直领域分别拥有自己不同的闲鱼形象。现在闲鱼的形象应用已经非常广泛，大家在闲鱼的产品中，以及营销活动、站外传播、线下活动中，都可以看到被玩起来的闲鱼！

新版的闲鱼形象在各场景中的应用

周边合作拓圈，让闲鱼 IP 真正走入潮流圈子

当今 Z 世代新消费群体火速崛起，他们愿意为了自己的精神文化需求付费，为颜值买单，消费能力也相对更高，潮玩文化成为年轻人火热追逐的潮流。品牌的周边能被用户真正摆放在家中，能被双手所触碰，相较于仅仅是"看"到品牌形象，会带来截然不同的感受。

因此希望把周边做潮，真正破圈，让年轻用户真正喜欢闲鱼形象。一方面以盲盒为载体，另一方面选择与一些潮牌合作，打造一些能表达潮文化的周边。

闲鱼"潮有引力"展览上展出的大体手办

"盲盒经济"在国内的潮玩市场占有非常重要的比重，盲盒群体也有自己独特的圈层文化，容易形成声量和影响力。并且，调查发现，有 60% 的盲盒用户会选择二次交易，而闲鱼正是他们主要使用的二次交易平台。基于上述两点，重点推进闲鱼的潮流盲盒，设计了几款不同的系列。

闲鱼"甜品系列"盲盒比较可爱软萌，主要面向女性群体

"甜品系列"比较可爱软萌，主要面向女性群体

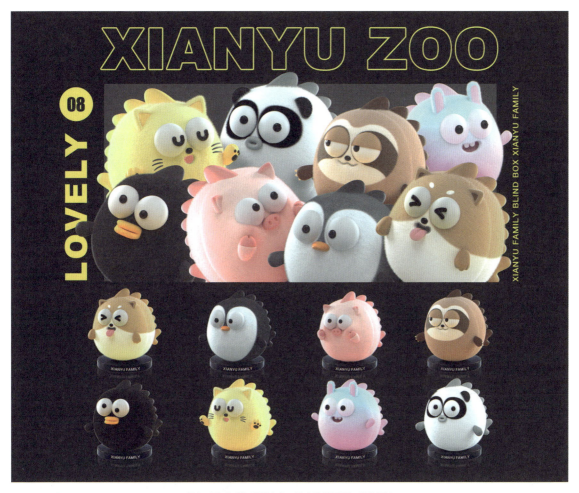

闲鱼"有毛毛"系列盲盒，偏中性的可爱，群体更广

闲鱼"材质"系列盲盒，偏"潮"的感受，面向比较年轻的群体

闲鱼"怪奇家族"系列盲盒，比较古怪小众，面向独特、更尖的潮玩爱好者

在调研中发现，用户对即将推出的这批盲盒非常期待。上述盲盒当前已在推进生产中，预计 2022 年会正式发售，欢迎大家关注。

当前 IP 运营各大手段中，品牌联名是非常有效和广泛的一种方式。品牌与品牌之间的联名合作，实际上是互相借势，达到"1+1>2"的效果。不同品牌自身的文化磁场进行碰撞，就会产生奇妙的反应。

我们选择了"鞋盒"和"滑板"这两个自身受潮圈喜爱的品类，与潮牌 SupBro 进行联名，过程中同时结合了线下线上大活动来进行传播，限量发售的商品很快就被售空，并且在闲鱼中有许多二次交易和溢价，说明这两个商品被大家所认可。

闲鱼 x SupBro 联名设计鞋盒、滑板

通过年轻人喜欢看的创意 IP 内容，打造品牌年轻潮流感

除了形象 IP 本身的优化和周边潮玩破圈，我们还尝试挖掘年轻人感兴趣的内容，将闲鱼 IP 通过多形式的创意手段演绎，来提升闲鱼对更多年轻人的影响力。2021 年，已经自发运营 IP 账号，制定剧本内容，并完成落地执行，发布了许多闲鱼 IP 小动画在短视频平台上，受到广泛好评。

动画是一种赋予静态的"物"以鲜活生命力的视听语言，尤其在如今的短视频时代，更加需要通过这种手段构建有趣且可以激发情感共鸣的故事内容，有效地将闲鱼 IP 家族角色不同的性格标签、人格魅力传递给年轻用户。通过趣味化、情感化的品牌手段，真正拉近与年轻用户之间的距离，让用户真心喜欢闲鱼品牌。相较于"通过强福利刺激吸引来到闲鱼"，这种方法吸引过来的用户黏性也会更高。

我们通过数据抓取不同特征、兴趣、圈层标签，来制定视频观众人群定位，即为 18~29 岁的年轻人。从 2021 年火爆的几款 IP 案例中也可以看出，过于高端冰冷的 IP 很难与当前的年轻受众拉近距离，品牌 IP 的设定路线应该有幽默搞笑、接地气的一面，才能充分引起年轻受众的生活共鸣。

我们将内容定义为"闲不住的年轻人的生活演绎"，主要讲解当代年轻人现象共鸣、年轻人感兴趣的话题及年轻人独有的兴趣圈子。

闲鱼的 IP 家族"闲鱼 Family",包括闲鱼共有 6 个不同的角色,戏称为"海鲜盖饭"家族。它们本身是含有一些人设标签在的。在做这个短视频内容时,把目标人群的"特征标签""兴趣标签""圈层标签"3 个维度的标签摘出来并打散,根据 IP 角色的基础性格进行补充,完善了人设。最重要的是,让这几个人能映射到年轻人中的不同群体,从他们身上都可以看到自己的影子。

当前,我们还在持续产出短视频内容,也欢迎大家来围观"闲不住的黄胖子"的故事!

闲鱼短视频动画故事板

短视频在 IP 运营中属于"重内容"的形式，除此之外，也在自己运营的 IP 自媒体账号上持续更新每个月的月历壁纸。主要以闲鱼主形象为载体，结合当下的节日等热点，配合创意文案，每个月进行推送，也在我们的自媒体账号中受到用户的喜爱。

总结

2021 年，无论是在 App 端内的品牌营销还是线下传播场景，用户都能明显感受到闲鱼变得不一样了。未来我们也将继续尝试和探索闲鱼品牌的潮流年轻化破圈，通过更多元的手段，更出奇的创意，更吸引人的设计表达方式，打造真正属于闲鱼的潮流文化，并持续把闲鱼 IP 玩得更精彩，给大家带来一只不一样的闲鱼！

月历壁纸图片

AliExpress
topati
DAY!

用创意点亮空白，
IP 化营销强势登陆海外市场

—

品牌出海，设计助力业务变化

AliExpress（以下简称为 AE）作为阿里巴巴旗下首个跨境电商平台，服务全球两百多个国家和地区。AE 深耕海外市场 12 年，业务不断发展，从最初的一盘货卖全球，到如今的分国家精细化运营，设计面临的挑战也发生了变化。过去，我们面对不同国家、不同人种和不同文化，需要用一种普适性的设计，尽可能广泛地引起用户的共鸣。现在，随着重点国家市场运营精细化程度的提升，设计的重点发生了转变，需要在确定性市场中，恰当、准确、有效地与海外用户沟通。

IP 化营销作为创意发力点，成为本地营销竞争的突破口

在西班牙，电商环境竞争激烈，营销活动作为所有电商平台的核心内容，AE 如何脱颖而出，拉开与竞争对手的差距，并保持头部优势？通过本地市场环境竞争及用户特征分析，我们发现营销活动 IP 化是机会点领域。因而 topati 品牌周以 IP 化营销的方式作为本地化营销的突破口，从本地视角出发，将文化理解和用户喜好作为基石，整合品牌策略、视觉传达和市场渠道传播，将整体设计方案呈现给本地用户，全方位地与本地用户沟通。

topati 视觉形象

1. 本地市场 IP 化营销的整体设计策略

AE 在西班牙市场的品牌知晓率较好，核心认知是极具性价比与丰富性的电商平台。原先的品牌周营销活动，希望在已有的用户心智上加码，持续传达"你想要的 AE 都有"。营销方式从以往的单一线上触达，转变为整合本地多元市场媒介，多渠道触达用户。设计策略需要覆盖心智建设、高延展性支持和品牌一致性管理 3 个方面。

（1）善用语言巧思构建心智基础。

在所有的沟通方式中，语言的力量超乎想象。根据之前营销活动试水的结果，西班牙用户偏好具有记忆点的病毒传播方式。巧妙的名字，是 IP 心智建设很重要的一环，我们联合本地市场和本地内容策划，将"你想要的 AE 都有"表达为 topati（发音为：多巴帝）。发音简单、讨巧好记，短短 6 个字符就表达了品牌周活动的核心内容。市场侧围绕名字发展了一整套极具洗脑效果的音画素材，在本地传播中掀起多轮高潮。

topati 站内表现

（2）高延展性视觉覆盖多元渠道。

IP 化营销中的视觉需要更系统、更全面。首先，视觉的基线标准需要贴合本地用户的审美喜好，简洁、清晰又有张力是西班牙用户更喜欢的风格。其次，视觉需要围绕记忆点、延展性、品商结合度，以及 topati 的传播性格与气质等方面，挖掘恰当的表达方式。在这个项目中，以 topati 语气符号"！"为基础元素，发展出静态和动态的图形符号，更全面地包裹 topati，让 topati 作为完整的形象出现在用户面前。

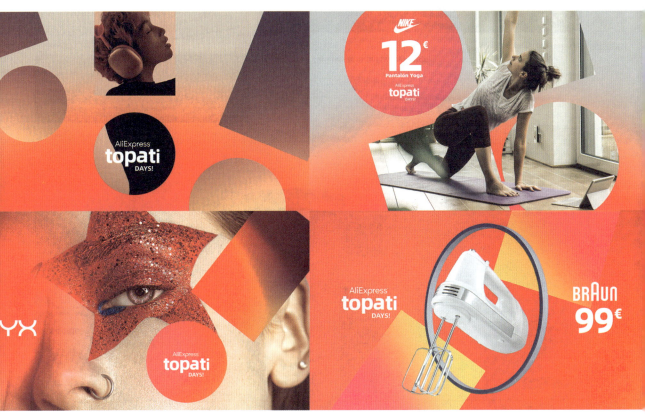

topati 与品牌合作

（3）品牌一致性管理。

在与本地用户的全方位沟通过程中，需要保证 IP 营销的品牌化感受。topati 是月次的营销活动，活动主题多变。App 端侧视觉需要在一致性和多样性中做好平衡，传播侧需要保证在所有用户触点上的品牌表达的一致性。

topati 在 SNS 的表现

topati 在 OOH 的表现

2. topati 的价值影响

（1）topati 打通了本地市场的可传播渠道和触点，话题热度和用户参与率皆创新高，带动无提及品牌知晓率的提升。我们探索了一套在本地打造营销 IP 的方法，为后续更多的营销 IP 打下基础。

（2）拓展了品牌合作的方式，不再局限于站内简单的折扣和优惠，而是有更多玩法、更多渠道、更多流量。帮助 Realme、Create 等中国品牌在本地市场声量逐渐扩大，继而在大促场域内得到了爆发，实现 GMV 的增长。

topati 是 AliExpress 在西班牙市场的第一个具有代表性的 IP 化营销案例。我们从中国出发，跨过文化理解的障碍，站在本地市场和用户的视角，用系统的设计思考做大胆的尝试，虽不算完美，但却是一次有效的探索。在未来，随着本地市场的深入，运营精细度的进一步提高，设计会继续摸索和实践，让本地化的设计思考和策略更完整、更成熟。为品牌出海助力，为中国好货登陆海外市场搭建美丽的桥梁。

进出口设计带你
"入乡随俗"

—

天猫国际与天猫淘宝海外作为手机淘宝的进口和出口业务，为国内消费者提供了更丰富的海淘商品，以满足其消费升级的诉求，也为海外消费者购买优质国货提供了便利的途径和优质的服务。2021 年，进出口设计团队对目标消费者的购买诉求和购买决策因子优先级进行了深入研究，并通过差异化与本地化洞察进行了设计升级，期望为目标消费者塑造更好的购买体验。

进口"差异化设计"促转化

手机淘宝作为超级 App，货品具备丰富性和便利性，但仅有国内供给无法满足消费升级下用户对进口商品的诉求。天猫国际为淘宝用户提供了差异化的进口商品供给和选择，同时基于进口商品的品类策略与平台做好互补，从而和手机淘宝结合做更好的人货场策略，塑造更好的消费者体验。

正是由于这样的业务定位，从进口差异化的品类研究出发，探索面向特定用户的差异化体验，是所需要做的差异化设计。

因此我们基于进口差异化品类的消费者洞察及消费决策因子研究，挖掘单一品类下影响转化的商品消费决策因子，通过策略一（商品力表达）和策略二（垂直场域设计），给消费者带来进口差异化体验。

1. 设计策略一：进口差异化商品力表达

在进口差异化品类的消费者洞察及消费决策因子研究的基础上，通过商品信息富媒体化 & 信息结构化多手段结合，进行商品消费决策因子的精细化表达。

对于消费者：帮助其多维度地了解商品信息，充分感知进口品类特色，实现更高效的消费决策。

对于业务侧：通过专业化的商品信息表达，加强差异化进口心智，整体提升国际商品 D2O 转化。

以进口香水为例

影响香水转化的消费决策因子主要为：产品故事 & 品牌、香味、用香场合、适合度。基于此，通过细节微互动进行香味趣味性表达，通过香调和前中后调的信息结构化进行香味的精准表达，通过结构化评估进行用香场景和适合度的系统表达。

> 香味_微互动　　　> 香调　　　> 前中后调　　　> 商品Card

进口香水商品力表达

以进口酒水（威士忌）为例

影响威士忌转化的消费决策因子主要为：原料、口感、闻香、酿造、产地、怎么喝。通过结构化分片段动态模板，将商品的核心功效卖点打穿打透，传递给消费者。

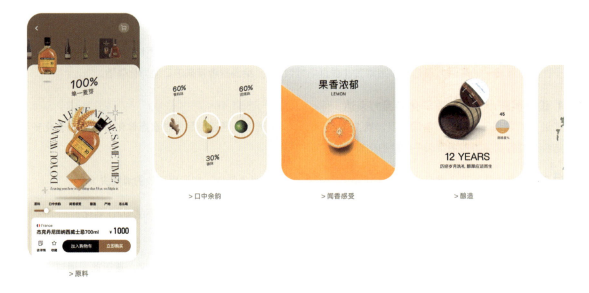

> 原料　　　> 口中余韵　　　> 闻香感受　　　> 酿造

进口酒水（威士忌）商品力表达

2. 设计策略二：垂直差异化场域设计

国际大多场域仍依赖于新热促等常规模式，缺乏进口品类的特色表达、特定人群的特色导购，在手机淘宝大环境下缺乏进口差异性和独特性。所以针对不同的品类，在该品类消费者洞察及消费决策因子研究的基础上，进行了垂直化、专业化、差异化的导购设计。

以进口香水为例

影响香水转化的消费决策因子主要为：产品故事 & 品牌、香味、用香场合、适合度。通过消费决策因子和具体的业务场景和目标用户我们得到：①内容导购；②人设；③用香场景导购；④香型导购；⑤单品导购等基于香水垂类的多种导购形式。

进口香水 - 垂类导购设计策略

香水档案馆
图文内容形式感的强化

● 内容导购

消费决策因子 **产品故事&品牌**

进口香水 - 内容导购

看看TA在穿什么
打造虚拟人设，实现消费者自我个性的映射

● 人设导购

—
消费决策因子 自我表达

进口香水 - 人设导购

以进口酒水（威士忌）为例

酒类是具备一定知识门槛的品类，通过分人群导购的方式让消费者感知到"懂我"的默契感，增加具备知识性和专业性的特色内容导购，来提升用户的满意度和黏性。

垂类导购设计/进口酒水

> 入门玩家
推荐为主/易理解的商品信息表达

> 资深玩家
快速检索/商品信息表达专业化

> 酒类特色内容导购

进口酒水 - 导购设计方案

出口"本地化设计"促增长

本地化设计是一种能够引起当地用户情感共鸣的亲和力设计。海外华人用户分散在世界各地,受到不同地域文化、生活习惯的影响,形成了不同的购买习惯和购买决策因子优先级。我们需要深入了解本地用户,并以本地用户为中心,通过本地化设计使手淘出海业务更贴合本地用户偏好,达成增长目标。

1. 本地核心人群画像

天猫淘宝海外业务核心针对海外华人市场,了解目标市场的核心用户画像是我们开展本地化研究与设计的第一步。

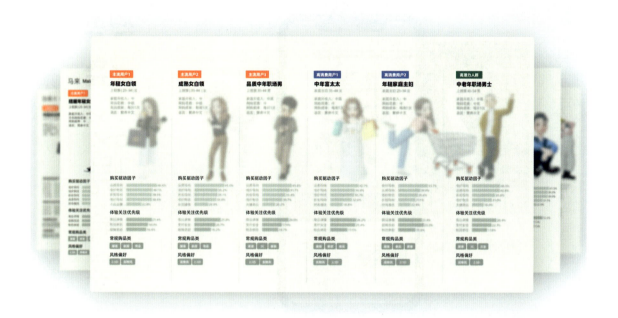

海外华人核心人群分析

2. 本地化导购体验打造——XGEMS 助力国货出海

海外各区域用户由于地域、文化、生活等背景差异,其选品诉求也与国内消费者存在差异,因此海外用户想在淘宝百万商品中快速找到心仪商品比较难。XGEMS 导购场通过算法模型建立当地趋势商品模型池,快速筛选输出适合海外当地华人的趋势精选好物。为海外那些希望买到"性价比高、又有点小设计、新功能、有个性特色"的 18~35 岁的年轻用户,提供一个简单、可信赖的优质国货推荐平台。

XGEMS 助力国货出海

对精选国货的商品吸引力表达进行提升，会更有利于海外用户快速了解商品信息，可以通过 3 种方式提升商品吸引力：①情感化趣味表达提升商品吸引力；②通用动态海报模板为商品表达提效；③本地 KOL 视频解说提升商品吸引力，并测试 3 种方式的点击效率，最终选择最优的组合表达方式。

XGEMS 商品吸引力设计

3. 超人阿港——本地化品牌形象和港风的情感传递

通过超人阿港品牌形象,以及中国香港本地特色字&插画,来与消费者进行沟通,拉近平台与消费者之间的距离,将原汁原味的港味视觉演绎到极致,增加品牌在端内和端外与消费者的情感共鸣。

超人阿港本地化品牌形象

港风字体设计

总结

2021 年，在面对国际政策与疫情等巨大不确定性因素下，我们对进出口用户的消费观念、购买决策诉求、本地生活习惯等变化进行了更深入的用户研究，通过差异化于本地化设计，为消费者提供更细腻、高效、共情的购买体验。用每个设计创意丰富目标消费者的感知，拓展天猫国际与天猫淘宝海外的设计影响力，为了让国内消费者更便利地买到全球好物，让海外消费者更"丝滑"地买到优质国货，我们将持续努力。

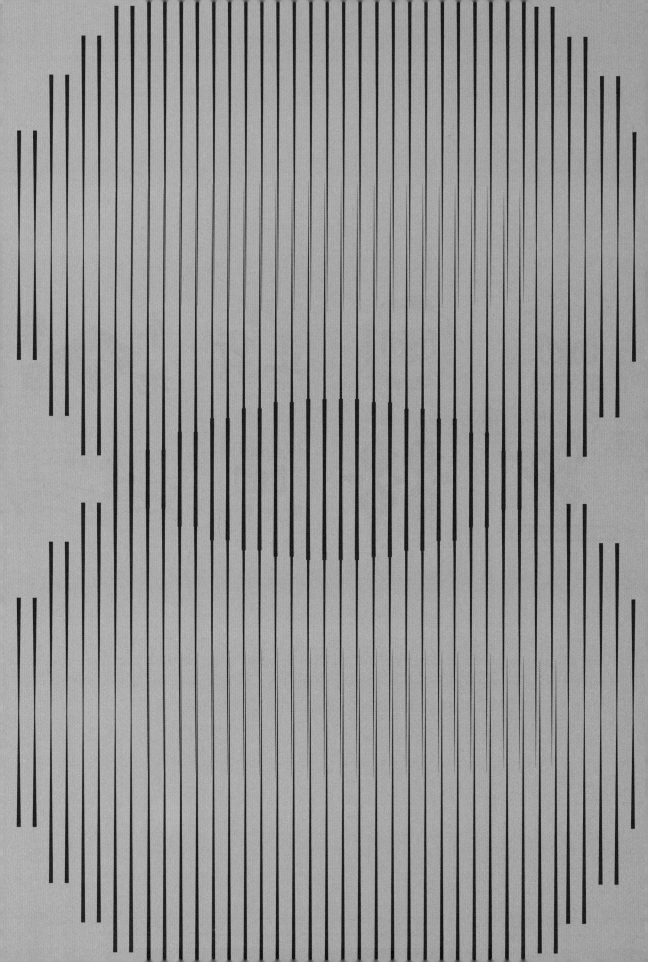

>设计，友好的体验
USER EXPERIENCE DESIGN

ALIBABA
DESIGN YEARBOOK

ALIBABA

2022.

Chapter 3   p259-335

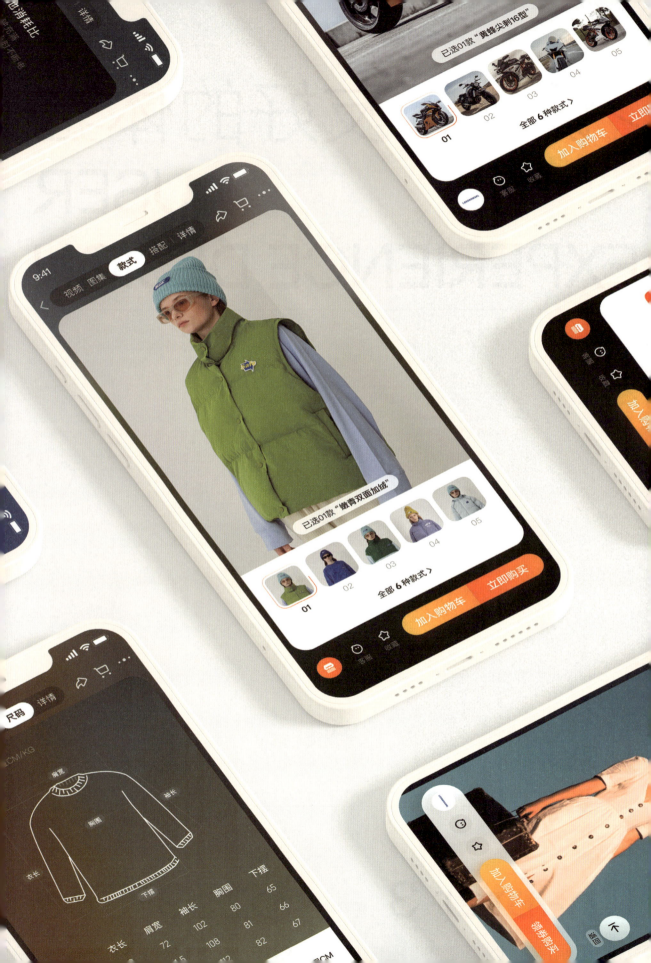

淘宝 2021，
找回最原始的购物体验
—

看似一如既往的淘宝其实每天都在悄然改变，服务、帮助、引导用户始终是设计者的初心和态度；回顾已经落幕的 2021 年，淘宝或许没有在最直观的前台外表发生翻天覆地的变化，但可以肯定的是大家一定能感受到某些因细节改变所引起的体验本质上的转变。本节让我们一起聊聊有关淘宝设计的 2021。

人群普适——用户人群比我们想象的更多元多样

淘宝经历了整个用户消费市场和行为的更迭变化，面对如今愈发多元化的消费市场，如 Z 世代强势崛起、适龄人群的关怀与照顾……

我们需要迈出主动改变的第一步，从更多维度切实照顾用户基础体验的同时，发掘不同人群场景的设计诉求，让淘宝变得多元而友好、多彩而又彰显消费为人的产品主旨。

1. 让深夜党更好地刷淘宝

消费时刻都在发生，不分地点、不分场合、不分时间，甚至由于大促活动等心智的培养，用户大部分的购买成交都集中在晚上。

当苹果提出深色模式的概念后，大家逐渐意识到有关夜间用眼健康的相关话题内容，慢慢地，如何将 App 变为深色模式一度成为当下主流。

深色模式并不意味着完全死黑，也不只是颜色和皮肤的变化，而是一种可以被设计的色彩。椭圆函数告诉人们，任何一种颜色在确切的回归周期内，都有对应的另外一种颜色存在，这让淘宝的深色模式最终可以得到量化，从而构建起能够快速落地的适配原则。我们希望带来的不只是一个模式的改变，而是因为消费行为的变化让深色模式更贴合用户的习惯。

淘宝 DarkMode

2. 让父母更省心地用淘宝

人在成长的不同阶段总会面临不同的困扰，对于我们的父母来讲，看得懂、看得清便是最好的体验享受。

但过度的信息堆叠，以及冗余的模块陈列，很难让父母在繁杂的内容中快速提炼自己所需的关键信息，化繁为简往往是他们最迫切希望看到的。

对此我们重新梳理手淘基础链路场景，将长辈模式开辟为兼容父母人群的全新模式，提高字体大小阅读舒适度，提升推荐商品满意度，提效商品查找便捷度，增强客服咨询方便度，降低不必要引导操作复杂度。长辈需要的也不只是更大的字号，而是伴随前台样式变化一起更迭简化的最原始简单和符合直觉的消费体验。

字号调节，父母最爱

3. 让大家更满意地逛淘宝

用户的行为和操作设备伴随着科技的进步也在不断更迭和丰富，但每一个端产品的体验都不应该随着时间推移而被遗忘轻视。为了保障恰当的端体验流畅，我们重启并优化了 Pad、PC 等多端体验升级项目，在一定程度上使产品在多样的前提下具备了完整的体验生态，淘宝不止于手机，设计不止于一端。

淘宝多端设备

轻便体验——简单轻便是最原始纯粹的体验习惯

操作习惯的培养是一项高成本的教育投入，在不断探索与演进的用户体验进程里，人们已经形成并习惯了多种被约定俗成的操作方式，它们的存在是选择导向的必然结果，正如日常中的点击、滑动、手势等。

遵循操作体验的连贯，减少无效操作带来的跳失，是电商产品设计一直以来追求的目标，我们也始终在尝试用更简单、更符合用户直觉的方式给大家带来最便捷的消费体验。

1. 无缝的链路交互（轻浮层）

App 中的页面代表着每一个不同的业务节点，传统模式下通过跳转节点的方式在每个页面和功能之间穿梭，随着内容深度及功能复杂等级的上升，节点的数量呈指数级增长。人们会逐渐疲于在页面节点之间反复切换，而多余频繁的节点跳转会进一步增加用户流失，同时无意义的节点跳转在额外增加学习成本的同时，还会带来情绪上的躁动。

我们尝试收拢节点的逻辑关系，用更为灵活的浮层方式去承载，减少用户跳出节点，使他们在一个场景内便能完成一系列符合当前诉求的链路交互。

并且因为浮层的拓展性极高,衍生形态各异,可以高效稳定地进行延展复用和定制,进而形成无缝统一的体验模式。

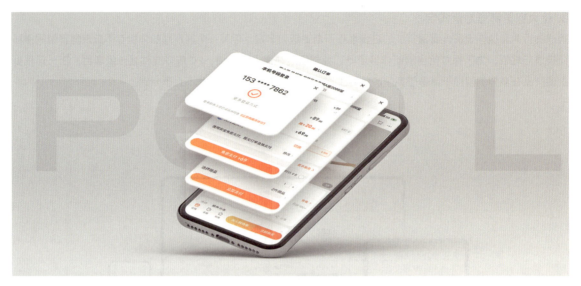

效率轻浮层

2. 沉浸的浏览动线（新商品详情）

内容类和视频类的购物消费模式正以迅猛的速度占据市场，并引领当下的用户体验趋势，淘宝在积极寻求转变的同时，也在发掘如何基于现有内容给用户带来更沉浸的购买消费体验。

正如我们先前定义过的微详情框架，在算法辅助下命中用户兴趣意图的过程中，也可赋予用户滑动屏幕时无尽流的沉浸式畅快体验将这个想法应用在商品详情中，会发现信息模块堆栈式布局可以被进一步转译，原本冗长条形信息结构通过结构化拆分重组后，既提炼又呈现了关键信息属性，也能让商品内容的组织更符合用户的浏览行为动线，同时还能让商家拥有更多可运营的空间和形式。新的详情只是打破传统电商设计的一环，我们仍在推陈出新的路上。

新详情

内容优先——用户需要的是有效的内容而不是设计的形式

现有的端上购物体验正在被颠覆，淘宝也早早地从货架场向内容场进行迁移，其中最直接的转变可以在淘宝首页得到直观展现，看似杂乱的形态背后隐藏着探索沉淀后的思考。

1. 遵循内容获取的有效性

用户在浏览中会潜意识地对看到的信息进行层级区分，提炼有效内容，加速信息获取效率和流程性。在内容设计上也遵循了提炼原则，我们尝试对每一个关键页面的内容重新划分重要性和浏览层级。

我们重塑了栅格体系，确保内容的利用率最大化；移除了信息内非必要的卡片框架和设计样式，同时通过增加圆角强化内容独立性并增加聚焦作用；对于文本信息分场景梯度化和智能化展示，建立第二分层关系，让用户对于内容的获取更为直观且符合直觉。

2. 尝试价格表达的数字性

价格本身对于消费者而言是一个敏感的属性，也是电商场景设计中最重要的一类信息。通常情况下，端上的设计由于受限于字体包等因素，并不会在价格设计上做过多文章，不过我们第一次着手把数字字体的运用带入到了淘宝中。

更锐利的字体重构摒弃了较为保守的轮廓走线关系，使字体本身无论放置于何种页面下，都有更高的辨识度，也为在同页面下进行更为复杂的多价格对比展现，提供了便利。

¥308.96

Alibaba Sans 102 Taobao

定制字体

淘宝 2021 只是我们体验探索之路上的一站，用户的群体、行为及选择时刻都在变革和发展，回归"原始"，展望"未来"，才能真正让淘宝更懂每一位用户。

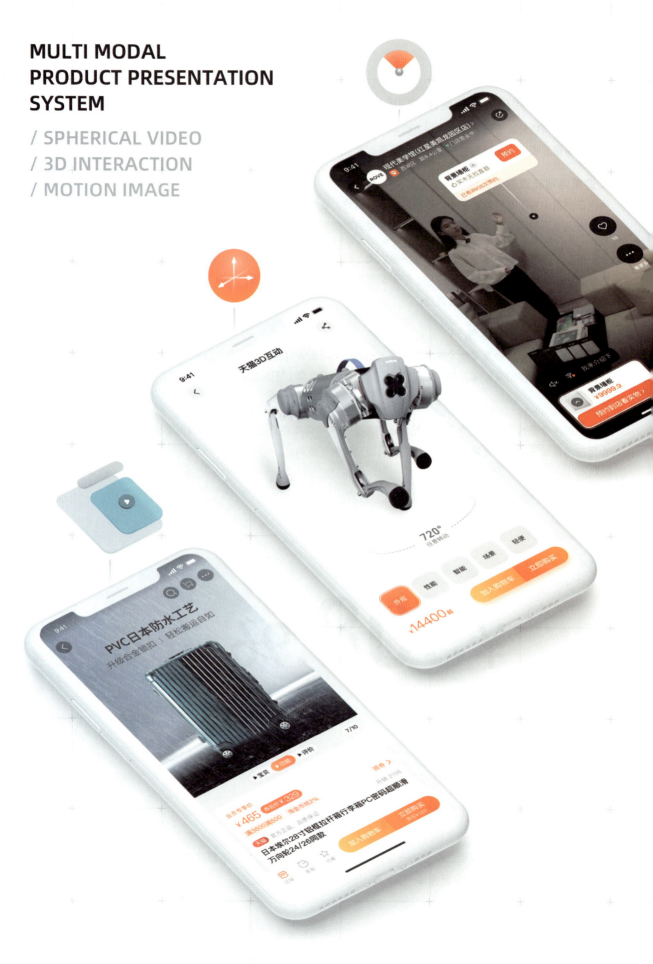

让商品活起来竟然
如此简单

—

数字化正驱动着当下每个行业的快速革新，此时电商领域下一步的数字化方向在哪里？带着这个问题，天猫设计团队从行业特征出发，以商品表达为切入点，在现有图文、视频表达的基础上，探索三维模型多模态互动、空间类商品展示互动和商品动态属性智能生成等方向，整合了 3D 立体式交互、全景视频漫游、面料数字化、图文手势互动等多维度数字化信息设计，不仅为消费者带来新颖的线上购物体验，还对商品购买转化产生了正向助益的效果。目前商品力体验表达已在消电、快销、服饰、家装、汽车等行业应用，并通过搭建设计平台拓展能力覆盖，打造完整的商品表达生态，赋能行业和品牌。

3D 互动——商品的立体化沉浸式交互体验

用户可以在淘宝 App 内灵活操控 3D 模型玩转卡丁车，通过屏幕点击来控制冰箱开关门，快速掌握无人机穿越式飞行的酷炫技能。3D 互动体验相比图文视频，其特点主要体现在基于三维模型模拟真实商品的外观及卖点，提升了线上购物的交互体感和趣味性，帮助用户更全面、更立体、更直观地了解商品，有效形成最终的购买决策。

1. 沉浸式 3D 互动，全方位了解商品细节

设计师借助 3D 建模的能力，让用户就像玩 3D 游戏一样，通过各种触屏手势对商品的 3D 模型进行放大、缩小或任意旋转，沉浸式地探索商品的各个角度和功能部件，甚至查看商品内部的构造与细节。立体沉浸式的 3D 互动体验以用户为核心，能充分展示产品外观结构等各种特性，同时也满足了用户更多情感体验的需求。

沉浸式 3D 互动体验框架

2. 用户参与式设计，亲身体验商品卖点

仅仅玩 3D 怎么够？为了进一步增强商品信息的互动性，设计师基于商品的核心卖点，运用序列帧图片交互的能力，通过定义不同的交互手势与用户主动产生互动。运用多种手法，将商品的卖点烘托得更突出，让用户对商品卖点形成更鲜明、更强烈的感受，对商品的特征产生更直观的理解。

3. 构建数字化平台，高效协同多方角色

通过平台能力的搭建，库鸥数字化导购设计平台目前已形成了一条协同商家、供应商和平台小二的流水线，贯穿 3D 互动设计的各个环节。与此同时，库鸥为商家和供应商提供了 3D 模型的一站式系统化功能，帮助商家与供应商用更低成本，更为高效地上线进行 3D 互动。

库鸥数字化导购设计平台

4. 全链路设计应用，边逛淘宝边玩 3D 互动

在哪些地方可以体验到 3D 互动呢？为了帮助用户解决在选购链路中全面了解商品的需求，设计师将 3D 互动的入口设计在淘宝 App 的搜索、直播间、商品详情页、店铺等各个用户触点中，实现了用户边逛淘宝 App 挑选好物边体验 3D 沉浸式互动。在互动过程中，激发用户的购买欲，使他们买到最适合自己的商品。

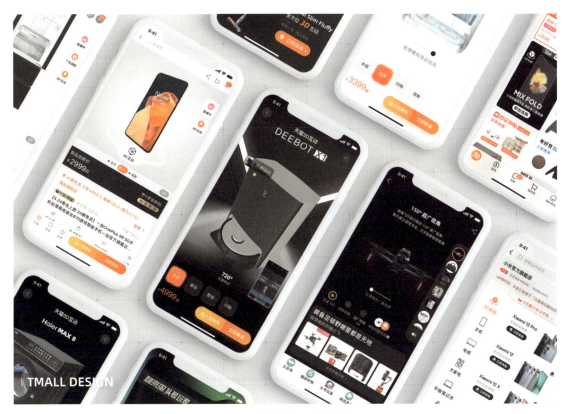

3D 互动在淘宝 App 内的应用

全景视频——空间类商品呈现的身临其境体验

"全景"的空间互动性与"视频"的内容真实性，使"全景视频"能力具备了在用户侧表达空间类商品信息的充分性，以及在商家侧提供低成本数字化商品、门店、销售工具的必要性。将"全景视频"作为空间类商品表达能力、重本地化行业的解决方案，应用于家装、汽车、房产、航旅等行业。

1. 营造"强体感"与"真实感"

有别于传统视频单向传输和用户被动接收信息的视听体感，"全景视频"想要构建一种"用户可以在一个沉浸空间里自由地看商品外观、细节及讲解演示"的体验。将该体验的构建分为"强体感"与"真实感"两类。

"强体感"由"自由看""主动听""互动看" 3 层感官组成。底层内容载体是一段空间商品的销售讲解视频，视频本身按多商品或单商品讲解点顺序呈线性结构。用户通过所见即所得的交互方式获取商品更多信息，而这些信息又可以通过图文、视频、3D 模型（如换材质颜色）、AR（如摆置家具）等形式呈现，与用户进行二级交互。

销售讲解声音的"实录"、门店环境、商品、销售员的视频"实拍"、商品辅助信息互动的"拟真"，共同构建了"真实感"。

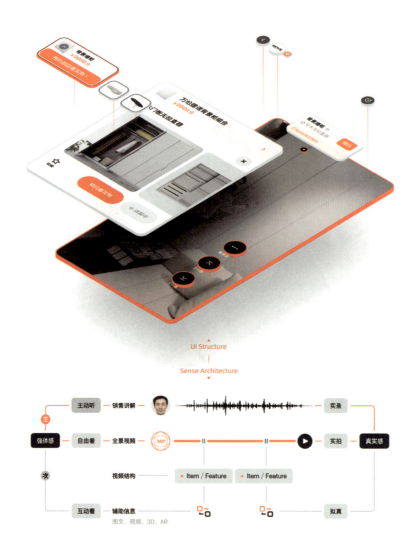

全景视频体验架构图与框架图

2. 架构全景视频三层交互

基于体验架构进行用户界面框架与核心交互设计，界面分为视频层、控件层和互动层。

（1）视频层 —— 自由看全景。

根据家装行业线下门店常被分为若干小平方米样板间或商品空间布置的特征，视频采用固定全景机位拍摄。用户可"站在固定位置"左右 360 度、上下 180 度滑动视频，在有限的 FOV 范围内缩放视角大小。

（2）控件层 —— 主动听讲解。

控件层分为顶栏、底部导航栏与侧边栏。底部导航栏是除视频层交互外最主要的操作区域，将空间中的商品对象按视频讲解顺序线性地排布于底部，作为商品信息的展示，将预约留资这个最主要的行动引导绑定在每个商品导航单元上，侧边栏则以分流功能为主。

（3）互动层 —— 互动看商品。

针对每个商品对象或单商品的每个讲解点在全画幅视频中标记锚点，配以商品信息模块，通过点击操作可唤起二级辅助信息的互动浮层，承载图文、视频、3D 模型、AR 等各种内容形式，在讲解音的背景下对商品进行更深入的了解。

3. 门店漫游与全景视频串联
用户可以通过门店组件进入门店漫游场景，通过点位位移、全店模型鸟瞰等方式，在静态全景中浏览门店商品。如果对某个商品或样板间产生兴趣，可通过点击空间锚点再次进入全景视频听销售讲解，形成"找品、逛店、找销售讲解、预约留资、到店"的体验闭环。

门店漫游方案

动态主图——让商品特性动起来，购买转化率涨涨涨
双十一期间，天猫设计师们探索出了"动态主图"这一新的商品表达形态。主要通过图形和动态来强化商品的核心特性，将其浓缩为 2 秒的动态表达，就可以让消费者对商品有更加直观且形象的理解，通过精准且高效的内容透传，提升用户购买转化率。

1. 洞察用户消费动机是提升转化率的关键

消费者在购买商品时，背后往往都对应着消费动机。通过多渠道的数据分析，筛选出他们最关心的问题。运用不同的设计手法，结合动态的形式进行视觉呈现，实现商品核心特性的动态表达，让消费者在浏览商品的过程中对商品特性更加一目了然，产生购买兴趣。

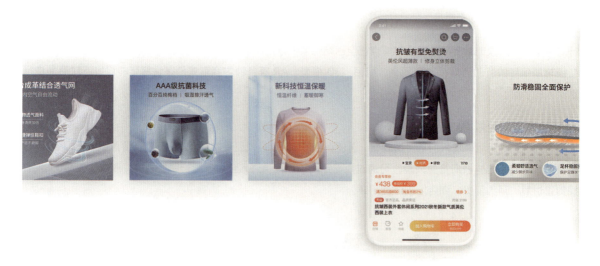

动态主图模板

2. 让设计更丰富，构建海量动态内容库

为了帮助消费者快速了解不同的商品信息，将不同行业和品类的商品特性，通过多种设计手法结合动态的形式进行视觉呈现，实现商品核心特性的动态表达。经过大量的积累，已建立了丰富的动态商品特性表达库。目前已涵盖数十个品类的数百种特性，未来还将持续进行补充与优化。

动态主图制作平台

3. 让设计更高效，成本更低，打造智能产品

对于商家，成本是他们主要关注的问题之一。为了提升生产效率，降低成本，我们打造了全新的智能产品工具，商家只需简单操作，平均 30 秒就可以完成一张动态内容的制作，并且一键实时投放到淘宝 App 上。目前已经有大量知名品牌都在使用这个功能批量地生产上线。

4. 更多触点，将商品特性融入购物链路中

设计师从全链路设计的视角出发，将"动态主图"植入到淘宝各导购流程中，让用户在逛淘宝时更高效地了解商品核心特性，从而买到心仪的商品。后续将基于更多不同行业的特色、数据效果和商家体验的角度，向着更加智能化的方向发展，为用户提供更便捷高效的购物体验。

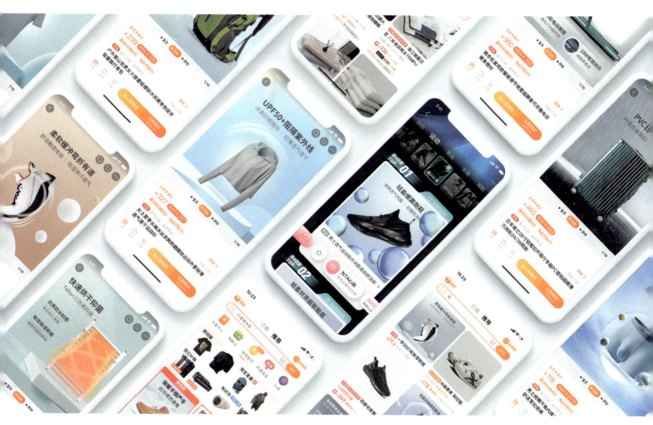

动态主图在淘宝 App 内的应用

面向未来，基于商品的数字化表达和电商交互模式的创新，还有很多领域等待设计师去探索。我们将运用多种数字化设计手段，为用户打造在电商环境下多感官的体验，创新触屏、语音、手势等多通道交互方式，向平台化、生态化与智能化的方向不断升级。天猫设计师将结合更多业务场景，助力品牌商家更好发展，持续为消费者提供更具参与感、互动性和创新力的数字化购物体验。

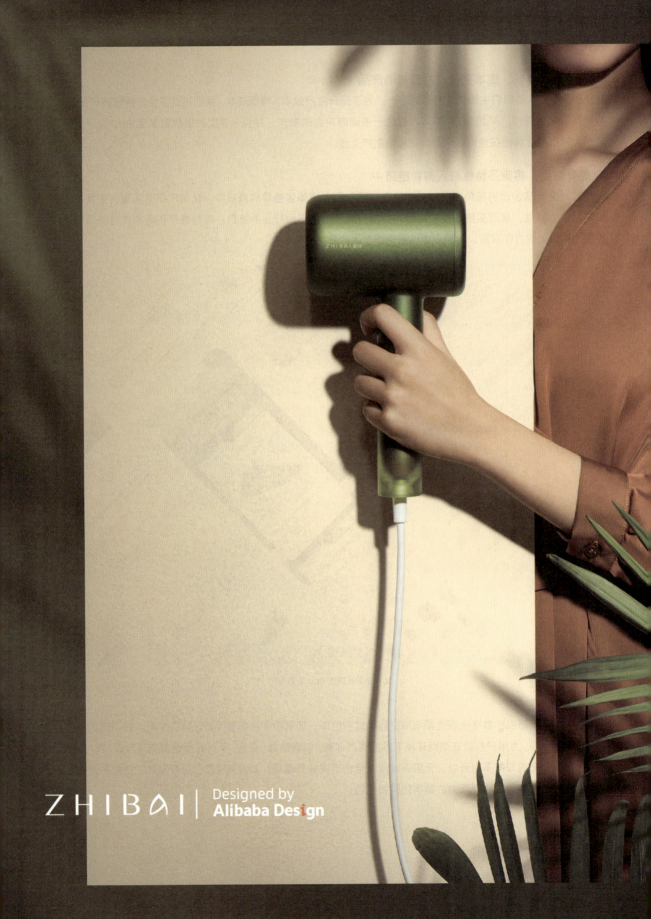

ZHIBAI | Designed by **Alibaba Design**

顺势而为
趋势对商品设计的影响
一

"趋势" 在流行成为趋势

现如今大家都在谈"趋势",从中国人口新增幅度、国内 GDP 增长预期、美联储加息幅度和次数、疫情何时结束,到元宇宙前景、下沉市场、Pantone 流行色发布、环保设计趋势、酸性设计风格、毛玻璃效果等,涵盖了文化、政策、经济、技术、设计等方方面面。从大到小、横向到垂直,都有各种各样的 "趋势" 在发生或被预测,或者被炒作。对于 "趋势",有人用来投资,有人用来投机,有人用来指导生活和就业,有人用来吃瓜,也有人在不知情的情况下被 "趋势" 裹挟。为什么会有各种各样的 "趋势",本质上是由于社会发展处于阶段性存量时代的时候,大家都希望能有一些新的文化、技术、消费等领域能突破,从而带动社会或者某领域进一步发展。那么在商品制造领域,"趋势" 对于商品设计有什么价值和影响呢? 又该如何去分析和运用趋势呢?

什么是趋势

"趋势" 是未来一定时间内,大众对于某事物或状态大概率会发生的一个预期和认知。"趋势" 正在发生,或者刚刚生成。比如,国内 2021 年人口全年新增近 48 万,出生率一直在下降的客观现实下,未来 3 年,几乎所有人都认为国内人口负增长时代大概率会来临。顺着这个趋势下去,可以比较清晰地预判,国内将步入老龄化社会,未来年轻人不足,老龄化和少子化的大趋势不会变,年轻人更加注重自我,机器逐步代替劳动密集型工作,这是客观社会发展规律。在这种趋势背景下,也会产生很多细分趋势,如社会抚养行业、养老行业、单身经济、个人护理行业、智能机器人行业等大概率会有好的发展空间;大的商品设计方向也会更趋于小型化、个性化、智能化,以及更注重商品和服务的体验。这样在做商品设计开发之前,就能够比较清楚目前在做的品类属于什么行业,这个行业会有什么趋势,该如何去适应或者升级商品的投资和设计方向,顺势而为。

趋势对商品设计的影响

回到商品设计（这里主要指消费电子产品设计）领域，该如何去分析"趋势"呢？本书认为主要是分析品类趋势，品类趋势由宏观趋势（经济、政策、行业、突发事件等）和人群趋势（需求）综合映射，如品类所处历史阶段、功能属性、情感属性，社会属性，从这些维度来确定顺应趋势的产品开发方向和设计方向。

胶囊无线果蔬消毒机

下面来看一个例子：2020 年第三季度，国产品牌商东菱委托阿里商品设计孵化中心进行厨房小家电的设计，基于对宏观趋势分析，传统小家电已然成为红海，价格战剧烈，基本上没有技术壁垒，属于阶段性"夕阳产业"。不过正值疫情，出行和线下消费被抑制，大家都开始宅家做饭做菜，导致整个小家电需求突发上升（这也是为什么我们能在 2020 年接到如此多的厨房小家电设计委托的原因）。疫情具体何时能结束人们并不清楚，但是可以肯定的是，疫情带来的影响将会比较长远，比如人们对健康、安全的需求会持续高涨，那么对于厨房小家电行业来说，什么样的品类开发会更加顺应趋势呢？在整个厨房料理的环境下，安全、健康的需求最主要来源于食材、水及烹饪的方式，对应的品类非常多，如消毒柜、刀具消毒机、台上台下净水机、无油空气炸锅、果蔬清洗机等。东菱也敏锐地洞察到这个机会，提供了无线果蔬消毒机的新品设计需求。该品类属于食材消毒方向，不仅仅能清洗，还有消毒功能。回到果蔬消毒机这个品类属性来看，该品类属于极新品类，发展阶段还属于早期，以功能需求为主，主要考虑其功能属性，情感属性次要，社会属性可以忽略。从功能属性来看，目前市面上类似商品的底层技术都是羟基离子净化。通过对市面上仅有的几款商品进行功能分析后，结合小家电小型化、无线化的发展趋势，进一步与东菱确定了迷你型无线消毒的功能定义，可以非常便捷地直接扔在水槽中，对食材进行清洗和消毒，也可以非常方便地进行拆解和清洗产品。这样一个商品的雏形就出来了：小型、无线、便捷、可拆、易清洁。接下来就是产品外观设计了，我们选择"胶囊"作为造型设计语言，凸显小巧迷你，设计风格符合当下年轻人的大众审美即可，我们选择当时比较流行的时尚轻复古风来进行承接（也可以用极简风格或者科技感），同时还设计了一款系列化的无线打蛋器作为配套。东菱也反应迅速，在短短几个月内就把产品研发出来了。上市之后也不负所望，这款商品是目前果蔬清洁消毒类小家电产品中的第一单品，后续也影响了诸多商家跟随这个思路生产出了很多类似的商品。在笔者写这篇文章之际（2021 年 1 月 20 日），仅在天猫旗舰店还持续维持在 1 万多的月销量。

东菱无线果蔬消毒机

水润吹风机

再看一个案例，也是在 2020 年第三季度，国产个护品牌直白委托我们设计一个中高端吹风机。同样基于宏观趋势分析，很明显吹风机这个品类已经是非常成熟的品类，市场非常大，国内外有非常多的品牌在做，技术发展接近天花板，从高中低端都有玩家，竞争异常激烈。好在直白是国内很有研发优势的企业，在技术层面上也一直在钻研，在国内吹风机市场也能占到相当大的份额。在国家倡导国货升级、品牌升级的大背景下，当前也是品牌从卖货转型到产品中高端化的历史良机，甚至是品牌化的好时机（实际上也必须品牌化）。再回到吹风机品类趋势，从发展历史上来看属于成熟期、存量市场。我们判断有几个细分趋势：一个是技术层面的突破（比如无刷马达带来风力的大幅提升），属于人们对于快速吹干和头发造型的需求；一个是体验层面的精细化扩展（人们对头发护理的需求）；还有一个层面是情感属性甚至是社交属性上的扩展（人们对时尚消费和社交消费的需求）。综合考虑直白的特点和现有的技术储备，我们明确了一个国产中高端、送礼级别的水离子护发吹风机的定位，突出商品的体验和情感属性，价格属于国产第一梯队，国际上处于第三梯队。接下来的外观设计部分，着重考虑产品的时尚属性：首次在吹风机产品上添加了美妆时尚领域常用的半透明渐变工艺，凸显不仅是吹干和护发，更是时尚单品的属性；并结合呼吸灯来直观体现冷热风状态转变，让功能得到更加情感化的表达；同时也对流行色的趋势进行了预判，使用了即将流行的橄榄绿作为主色调，也给这款商品定了一个传播基调"直白水润吹风机，吹出嘭嘭水光发"。最后给该商品的视觉传播上进行了相应的时尚化定位，从商品的标语到场景的搭建，再到模特气质的选择、模特衣服的搭配，全面烘托时尚单品的氛围。该商品上市后表现非常好，甚至一度成为直白旗舰店第一单品，后续直白也开发了同系列化的直发器，同样大获成功。

趋势先行

通过以上案例，相信大家现在已经明白了"趋势"对设计的重要性。设计并不仅仅是好不好看这样的浅层表达，更多的是需要了解正在做的事情和品类正在发生或者即将发生的趋势，然后顺势而为。毕竟设计不是设计师的自我表达，对于工业设计或者商品设计来说，设计更多的是帮助客户更好地开发商品、定义商品，帮助商品更好地与消费者沟通。设计没有高低之分，只有合适与否。不同的品类在不同的环境、历史阶段必定会有不同的客观趋势，相应的用户需求也一直在变化。要尽量去抓住趋势、理解用户，做合适的设计。最后，给读者留了两个小问题，大家可以去想一想：作为传统大家电的空调的设计趋势是什么，它会消失吗？作为国内新崛起的卷直发器的设计趋势是什么，这个品类的天花板在哪里？

ZHIBAI | Designed by Alibaba Design

直白水润吹风机

追光吧，
精灵
—

自 2017 年天猫精灵 X1 发布至今，历经数次形态和功能迭代，让累计 4000 多万家庭用户享受到了普惠科技带来的智慧、便利和快乐。

天猫精灵不仅是各种与用户贴近的智能终端，更是和产业共同探索智能交互体系的载体。而天猫精灵设计也不单纯是外观或界面的呈现，一方面通过设计手段将科技和情感与终端用户链接，形成自研产品软硬一体设计能力的有机融合；另一方面运用设计思维将 IP 和品牌与行业客户串联，搭建设计商业化及品牌生态合作的共赢舞台。

2021 年，天猫精灵设计借由智能硬件终端 V10、操作界面 Genie UI G21 和"糖粉计划 4.0"来传递科技之光、温暖之光和共赢之光，让用户价值更加璀璨。

天猫精灵家族

科技之光——为客厅而生的天猫精灵 V10

通过对目标用户的走访及深入洞察，发现家庭成员的需求随着年龄和生活方式的不同存在较大差异。客厅作为家庭成员同在频次最高的活动区域，如何将其变成娱乐共享、情感互联的"多乐室"，在数字时代重塑中国式的"客厅文化"，便成为一项颇具挑战性的任务。

因此，希望针对客厅场景设计的新一代产品将不同于其他多任务、碎片化的终端，而是一款能链接家庭空间、联动家人情感、连接温暖关怀的智慧屏。

1. 外观品质升级，客厅颜值担当

基于"为客厅而生"的设计定位，V10 着力在外观形态和材质工艺上提升客厅专属感。它突破电子产品的几何造型，将优雅背面音腔与硬朗前脸屏幕融为一体，高挑的悬浮式底座设计，如家居摆件般展现雕塑的美感。12 度倾斜角能减少环境灯光的干扰，带来更好的观看体验。喇叭面板采用融合科技感与生活化的双色混编织物材质，能更好地融入家居格调。背面喷涂温润细腻的金属银漆，体现了高品质的未来风格。

V10 借由设计营造出艺术和科技交融的品质家居感，不只是形态升级，更是科技生活美学的进化。

天猫精灵 V10

2. 内在科技升级，家庭智能成员

除了外在的提升，V10 内在科技的升级让它从"工具"变为"管家"，并向"家人"进化。10.1 英寸高清触控屏结合丰富影音内容，满足常驻式影音需求；顶部双麦克风配合算法，在嘈杂环境下也能轻松唤醒；配备 8W 高保真喇叭和双 PR，带来更好的客厅音效体验。

由内而外全新升级，为客厅而生

V10 重点升级了视觉能力——前置 800 万 120 度大广角摄像头，拥有更清晰的视频通话画面和更宽广的家庭监控视野。在原有语音交互能力基础上叠加视觉信息后，可以更精准地区分用户、理解需求并判断情感，提供更自然、高效的多模态交互体验。V10 初步具备了行为理解与情绪识别能力——"爱家看护 2.0"可以实现异动、摔倒及哭声检测，守护更安心；"视频通话 2.0"则具备了笑脸抓拍、人物居中等功能，更好地记录牵挂时刻。通过视觉与语音交互的融合，可以更好地关照全家人，让人与人的连接充满温度。

关照全家人的天猫精灵 V10

V10 是天猫精灵面向高端市场的首款产品，它通过内外升级更好地融入家居环境并服务全家，让更多家庭享受科技带来的智慧、便利和快乐。产品上市后用户对于品质和功能的提升有着非常直观的正面感受，这对于丰富天猫精灵产品矩阵，提升品牌价值具有重要意义。

温暖之光——诠释暖科技的 Genie UI

如果说 V10 是一个蕴含科技的暖心管家，那么这背后离不开诠释"暖科技"、不断进化的精灵操作界面 Genie UI。从 2019 年 6 月上线起，就将天猫精灵软件设计定位于"暖科技"，希望通过设计为用户提供有前沿科技感且温暖人心的体验。Genie UI 21 版（简称 G21）是 2021 年发布的全新版本，设计师重新思考了用户在家里手持操作的实际场景，并结合当前时代背景及声音、指纹、人脸等最新技术能力，在滑动体验、视觉感受、个性化服务、多模态交互等多个维度上完成设计追光。

诠释"暖科技"的 Genie UI 21 版本

1. 打破传统，更适合桌面端产品的横向滑动交互

G21 结合带屏智能终端的物理特性及用户在桌面的手持操作实际场景，在触屏交互设计上改变了过去以上下滑动为主的交互模式，创造以手持式为中心的全端十字交互原则，变横向滑动为主要触屏交互方式，更符合软硬一体的人体工学，操作起来更加高效自然。

2. 更加融入中国家庭，寓意连接家与世界的"生活之窗"的美学风格

当今时代，消费者面临一个充满不确定性和不安全感的未来。G21 以暖科技为核心设计理念，以在家望向窗外为意向，寓意通过 G21 连接家与世界，给用户轻松愉悦、充满希望的视觉感受。设计表现手法上，天空色系、质感轻盈、形态圆润、温柔亲近，兼容中远距识别的字体，打造亲和活力且融合于家庭场景的美学风格。

Genie UI：融入中国家庭，寓意连接家与世界的"生活之窗"的美学风格

3. "三人三面""六人六面"的家庭成员个性化服务能力

Genie UI 从最初为所有用户提供一套服务，到区分家庭人群而设计，现在开始基于声音、指纹、人脸认识每一位家庭成员。G21 基于中国典型家庭的"三人三面""六人六面"的用户画像，为不同用户进行了特色化设计，比如为儿童设计的防蓝光、距离检测等视力保护套装；为长辈设计的 24 小时电台、长辈模式；为宝妈设计的自动追剧、哄睡电台；为宝爸设计的视频通话爱心动效。现在天猫精灵作为一台家庭共享设备，也能为不同家庭成员提供最体贴的体验。

GenieUI："三人三面""六人六面"的家庭成员个性化服务能力

4. 前沿多模态的交互方式

我们始终在探索面向未来的交互体验，通过 Genie UI 将更多前沿技术带出实验室并带给普通用户。比如，隔空手势为用户提供了除语音、触屏外的新交互方式；自然连续对话让对话体验更自然、智能；童脸识别让青少年保护计划更进一步。

"暖科技"一词中"暖"字在前，我们不从前沿科技出发，而从用户诉求出发。天猫精灵为家而生，当我们为家而设计时，需要把家庭整体性与个体多样性统一起来，去寻找最大公约数，打造通用普世、契合大部分家庭环境的美和设计。

G21 版本是天猫精灵里程碑式的软件设计升级，我们重新思考了时代背景下家庭用户的情感和使用诉求。新版上线后，在美观度、便捷度、发现性及用户整体满意度上提升显著，同时也获得了天猫精灵软件首个国际设计奖——IDEA 奖。

共赢之光——智趣生态的糖粉计划 4.0

天猫精灵设计团队不只实现了自研产品软硬一体的设计进化，面对用户对于智能终端的多场景体验差异和个性需求，还持续升级了"糖粉计划 4.0"——以智能音箱为本体，以智趣生活为目标，着重寻求能够在产品功能、服务、内容等方面同智能语音交互技术产生新的化学作用的品牌与 IP，通过软硬件的深度定制，将产品体验升级，来打造天猫精灵智能终端的品牌生态合作。

基于对智能音箱广泛使用群体及年轻消费者的深入洞察，设计团队围绕用户的行为特征，挖掘满足场景化、生活化的设计元素，通过趣味性的设计表达，促成联合品牌、跨界 IP 的价值共鸣，不仅满足了用户在生理、功能上的基础需求，同时实现了在情感体验、个人归属上的高阶需求。

"糖粉计划"合作共赢模式

以天猫精灵敦煌 IP 跨界为例，设计团队注意到国潮文化与传统 IP 的新趋势，同时针对目标用户做了内容 IP 调研。基于内外多重因素与天猫精灵屏幕特点及语音交互属性，设计方向锚定在科技产品与传统文化 IP 敦煌壁画进行深度联名定制，并将屏保进行动态设计再创作，给每张屏保加入精神主题与语音内容介绍。用户可以针对感兴趣的屏保与产品交互："天猫精灵，我想听敦煌舞乐图的故事"，同时结合独特风格的敦煌外观 CMF 设计，给用户提供动态美感的同时也带来文化力量与内容获取的的新体验，让用户获得更多的能量支持与精神共鸣。

天猫精灵 × 敦煌美研所 联名动态故事屏保

糖粉计划至今已达成 60 多个品牌及 IP、明星的定制项目和超过 300 万的产品销量，包含星巴克、百事、皮卡丘、刻晴、小黄人、敦煌等品牌和著名 IP，在智能音箱领域带来了智趣生活的新理念，体现出未来消费的新趋势。围绕着猫精的周边生态合作，达成了消费者、猫精、合作品牌、IP 等多方的共赢。

"糖粉计划"品牌生态

天猫精灵的用户不是 DAU，我们更关注真实世界中个人和家庭的情感需要，做好温暖陪伴，去探索人格化、懂情感、跨场景的下一代智能终端。而天猫精灵设计作为致力于"虚实结合"的团队，将坚守"设计温暖科技，科技普惠生活"的初心，不只设计产品，更设计美好的智慧生活方式。

为"无声骑士"提供公平
的配送体验

—

在众多蓝骑士中,有支上千人的"无声骑士"队伍。他们安静、专注、渴望尊重与公平,在骑士的岗位上,努力实现自我的价值。当他们在车水马龙的无声世界中配送时,遇到过哪些困难?设计师又能提供什么样的帮助?本节以"听障骑士沟通卡"为案例,介绍本地生活设计师基于场景设计暖心功能,让"无声骑士"的工作环境更为友善。

"无声骑士"配送困难

1. "沟通"难

由于听说能力受限,"无声骑士"配送时遇到过各种难题。取货时,他们无法向商家催餐;路线不熟悉时,无法向路人咨询;送达时,不方便和顾客打电话,只能发短信。以上种种,不但容易导致订单超时,也让骑士感到沮丧。"看到别的外卖员打电话,觉得他们很方便。"这是许多"无声骑士"的心声。

#商家出餐太慢,又没办法催,干着急   #收到超时罚单,觉得很冤

#顾客不看短信,也不来拿   #没办法给顾客打电话,收到好多投诉

#找不到商家位置,只能取消订单   #他们能打电话,真方便   # . . .

"无声骑士"配送时遇到的"沟通"难题

2. 自制"沟通卡"局限多

为帮助"无声骑士"配送，平台指导站点提供纸质的"沟通卡"，让骑士随身携带。

骑士携带"沟通卡"配送

使用后，这些骑士反馈了4个问题：第一，由于各站点自制的"沟通卡"样式、话术不一致，部分顾客怀疑骑士的身份真实性。"牌子拿出来，顾客看了可能觉得我们是骗子，是来要打赏的。"第二，沟通卡只有正反两个面，最多只能针对两种场景展示话术，而骑士在配送环境中面对的问题场景是多样的。第三，夜间配送时光线暗，纸质卡面上的字很难看清。第四，纸质卡难以长期保存，容易沾上污渍、留下褶皱，需要定期更换。

要解决上述问题，一方面需要平台审核骑士身份，为"无声骑士"提供背书；另一方面可以通过电子化"沟通卡"来覆盖各种场景，保障文案在昏暗环境下也能轻松阅读，提升使用便利性。

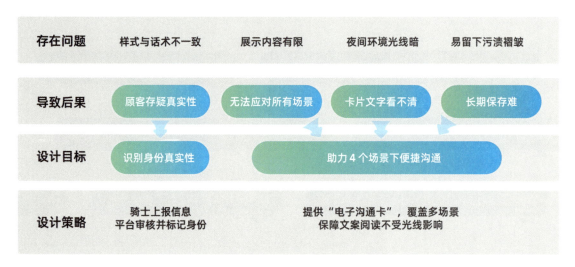

自制"沟通卡"存在的问题与解决思路

设计助力"无声骑士"配送

了解到这些困难后，本地生活物流设计团队推动"听障骑士沟通卡"上线。

1. 识别身份真实性

为识别骑士身份的真实性，平台邀请骑士上报残障情况，并进行后台人工审核，从而在系统里标记"无声骑士"。为保护隐私，上报时会询问骑士是否愿意将残障情况同步给顾客。

识别骑士身份真实性

2. 助力 4 个场景下便捷沟通

审核通过后，骑士可使用电子沟通卡在"准时送达""超时送达""问路""取餐"4 个场景下和顾客、路人、商户沟通。同时，运营人员还可以基于这些信息，剔除因沟通障碍而导致的不合理罚单。

助力"准时送达"沟通

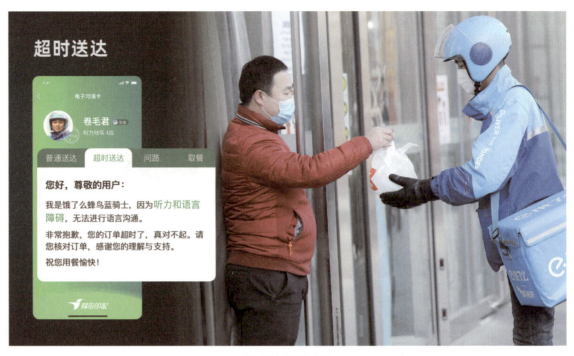

助力"超时送达"沟通

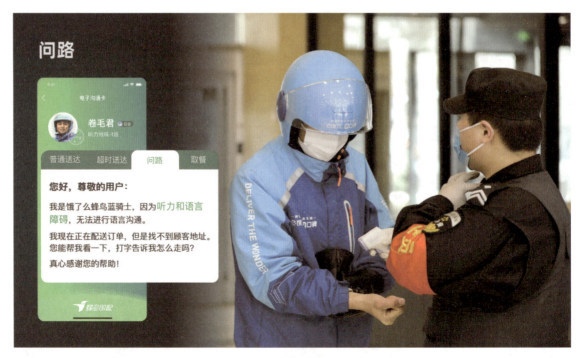

助力"问路"沟通

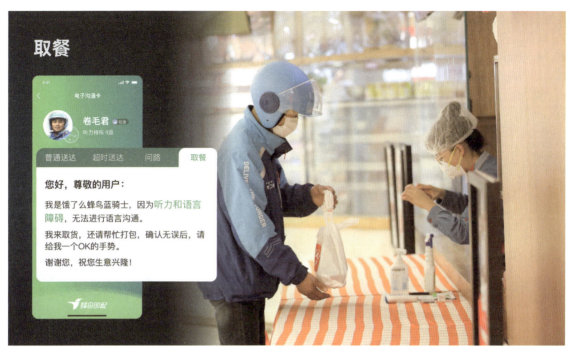

助力"取餐"沟通

未来，平台将与顾客同步骑士身份与不便之处，获得顾客共情。例如，当订单为"无声骑士"配送，且骑士同意将自身情况同步给顾客时，顾客会收到 App 推送："当前订单由'无声骑士'配送，请使用在线联系。"此外，智能语音电话功能也在试验中。在找不到商户、联系不上顾客、餐已送到等场景中，骑士可使用智能语音电话来通知商户和顾客。

项目效果与骑士反馈

迄今为止，审核通过的残障骑士已超过 1100 人。在南京"无声骑士"见面会上，超过 70% 的骑士表示这个功能对他们的日常工作有帮助。同时，"不合理"的罚单被剔除后，通过认证的"无声骑士"产生差评和投诉率接近 0%，这也进一步提升了配送积极性。

项目上线后，30 多家媒体对"无声骑士"的故事做了报道，对平台为残障人士提供定制功能给予了充分肯定。

结束语

让残障人士的生活更加殷实，更有尊严，离不开社会各界的努力。作为物流设计师，通过了解骑手特征与配送场景，为骑士提供更易用的配送工具，让更多人拥有平等奋斗的机会，为美好的本地生活尽一份微薄之力。

适老化设计，
让长辈顺畅使用支付宝
—

适老化设计意识与策略

1. 老年人需要的不只是老年机

分享一个趣事：笔者的父亲，60 多岁，已经退休在家，一开始在用老式按键手机（俗称老人机）。家人想给他换上智能手机，他一直推诿说太贵，功能够用就好。有一天，他很主动地说想换手机，原来是周围的朋友们都换上了智能手机，大家都觉得他很"土"。换了智能手机后，他闲了就乐此不疲地刷短视频、看新闻。不难发现，长辈们不希望被"老人机"束缚，也希望与时俱进，能享受到最新的科技便利。

基于 2021 年公布的第七次全国人口普查数据，60 岁以上的老年人已有 2.6 亿，占总人口的 18.7%（将近1/5），预计到 2050 年占比将达到 34%，整个中国社会老龄化的趋势已经很明显。社会上也越来越关注适老化设计，比如家居安装安全扶手、老社区新建垂直电梯等适老化改造，但在移动互联网领域适老化设计才刚刚开始。

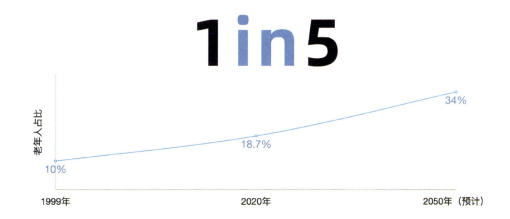

中国社会老龄化趋势明显

2. 设计师同老年人"共情"

适老化设计最开始的基础工作其实是"共情",我们需要从老年人的角度去思考和感受。

下面是收集的一些老年用户使用智能手机的真实反馈。

"怎么卸载?长按图标之后它们咋都在打哆嗦?"

"现在出门都要健康码,但我挺健康的呀,可不可以不搞?"

是不是很意外?对于年轻用户很熟悉的常识,对于老人来说是无法理解的,理解差异很大。

因此,需要在过程中不断通过真实调研或访谈等方式检验设计是否合适。此次支付宝适老化团队也通过在上海、杭州、成都举办的 3 场"老人感知之旅",走进老年人社区,与百多位老年用户交流和反馈设计。日常生活中,不妨多试试教父母长辈使用日常 App,以感受他们的难处。

3. 设计策略:为每个人设计

除了适老化,所面临的用户群体更庞大,还会包括色盲色弱、青少年甚至外国人,我们的目标是尽量能为"每个人做设计"。这要求我们为所有人设计出一种最大兼容性的方案,同时为部分人差异化定制,即普适通用为主、人群定制为辅。

其中普适通用就是用一套组件动态实现不同人群场景下的样式展现。比如,用户可以在支付宝设置页进行 5 档字体大小调节,不同的档位呈现不同的文字大小、行间距、图片大小等,这个功能可以同时兼容老年人大文字和英文更长文案展示的设计场景。

人群定制是基于不同人群的认知、生理差异去定制相应的服务和界面,比如,针对老年用户的各类服务卡片包括健康资讯、保险理财、内容设计等。

字体大小动态调节

"为每个人做设计"的设计策略说明

支付宝适老化设计实践

1. 归纳使用痛点

走进老年人使用支付宝的日常生活中，发现问题主要集中在两个方面，一是服务使用诉求，产品功能过于丰富导致他们很难找到想用的功能，即"找不到"；二是因机能退化导致的生理使用诉求，包括内容视觉模糊、概念无法理解、触屏交互操作难等，即"看不清、不理解、难操作"。

2. 让服务"找得到"

随着视力下降，平常的信息排布在老年人眼里会出现信息重叠、可见区域变小等问题。通过线下调研，发现单屏 10~12 个服务是老年人能够快速识别找到的合适数量，所以把单屏中的服务数量设定为 12 个左右。

同时还需要为老年人做服务筛选，去掉一些不用的功能。以支付宝为例，我们挑选了核心 22 个场景，对这些场景做了必要性打分、优先级排序，最终提炼出面向老年人的精简服务。第一优先级是交易出行类，包括扫一扫、付款码、健康码；其次是生活健康类，如医保码、生活缴费；最后是高级操作类，如理财股票、蚂蚁森林等娱乐互动。以此为参考，对支付宝首页做了筛选和新的信息排布。

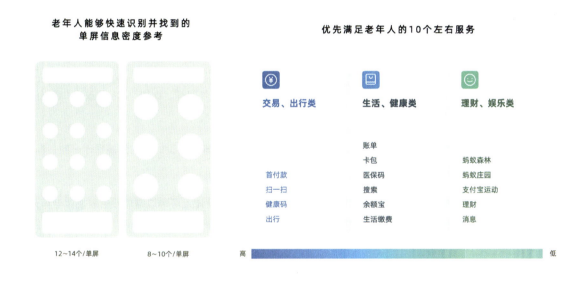

让服务"找得到"

3. 让信息"看得清"

提到看清，通常会想到放大，那么究竟放大到什么程度呢？根据老年人看屏幕的合适视距和相关公式推导，适老版的主要文字信息应不小于 18dp/pt（换算成 2 倍屏时为 36 号）。基于这个基础字号，制定界面的字号阶梯规则，进而输出完整界面。

"强烈"好于"柔和"。由于老年人的视敏度下降，增加颜色对比度可以让信息更清晰展示。我们接入 WCG2.0 无障碍设计标准，信息元素间的颜色对比度至少为 4.5:1（字号大于 18dp/pt 时颜色对比度至少为 3:1）。在此基础上，还可以通过默认调亮屏幕来保证信息的对比。

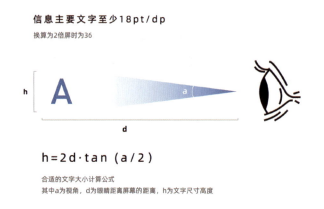

信息主要文字至少18pt/dp

换算为2倍屏时为36

$$h = 2d \cdot tan(a/2)$$

合适的文字大小计算公式
其中a为视角，d为眼睛距离屏幕的距离，h为文字尺寸高度

文字字号阶梯规则

字号阶梯 +4原则

信息层级	字号（2倍屏）	UI场景
统领	44	主标题/模块名/应用名
重要	40	内容标题
次要	36	内容描述
辅助	32	标签

行高 X2 保证4的倍数

让信息"看得清"

4. 让内容"好理解"

"具象"好于"抽象"。因为固有生活习惯的影响，人们对于具象信息的加工速度更快。因此在设计场景中，相较于抽象的插图，优先使用真实图片，让老年人容易理解。

"行动"好于"描述"。在文案的表达上，尽量要"说人话"。比如见面问你"干嘛去了？"，会说"吃饭去了"，没人会说"饮食"。同时表示行为的动词短语会比描述性的名词短语更容易理解。比如，"出行"改成"要出门"，"手机充值"改成"充话费"，这样更好理解。

"熟悉"好于"新鲜"。考虑到老年人的认知差异，尽量保持操作流程与一般设计中的常规操作一致。同时，避免使用专业词语或网络新词。若确有必要，在操作前给予必要的提示。

"色彩"好于"图形"。根据人的生理记忆的顺序，颜色优先于图形。设计上可通过增加颜色属性让老年人更容易查找与理解。比如同一个服务图标，彩色较单色更易识别。

让内容"好理解"

5. 让交互"好操作"

"点击"好于"滑动"。点击是人类最晚退化的机能之一，是对老年人而言最容易进行的操作。所以，页面上能用点击解决的问题，就应避免让用户进行滑动操作。页面上的主要组件可点击焦点区域应不小于 60×60dp/pt。

"点击"好于"输入"。无论是"拼音输入"还是"手写输入"，对于老年人来说都有执行难度。应考虑为老年用户提供更多的默认选项，降低操作成本。

"多模态"好于"单模态"。除了视觉，可以利用对用户触觉、听觉等感官的刺激进一步辅助他们操作。比如，输入密码错误的情景下，除了文字提示，可以使用震动或语音播报等形式辅助提示用户输入有误。

让交互"好操作"

6. 长辈模式，使用更简单

基于上述适老化设计指南，对支付宝端做了全端的适老化改造。在首页通过服务筛选，提炼出老年人的核心功能，并在收付款、出行缴费、理财等支付宝核心功能界面上，对字号、颜色、布局、文案等信息设计表达上做优化，在 2021 年 7 月以"长辈模式"的方式提供给用户使用。

支付宝"长辈模式"界面图

为了让更多用户知道并使用"长辈模式",相关线上线下也进行了推广普及设计工作。线上传播创意以围绕老年人买菜、缴费、健康码等生活场景为切入点,以诙谐轻松、重复简化、渲染放大的手法来强化突出长辈模式"使用更简单"的特点。线下推广则更注重内容的实用性,包括环保袋上的引导开启"长辈模式"教程设计、老年人使用支付宝操作手册等。

"长辈模式"推广传播创意

"长辈模式"线下操作手册

适老化设计需要大家一起

支付宝"长辈模式"的设计只是移动互联网适老化设计的一小部分，阿里集团中的淘宝、优酷、菜鸟等也在同步进行相关适老化改造项目。希望通过本文，能让更多设计师参与到互联网的适老化改造中，为我们的长辈，同时也为我们自己，能更好地享受科技便利，让世界更包容，变"碍"为爱。

最后，我们设计制作了趣味性的《适老化设计上手"9"好指南》H5 互动网页，方便更多设计师参与了解，也欢迎给我们反馈建议和问题。

手机扫一扫在线查看
适老化设计上手"9"好指南

适老化设计上手"9"好指南

BUS
NES
BUS
NES.
BUS
NESS

2021

**Alibaba.com
User
Experience**

Localization.

Alibaba.com

为全球设计，
打造海外用户熟知的体验
—

从国际化到本地化

海外市场规模日益增长，如何做好出海设计越来越受到关注。Alibaba.com 作为一款服务全球 100 多个国家和地区用户的 B2B 电商平台，"全球化设计"是设计团队核心的研究课题。

过去，我们花了几年的时间来建设多语言、文字/图形表达、地区格式标准（CLDR）等国际化设计的典型工作，让全球用户在同一个体验框架下能顺畅地使用我们的产品。

但随着对特定国家用户的逐步深入了解，我们发现，要服务好他们，不单单是文字翻译对、功能可用性好这么简单。比如美国的用户经常抱怨我们的 App 太简单，而印度的用户则常常夸我们的 App 很丰富、很好逛。通过一些用户增长设计实验也证实，针对不同国家做差异化的设计会直接影响到用户的增长和留存。

因此选取了平台最大的用户群体——以"美国"为代表的欧美群体，开启了本地化设计进程。通过对欧美用户文化特征、App 体验基准及趋势等进行分析研究，突破了"中国式"的设计和文案表达习惯，沉淀了符合欧美用户体验的关键设计原则、文案准则及体验衡量指标等，让海外本土用户能自然顺畅地使用且爱上一个来自"中国"的电商网站。

从欧美用户体验习惯中总结五大设计原则

打开一个欧美本土的 App，会很自然地感受到其与中国 App 的区别。但设计师需要更精确地定义这些区别，来指导本地化的改造。

我们邀请了美国和英国的第三方设计机构针对本地目标客户群体进行访谈，了解他们在首次使用我们的 App 时的感受和痛点。多数用户典型的直观反馈就是 overwhelming（信息过载）、steep learning curve（学习门槛过高）等，与我们的预判一致。

同时，参考霍夫斯泰德文化维度理论，从 6 个维度上对比分析了中、美、英等国家在文化观念上的差异，这些差异也间接推导出用户对 App 体验的不同偏好。

再借助 Similarweb 工具，选取了美国市场同类产品的优秀 App，从体验流程、UI、文案等层面做具体分析，提炼设计上的共性。

最终，总结出欧美本地化设计的五大原则，这些原则既是指导也是标尺，让大家能打破"中国式"的产品/设计惯性思维，回归本地用户视角做思考。

五大设计原则

拿原则做试点验证

有了基准之后，先做小范围的应用尝试。一方面验证这些原则是否真正符合海外用户的诉求，另一方面也能从实践中提炼出更具复用性的设计手段。

把设计范围圈定在用户最核心的使用场景上，并从用户体感最直接的体验要素——UI 和文案入手，来做具体的概念设计，下面挑选几个案例来说明我们是如何应用这些原则的。

低密度 - 首页优化案例

**Alibaba.com
User
Experience**

Clear
Infomation

清信息

搜索结果页内商品信息字段多且无法减少，通过简化视觉元素、突出重点信息（价格）、优化方案等方式，让内容更好读、好懂、好浏览。

清信息 - 搜索页优化案例

**Alibaba.com
User
Experience**

Intuitive
User flow

明路径

在商品详情页面，行动点杂乱且对B类小白用户来说有理解成本。通过多行动点归类及行动预期介绍，让用户一目了然地知道如何行动。

明路径 - 商品页优化案例

**Alibaba.com
User
Experience**

Communicate
Value

宣价值

在App开机启动页和首页，第一时间宣导平台的定位和价值。并通过几套不同文案和画面，针对不同画像人群传递其最关心的价值和利益。

宣价值 - 开机页优化案例

**Alibaba.com
User
Experience**

Convey
Emotion

透情感

在海外产品上，除了通过视觉元素传递情感，文案的表达也特别关键。通过文案的改变，我们从一个冷冰冰的官方人设变成了用户能信赖的生意伙伴。

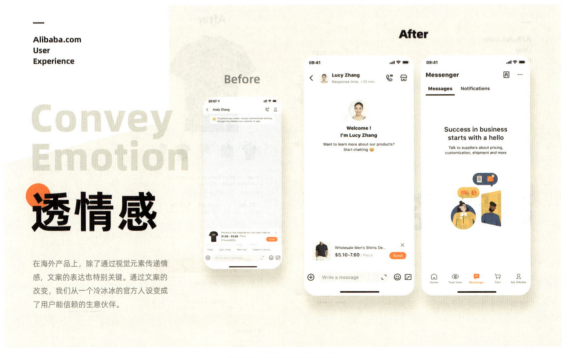

透情感 - 沟通工具优化案例

系统化的升级解决方案

通过用研定性验证，我们的新设计获得 100% 的用户好评，甚至有用户直接表示："more like a westernized version."（这让我们倍感欣慰）。

但小范围验证只是第一步，为了翻新整个 App，还要有系统层面的考虑，因此提炼了概念设计中的典型解法，对 App 的设计系统、文案准则做了全面升级。

在设计系统上，基于竞品分析，重点优化字体和间距，让界面视觉留白更多，视觉层级对比更明确，视觉元素复杂度更低。

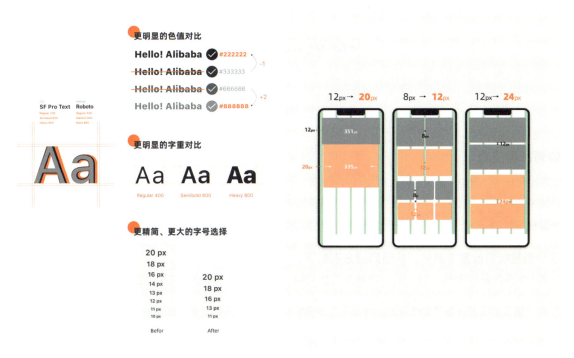

设计系统升级 - 基础样式优化

设计在本地化体验上发挥着重要作用，但文案内容对用户的直观感受影响更大，可以说"差之毫厘，失之千里"，直接影响用户对平台的信任度。因此提炼出 7 C's 内容创作原则，指导我们系统地修正文案，传递正确、专业和熟悉的内容体验。

Alibaba.com
User
Experience

7C原则

Considered 深思熟虑
充分了解用户需求&痛点，有目的地进行写作。并通过逻辑、系统性的分析，对信息进行整理和归纳。

Clear 清晰明确
避免使用难以理解的缩写、术语和行话。创作正确、简明的内容，确保不同背景的用户都能轻松理解。

Conducive 有益有利
从用户视角出发，考虑内容的展示和用户旅程之间的关系，通过传递用户认同的价值和内容赋能用户完成下一步动作。

Competent 专业精湛
追求精湛的文案写作技艺的同时，要考虑内容传递的整体效果，即文案、界面格式和设计三者结合起来的专业表达。

Consistent 统一传递
内容传递的一致性能构建用户对平台的信任度。建立系统的规范、语料库和检查工具，帮助我们持续保障内容产出的规范性和一致性。

Congenial 平易近人
文字表达是一门艺术，不但要能说，还要会说。目标是呈现一种平易近人且引人入胜的角色，并在合适的场景下，表达合理的幽默和机智。

Confidence-building 建立信心
通过内容持续与用户建立信任、培育心智，让用户知道可以依靠我们的帮助在全球贸易中获得成功。

7 C's 内容创作原则

如何衡量成功

在本地化推进过程中，最大的挑战并不是设计本身，而是如何判断这件事情的投入产出比。毕竟涉及非常庞大的技术改造成本，以及商业成败上的考虑，需要足够清醒地衡量做这件事的成效。因此制定了一个相对完整的衡量标准，并且与产品/技术紧密配合做小步验证和迭代，降低落地的风险。

这个衡量标准包含 3 部分，从粗到细分别如下。

1. 单个场景的满意度评分（PSAT），由线上问卷来实时监控。从定性角度衡量用户整体感受效果。

2. 单个场景的新旧版本可用性测试，由第三方调研机构来测试。从定性角度对比用户使用体验变化。

3. 单个项目的关键线上体验指标衡量，由线上 A/B test 来做数据对比。从定量角度验证设计假设的有效性。

其中，关键体验指标的定义很重要，不能单纯观测项目商业数据的变化。因此，回归到五大设计原则上去思考，判断每一个原则都应当带来用户的正向行为，并将这些正向行为和线上数据指标相挂钩，从而得出一些典型的体验指标。

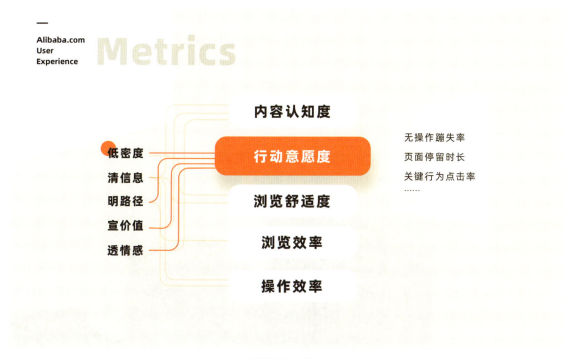

关键体验指标举例

探索还在继续

整个项目历时近两个月,仍在实践中,很难说现在已经有一套成熟的本地化设计思路方法,但希望以上设计过程能起到借鉴作用,下面将设计过程中的一些感悟分享给大家。

1. 产品、技术等合作团队的全员意识宣导很重要。大家常年浸润在国内产品&体验模式中,很难立刻接受一套完全不同的解决方案,需要在过程中不断"布道",动之以情——拿真实用户声音打动对方;晓之以理——拿专业的分析&验证说服对方,让大家都能站在本地用户的视角重新审视和思考我们的产品和体验。要做到深度的本土化,除了在 UX 层面下功夫,产品架构和功能内容的本土化更为重要,改造的成本和难度也更高,统一大家的意识是尤为必要的第一步。

2. 在竞品研究的过程中,要避免"刻板"印象,比如欧美用户就一定喜欢极简清爽的界面。一方面,受产品类型模式的影响,如工具类软件(如 Slack),注重操作效率和强大的功能集成,信息密度和操作复杂度都相对更高;另一方面,越来越多的非本土产品融入欧美市场,如 Shein、TikTok 等,他们的审美、操作习惯也随之受到影响。所以在总结某个地区的用户体验偏好时都要考虑上述因素,不盲从某种本土已有的体验范式,而是将"中国经验"和"本土经验"结合起来做融汇创新。

未来,相信会有更多的设计师加入产品出海的大潮中来,Alibaba.com 设计团队也将继续拓展东南亚、欧洲等更多国家/地区的本地化设计工作,欢迎更多朋友与我们交流互动,让我们一起打造"Design in China"新趋势。

为算力而设计，
边缘计算一体机产品线工业设计
—

边缘计算一体机是阿里云物联网事业部的边缘计算硬件产品线。作为部门自研 AI 算法的硬件载体，边缘计算一体机产品将澎湃的算力延伸到业务近场，为客户提供低延迟、高可用的边缘计算解决方案。边缘一体机产品线主要分为视觉和应用一体机两大类，提供丰富的型号和多样的算力、I/O（输入 / 输出接口）配置，满足不同客户的业务需求。

IoT Design 为边缘一体机产品线打造了专属的 [/Brackets] 造型语言和统一的产品形象识别系统，用独特的工业设计拉开与竞品间的距离，向用户传达可靠、高性能的产品特质。

什么是边缘计算

在介绍边缘计算之前，先来了解一下什么是云计算。简而言之，云计算是一种中央计算的模式，它将算力集中部署在云端（IDC/ 数据中心）。在需要算力时，终端会将数据通过网络发送至云端（IDC/ 数据中心）集中运算处理，然后再将计算结果从云端返回给终端。边缘计算是云计算的延伸，与云计算的中央运算模式不同，边缘计算将算力、存储、网络和应用软件部署在业务近场，就近完成海量数据的实时处理，并将结果无缝同步到云端。边缘计算可以在业务近场实现快速响应，在保证时效性的同时节省网络带宽资源。得益于这些特点，边缘计算被广泛应用在对海量数据有实时运算需求的业务场景中，如智慧泊车、面容识别门禁等 AI 视觉应用场景。

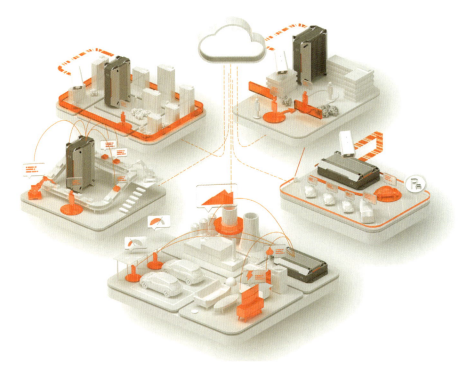

边缘计算

[/Brackets] 造型语言

[/Brackets] 是设计师为阿里云边缘计算产品线打造的专属造型语言。Brackets 名称的灵感来自边缘一体机创新的产品形态——两片散热器形如"括号"将计算核心包裹在中间。在这套语言中,将散热器定义为主造型元素,完美融合功能和形式,用棱角分明的造型传达算力美学。

[/Brackets] 造型语言具有高度的可识别性和可扩展性,犀利的倾角切割和 X 型螺丝孔位构成令人印象深刻的关键视觉元素,带给产品更大的设计差异,拉开与行业竞品间的距离;这些设计元素也可以被复制应用在新的产品型号中,方便产品线的快速扩展。设计师还完善了一体机产品线的产品形象识别系统,制定了品牌使用、产品说明引导手册、产品在线文档的设计规范,形成完整的产品线设计系统。

设计语言

产品形象识别系统

澎湃算力 - 搭载自研算力加速器

NPU（神经网络加速器）是边缘计算一体机的核心元件，边缘计算一体机搭载了平头哥和达摩院的自研高性能 NPU，配合自研 AI 算法，深度垂直整合硬件和软件。软硬件无缝配合，充分发挥产品的性能潜力。

一体机搭载自研算力加速器

创新散热设计

边缘一体机产品使用无风扇的被动散热方案。由于去掉了风扇等机械运动器件，边缘计算一体机产品可以在部署后长时间免维护运行，确保产品的高可用性。性能和散热是计算产品设计中永恒的主题，高性能通常意味着高功耗，高功耗就会带来更多热量。在没有风扇主动散热的前提下，如何仅通过散热片满足设备的散热需求是工业设计的最大挑战。

为了应对这一挑战，设计师想出了立式的双散热片方案。这个方案将 CPU（中央处理器）和 NPU（神经网络加速器）分置在机器两侧，用两片散热器分别散热。使用两边散热片不但可以显著增大散热面积，还可以平衡高发热元器件间的热负载。同时，立式设计还能利用烟道效应实现更高的散热效率。在设计过程中，通过软件反复进行热仿真模拟，不断优化散热片设计，找到造型与散热效率的最佳平衡点。

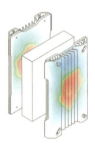

散热设计和热仿真

创新工艺给业务带来更多灵活性

前文提到，为了满足不同客户的业务需求，边缘计算一体机产品线提供了丰富的机型选择。这些机型的板卡尺寸和散热需求各不相同，如果为每个型号单独开模，成本非常大，如果用同一个尺寸的散热片覆盖所有机型，又会造成原料的巨大浪费。针对这个问题，我们对产品线中的所有型号进行了梳理，将机型按照散热需求归纳成 3 个热区间，然后创新地组合运用铝型材挤出、CNC 切割、钣金弯折等成熟工艺，用 3 个宽度的铝型材来满足 3 个热区间的散热需求，再用不同的铝型材长度适配具体机型的板卡尺寸。最终用 3 套成本低廉的铝挤出模具覆盖了全产品线的机型，有效降低了成本。同时，只需调整铝型材的长度就可以快速适配新机型的板卡尺寸，给业务带来非常大的灵活性，使我们可以快速响应客户的需求变化，及时更新产品线。

30W TDP

60W TDP

100W TDP

创新工艺

INDUSTRIAL
CLOUD GATEWAY

Alibaba Cloud

小蜜蜂，
让连接美而简单
—

在云栖大会上，IoT 事业部发布了"智物"和"智造"战略。在"智造"领域的工业互联网，如何助力广大中小企业完成智造转型，设计师又该如何发挥价值？本节将为读者分享工业物联云网关——"小蜜蜂"的设计实践。

概览图

工业互联网，连接是基础

相信读者对"工业互联网"这个名词都不陌生，但"工业互联网"到底是什么？IoT 事业部又在其中起什么作用呢？

基于工信部的标准，工业互联网作为新一代信息技术与制造业深度融合的产物，通过系统构建网络、平台、安全三大功能体系，打造人、机、物全面互联的新型网络基础设施，形成智能化发展的新兴业态和应用模式，是我国工业制造数字化、网络化、智能化转型的基石。

工业互联网作为一种新的生产组织架构，基本的理论储备都很充分。而目前在实施环节上，在数据接入部分遇到了很多困难：没有数据的持续接入，智能算法难以开展，以及产业升级难以推进等。

目前市面上，为工厂制定设备连接的产品/方案很多，但大多数都需要非常繁杂的施工过程，同时施工成本及物料成本非常高，并且大部分核心技术掌握在国外厂商手里。对广大急需数字化制造转型的中小企业来说，缺少可靠简单的国产化解决方案。

设计，让连接美而简单

工业物联云网关（"小蜜蜂"）是 IoT 事业部推出的工业生产设备连接方案，让工厂设备在 30 分钟内实现上云，并以"云钉端一体"的架构支持工厂完成生产设备运维协同工作。它由以下几部分组成。

● 硬件端，连接生产设备的控制单元（PLC），并通过 5G/WIFI/以太网等方式接入物联网云平台。

● 软件端，进行设备数据结构的定义与下发，接受设备数据上报并管理。

● 钉钉端，基于设备上报的告警，完成运维工单自动生成与提交。能让设备直接在群里 @ 运营工程师，从而快速完成设备运维服务。

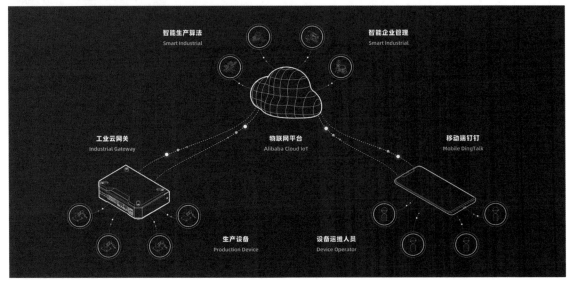

系统架构说明

设计团队的核心工作是让工业物联云网关与设备运维服务达到真正的"美而简单",让工业设备的连接过程像家里的路由器配网一样易用,同时达到工业级的可用性与扩展性。这样才能让"小蜜蜂"产品走进全国百万个工厂,为我国工业互联网的建设打下良好的基础。

以设备为花,酿数据之蜜

1. 硬件,美观且实用

硬件作为产品解决方案的"门面",肩负着对产品内在特性的视觉化呈现与操作效能提升。我们从如何与行业深耕的竞品形成差异化品牌认知及如何以更智巧灵活的方式兼容多配置拓展两个方面进行切入,通过多维度的设计考量,塑造"视觉可读"的硬件观感。

(1)以视觉可感的方式传达品牌安全、可靠的调性,同用户建立信赖感。

稳定可靠的"切面"形体语言象征着阿里云对工业信息传输、数据安全上强有力的技术保障和品牌理念,并结合橙、灰色搭配塑造阿里云独特的品牌 IP 和辨识度,打破现有产品同类化严重的"方盒子"造型。品牌形象与产品造型的完美结合,极大地提升了产品的信赖感与溢价。

(2)为生产制造提供可灵活扩展、可共用模具的低成本制造设计。

硬件中框采用钣金折弯设计,可兼容不同配置的端口替换与扩展需要,提高了生产制造的灵活性。

左、右侧则采用完全对称、可复用的塑胶壳体设计,减少了开模数量,降低了生产成本和资源浪费。

(3)更易读、易操作的器件布局设计。

将使用频率高的指示灯和端口放置在伸手可及的前面,8 颗清晰的工作状态灯指示对应高频的功能,方便用户迅速掌握产品运行状态,同时可在系统上对产品状态进行智能监测和主动预警。

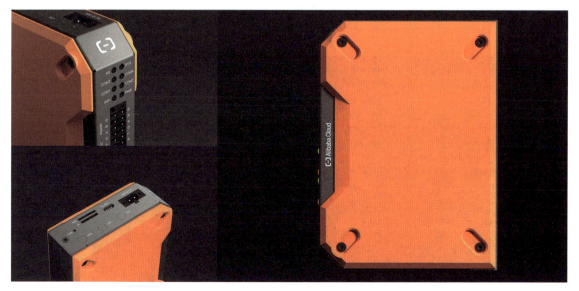

硬件效果图 1

硬件效果图 2

硬件效果图 3

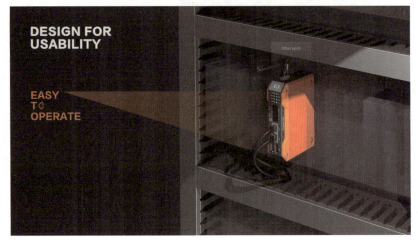

硬件效果图 4

2. 配网，要不言自明

一个好的工业物联云网关，除了硬件设计素质过硬，配网的流程也要简单易懂。在这个过程中，体验设计师的目标是让工业领域的用户无须阅读说明书，也能快速完成设备配置、连接的过程。

参考物联网平台的经验，将配网的过程简化为 4 个线性步骤，并且为每个步骤搭配形象化的设备示意。让用户快速建立每一步界面操作与涉及的网线接口/驱动等物理实体的认知，降低整体理解成本。

同时，还进行了多轮 UAT 测试，与开发团队、合作伙伴紧密共创，保证界面的设计与引导符合行业用户的认知习惯，并对设计进行实时调整。

配网软件界面

3. 体验，不止于连接

单纯的设备连接，无法对用户的场景形成闭环。因此，还要为其配套数据的感知与应用工具，形成设备运维的使用闭环。为了方便工业领域用户，将所有的开发工作无代码化——从云组态的可视化开发工具到设备运维规则的表单化配置，都将体验提升到极致。

不仅如此，还打通了设备数据与钉钉的连接通路，使设备也可以被拉到组织里。设备运维人员在后台配置了告警规则后，每次设备发生异常，设备会自己把异常情况反馈到聊天群里，并会 @ 相关的设备管理人员。相关人员可一键创建工单，完成设备运维的跟踪。这个过程将以往的"人工巡逻——打电话——手工报工"流程全部自动化线上化，让报工流程从半天时间缩短为 1 分钟，这才是真正的先进生产力体验。

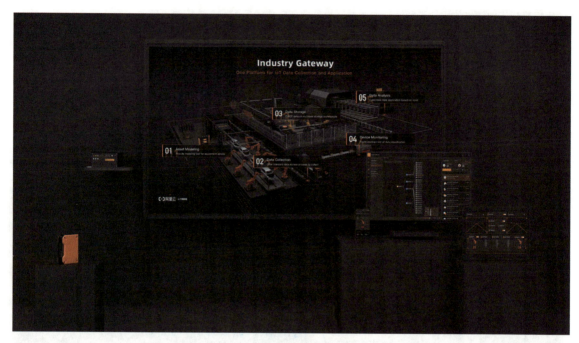

配网软件界面

移动端界面

好的设计，自带流量

在钉峰会上，工业物联云网关初次亮相，一鸣惊人。大量的参会客户关注到它，留下了大量的商机与转化意向。

一位客户说："我们也想过做类似的事情，但你们的网关比我们的好看、高级，整体设计比我们强。我们可以好好聊聊怎么合作。"

好的设计，可以直接将潜在的竞争对手转化为合作伙伴。

产品效果图

工业物联云网关对外宣传不到一个月，预订出货量远超预期，成为阿里云的明星产品。这也鼓舞了设计团队，用心研究，做出符合用户认知同时超出用户期待的新设计，市场就会认可你的价值。

好的设计，自带流量。

打造轻量有趣的
电商互动体验

—

随着互联网产品的发展，人们对游戏互动这个词已经不像以前那么陌生。通过丰富的游戏化手段，让那些不是为玩游戏而来到淘宝的消费者们，或多或少被这些新颖生动的互动玩法所吸引。而随着互联网流量时代进入下半场，淘宝互动也已经处于一个更成熟的发展阶段，越来越多样的互动产品出现在了淘宝里。那么，如何看待淘宝里的互动设计呢？

我们如何看待互动设计

从设计视角来看，游戏互动相比较于其他产品更复杂，但同时也给予了设计更大的表达空间。面对这样一把双刃剑，为了达到活跃更多用户的业务目标，首先要带给用户顺畅的无阻断体验，再结合情感化的感知包装，让用户记住并主动选择在淘宝的互动里投注精力，之后才能结合互动内的商业化及淘宝端上丰富的导购体系，最大化地强化互动价值，为淘宝带来更多活力。

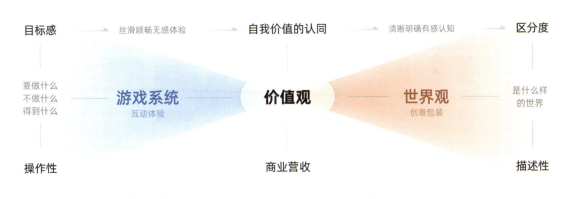

游戏化互动核心设计策略

情景化的游戏互动体验塑造

淘宝内的十多个互动游戏中，有面向全量用户、以权益为主的淘金币和芭芭农场，也有到面向特定群体、以趣味取胜的淘宝人生、斗地主、流浪宠物等，每款产品都有其独特的定位，通过一套通用的互动体验框架来降本增效，并投注更多精力到精细化的设计中，帮助我们塑造出了更为情景化的互动体验。

1. 搭建更通用的互动体验框架

首先，我们发现通过任务互导及玩法串联，淘宝互动间的用户重叠度有所提升，为了降低用户在不同场景下的信息理解门槛，首先对当前互动玩法进行系统化梳理，发现仅仅对首页、信息弹窗、奖励弹窗、浮层、二级页这 5 种基本体验框架的定义，就能涵盖目前近九成的基础互动表达。再借助前端工程化的能力，有效提高了设计效率的同时，也减少了用户舆情的产生。

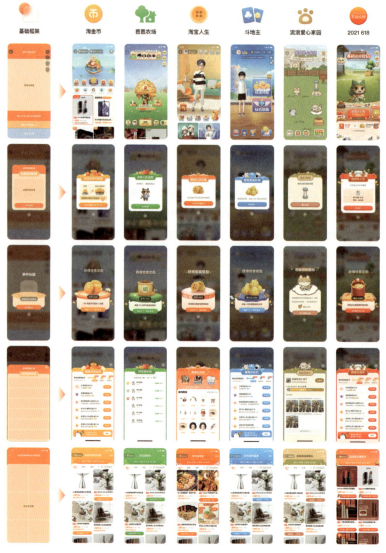

游戏化互动体验设计框架

2. 打造更精细化的人群互动体验

其次，在面对游戏互动相对复杂的互动机制与规则时，为了避免无效的公式化表达，在基础架构之上针对每个互动人群都定向进行了体验升级。从面向全量用户、以权益为主的淘金币和芭芭农场，到面向特定群体、以趣味取胜的淘宝人生、斗地主、流浪宠物等，都通过更精益求精的设计手段打造出价值明确的互动体验。

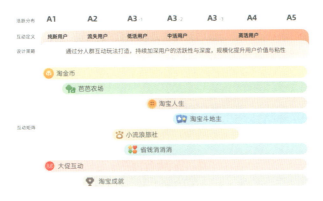

互动产品人群总览

（1）全人群金币极简化体验。

淘金币作为淘宝老牌互动产品，在游戏化的过程中曾经遇到过一些瓶颈。当玩法做重后，其复杂的规则表达与模糊的心智已经在无形中劝退了一波用户。因此我们针对全量人群都做了体验简化，从明确心智、简化权益表达到轻量化互动反馈，三维切入，一边去除旧版的多余介质，仅强化金币价值，一边将玩法可视化，并从框架上将支线权益合并进签到中，减少玩法的认知压力。再配合双十二框架的顺滑衔接，让用户在淘金币内玩得懂、玩得顺畅，营造用户的可控感，从而也使更多用户愿意留存在淘金币里。

淘金币全量人群简版升级

（2）分人群农场差异化体验。

芭芭农场作为近期崛起的互动新秀，在面对不同活跃层级的用户时，通过更为精细化的设计承接，提升不同用户群体的活跃度，并推动向高活跃度跃迁来促活。其中，新用户着重强调利益目标的建立、简化内容，提升沉没成本，让用户快速上手；而对低中活用户强化阶段利益收获快感，以丰富的简单玩法提升用户趣味感，巩固种植心智；面对高活用户，则通过调动用户自身情感驱动力，打造社交体系，以带动更多用户活跃，挖掘其更深的平台价值。

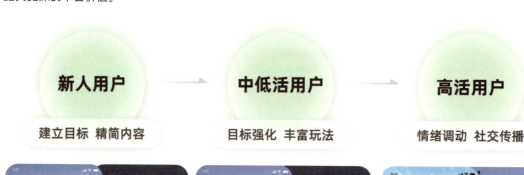

芭芭农场分人群玩法触达

（3）垂直人群趣味性互动体验。

除了攒金币、种水果等"羊毛党"用户，用户广泛的喜好也使淘宝中的互动愈发多元。喜欢换装捏脸的用户可以玩"淘宝人生"；热衷棋牌对抗的用户可以去"斗地主"，喜欢救助流浪动物的用户会更喜欢"小流浪旅社"，类似的玩法会随着垂直人群的显性化而不断扩充，让用户在购物之余可以消磨时间，通过互动获得精神愉悦与满足。在垂直互动玩法的设计上，一方面需要与平台拉通，打造一致性体验；另一方面也要与市面上的同类型产品形成差异，使用偏"游戏"的设计方式在手淘中建立简单、易上手的轻量游戏体验。

淘宝人生

目标人群标签

- 追求个性化表达
- 元宇宙形象
- 二次元用户

斗地主

目标人群标签

- 热爱竞技博弈
- 棋牌休闲
- 男性用户

小流浪旅社

目标人群标签

- 富有公益爱心
- 佛系宠物养成
- 购买宠物用品

垂直人群趣味性玩法

（4）爆发式大促互动体验打造。

除了长线的日常互动，像双十一、618 这类超级大促自然也少不了互动的加持。相较于日常互动，大促互动具有短周期、强爆发、高话题度的特质，是从轻游戏化到更强游戏性的体验设计升级。我们从感知、强化和发酵 3 方面打造互动游戏性，先让用户感知玩法乐趣，快速进入互动的世界，再强化游戏趣味体感，让用户持续玩下去，最后打造具有开放性的玩法空间和话题传播，发酵整个游戏性体感，让互动更有趣、更可玩、更耐玩，从而推动用户在大促期间更持久地投入，停不下来。

游戏性 ≈ 可玩 + 好玩 + 耐玩

感知	强化	爆发
降低学习门槛	用户情绪调动	更多发酵空间
易懂主题 清晰引导	反馈分层 奖励强调	开放空间 节点衍生传播

双十一喵糖总动员互动

除了对日常和大促互动进行了情景化的体验塑造，还对淘宝成就进行了一次大升级，升级后的成就可以更好地承接每个互动乃至手淘其他业务来访的用户，为他们搭建出一个专属的成就收集阵地，进而形成了更自带闭环属性的淘宝互动矩阵。

情感化的游戏世界观包装

塑造完顺畅的无阻断体验后，面对"友商"众多权益丰厚的互动竞品，我们还需要更鲜明的记忆点以抢夺用户的精力，让他们主动选择在淘宝里玩互动。因此在用户更易感的世界观层面，我们也多维度地对更显性的互动世界观进行了情感化的升级重塑，为用户打造出一个轻量愉悦、有调性的淘宝游乐园。

1. 轻量化 2D 互动美术内容升级

其中，以芭芭农场为例，其原有的美术风格已沿用多年，厚重的质感不仅显得老旧，同时也存在设计投入成本过高的问题。我们希望探索出一种轻量化且具备表现力的美术风格，以实现设计上的降本提效。在风格上定义为"轻盈、趣味"，在 2D 插画绘制上也相应地做了质感变轻、细节简化等处理，预留更多空间在趣味化的内容设计上。在逐步推动轻量化美术风格后，取得了更为正向的用户反馈。

农场 2D 美术内容轻量化升级

2. 年轻化 3D 互动美术内容升级

而在淘宝人生这种更年轻的互动里，3D 重质感的表达则成了核心设计手段，内容呈现上也更加精致和直观。淘宝人生作为一款虚拟换装类互动，产品定位与游戏也更为接近，内容本身的好坏直接影响用户的参与度及留存。在设计上，大量的内容上新是满足用户活跃最根本的要素，所以面对每月近 200 件虚拟资产内容，只有制定内容分层及相应的美术标准，才能最大化提升生产效率。此外，在内容创新上也需要时刻关注潮流趋势，探索更多有趣的内容，从而吸引更多年轻用户参与，帮助产品数据提升，强化品牌好感度。

淘宝人生 3D 美术内容年轻化升级

3. 融合大促的淘宝乐园世界观打造

除了淘宝互动宇宙的拓展，我们还打造了一个更为宏观的淘宝乐园概念，让用户对淘宝不断产生的新玩法，形成统一心智感知，持续性地玩进来。配合恰当的产品心智，也可以加深用户对淘宝各个互动权益的理解，同时再结合大促营销节点进行相应的传播推广，更为体系化地加强用户对互动的感知。

淘宝互动游乐园世界观

沉浸式互动商业化增量设计

互动的商业化是互动流量变现并实现流量价值最大化的过程。在这个过程中，业务主要售卖模式为品牌营销类与效果营销类，那么在效果营销类售卖中，如何通过设计的手法在现有商业化场景中有效撬动用户购买转化，从而帮助业务实现营收，同时在大量品牌营销场景中强化品牌体感，间接促进转化，是商业化设计的主要命题。

1. 互动商业化承接设计提效

在当前互动的效果营销类场景中，可以发现一些比较明显的体验问题，如用户对于任务与售卖场景的认知成本高、售卖内容与互动关联弱、用户体验不流畅没有爽感等。针对这些问题，通过商业化场景的框架、内容与链路的升级与规范，多维度提高用户转化驱动力，从而实现营收增长。

商业化承接提效

2. 互动品牌广告效果创新

而在爆发性的大促互动里，金主品牌们投注了大量营销费用希望获取更多的曝光和转化。因此，我们针对品牌与互动玩法的结合上深度挖掘多个触点，全链路强化品牌力和商品力的表达。而随着媒介表达的丰富化，通过对单一广告触点基于品牌、商品、互动等不同维度的设计语言的提炼，结合商品力动态表达的能力，打造差异化的动态广告分层，最终通过设计的创新帮助业务更好地售卖互动广告并提升了收益。

商业化广告创意

除了互动内的商业化营收，通过与阿里妈妈的商业化合作及任务给淘宝其它产品导流带来的商业化收益也十分客观，打造了互动自己的交易闭环。

写在最后

回顾互动近年来的发展，虽然互联网流量时代正在进入下半场，随着用户增长的逐年放缓，流量变现确实面临着种种挑战，但也为发展变革带来新机遇。因此，只要拥有打磨极致体验的匠心精神和不惧挑战坚持创新的设计思考，这种放缓也给了设计师更多打造"小而美"的设计的新机会，希望今后在互动这条路上可以为大家带来更多轻量有趣的体验。

>设计，贴心的服务
SERVICE DESIGN

ALIBABA
DESIGN YEARBOOK

ALIBABA

2022.

Chapter 4   p337~411

十一全民出行都逛哪？
数据的地理时空演绎

—

高德十一出行节活动已有 6 年，日活用户从千万级发展到亿级，全民出行热情始终不减，旺盛的出行数据背后，如何让这股出行的力量在所有人面前迸发激情的同时，还能影响到后续的业务决策及地图能力建设，这有赖于数据大屏系统设计的帮助。

数据可视化大屏运用从宏观到微观，用理性与艺术的另一面让数据力量凝聚，有效地建立数据与艺术的关系。让高德地图独有的活数据和全量地图要素的优势得以展示，让物理世界的变化映射到数据大屏中，通过一张地图纵览中国，展示后疫情时代下社会活力的强劲脉搏。

数据大屏的理性设计

在数据大屏这块大型屏幕上，所展示的数据变化趋势通常是实时、动态的，每一秒都在发生变化，这也是数据大屏区别于信息图等静态可视化的重要特征。数据本身是冰冷的数字，大屏需要借助数据可视化将技术与艺术完美结合，一方面，数据赋予大屏可视化的价值；另一方面，可视化增加了数据大屏的灵性。再结合业务目标，通过叙事策略与内容框架设计，将业务数据图形化演绎，清晰有效地传达与沟通。

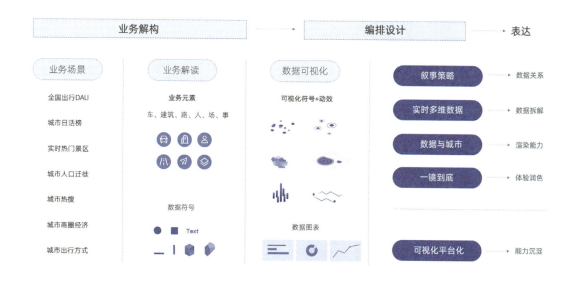

数据大屏设计流程

大屏在感官上，将距离设计为多长能够使观看者达到最佳的观看体验？如何最大范围地可视信息？在此涉及大屏"视角"与"视距"的关系。人离大屏越远，与大屏的视角就会越小，当水平视角小于 30 度，则失去大屏的观看体验。以眼球为中心，仰角 30 度、俯角 40 度为垂直有效视觉范围。因此，在屏幕与观看者之间需要形成合理的视野覆盖。

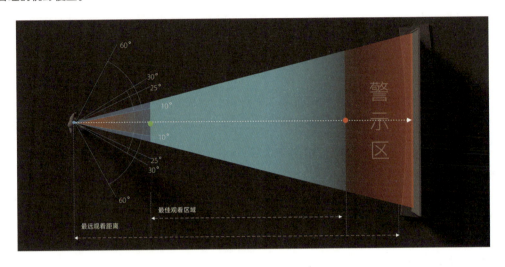

大屏的物理视角

场景规划：数据的叙事设计

2021 年，十一大屏设计主要以服务本地生活的"吃住行游购"作为大屏的核心主题，其中涉及丰富的业务内容和多维数据，高德基于地理位置服务，拥有天然的触达衣食住行乐的平台基因。在数据大屏中，DAU 的节节攀升，通过数据可视化抽象出的业务表达，观测各数据不同维度的增长，去解读十一全民出行盛况。同时，反映出在数据情绪和业务之后的地图革新和变化。

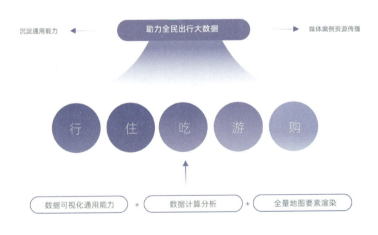

数据的叙事主题

1. 时与空：数据在时空下的演绎

为了有效地传达基于地图位置的可视化，对数据进行拆解分析后会发现，这些数据生长在时间维度和空间维度中。观察数据在空间维度的分布，可以看到各地域的数据的趋势变化，地域之间的人群流动与关联;在时间维度，又看到了数据的生长累计、趋势变化，以及时间与空间的融合，让数据既鲜活又生动。

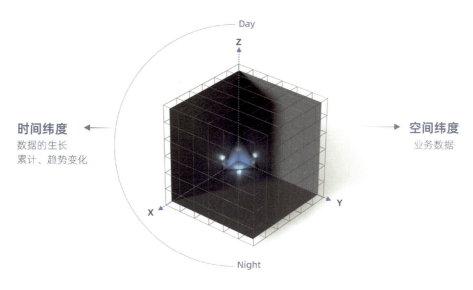

数据时与空的关系

2. 叙事策略：宏观至微观的数据主线

数据大屏是让数据观察更加精细入微的"放大镜"，叙事以"行住吃游购"贯穿主线，不同维度的业务数据通过编排的方式，把看似没有关联的数据通过设计手法抽取隐藏的关联性，形成完整的叙事骨架，落入到全国/城市/区域等不同场景里，譬如全国游客流动到不同城市，点亮哪些区域、哪些景区人流大、哪些商圈热度高等，让观看者层层递进，从表层的数据传达看到内核的业务战略。

结构化：分层构建数据大屏

接下来开始构建数据大屏，在数据大屏构建中，传统的方式缺乏产品落地的能力，项目启动初期，制定规划出分层结构包含的能力类型，并与技术团队同步推进。

从下至上主要分 3 个大层。

（1）地理空间层：地图中要有道路、绿地、水系、区域面、标注等，通过三维的设计手段打造物理场景的效果，作为承载业务数据的基座。

（2）中间控场层：镜头是数据大屏的骨架，承上启下，串联融合后的数据与场景形成完整的叙事链路。

（3）业务数据层：所涉及业务数据通过可视化符号转化的方式呈现。

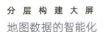

分 层 构 建 大 屏
地图数据的智能化

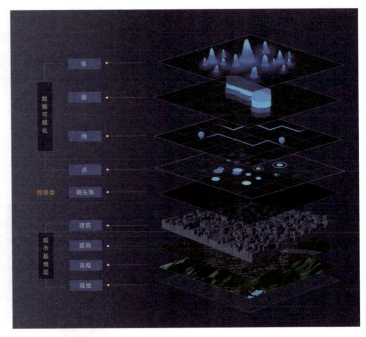

分层构建数据大屏

1. 数据图形：清晰直观的可视化符号

运用图形化点、线、面、体的符号映射，根据各类业务数据属性抽象出特定的可视化符号，由结构到图形、质感地打造出清晰直观的数据大屏。

（1）符号化：青山绿水游中国

在全国视角下，把城市中的 5A 景区数据分析聚合，形成层峦起伏的山体效果，把冰冷的数据转化成更接近自然的艺术语言。随着时间的延伸，热度数据不断汇聚，山体错落起伏，直观地看出最受欢迎的景区分布。

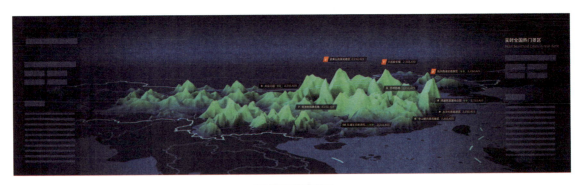

全国景区可视化形态

（2）符号化：剖析商场内部数据。

通过数据计算，对不同空间、时间维度的商场内客流量的数据进行可视化表达，以 3D 热力的符号呈现，在数据大屏中展现出烟火化的生活气息。

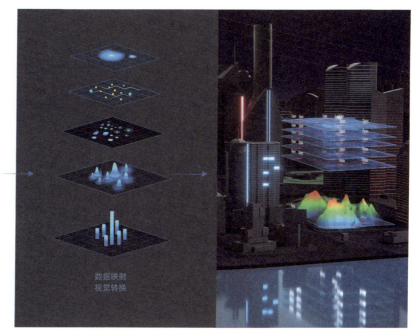

剖析商场内部数据

2. 场景交互：灵活的镜头控场设计

把所有场景集合在一个屏幕中，镜头的作用就尤为关键，不管是全国范围还是城市街区，都采用长镜头的方式进行串联，做到灵活转场、无缝衔接。结合高德所具备的全量地图要素渲染能力，灵活控制要素与地图等级的显现关系。将镜头推近，使空间数据聚焦在一个视野内；将镜头拉远，当前数据消失，新数据场景与楼块起伏出现。所想即所见的镜头策略设计，让数据大屏有了生命生长的色彩。

（1）镜头的维度变化。

镜头俯视，看到的是城市的全局，如视角切换到北京，首先映入眼帘的是北京标志性的五环全貌，给人以宏观、震撼的视觉感受，展示北京当前旅游喜好的景区排行、热搜服务等数据。镜头进入 45 度俯仰角，楼块升起，生活气息的剖面一一展露。

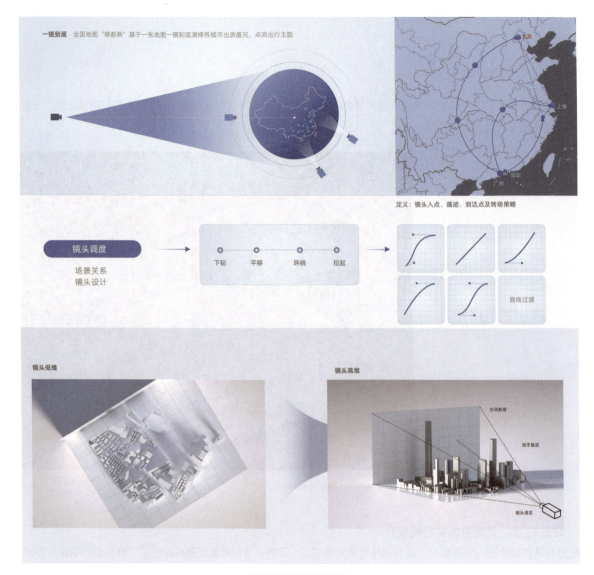

镜头场景设计及维度变化

全域城市精细化渲染打造

1.5 座城市精细化"再现"

用数据来衡量世界，无论是地球还是城市，都是承载数据的载体，是业务数据的落脚点。在数据大屏中要打造高质量的数据基底，针对不同的城市，按照艺术化的风格结合业务数据，展示城市维度下出行热度、旅游排行等。为了使建筑更加真实自然，以随机灯光贴图在建筑表面的方式，模拟夜幕中的万家灯火。在近景中，远处复杂繁多的建筑、道路、灯光会影响近景数据的呈现，也会消耗大屏性能，因此采用观看这片建筑时，建筑细节随着视野渲染出来；没有观看建筑时，建筑回归宁静的方式。

城市精细化渲染

2. 3D 地形山体的演化

用户的出游场景多分布在有一定海拔高度的景区，为了可视山区内用户的游览状态，基于高德地图大量的地理信息数据，开发出 3D 地形能力。在开发初期阶段，要达到理想的山体效果，需要了解 3D 地形的实现原理，再通过设计手法模拟山体受真实光源照射后的阴影变化，制定阴影、配色策略，实现凹凸起伏的山峦效果。

杭州城市山体也遵循 3D 地形策略，随高度敷色，层层渲染，达到自然文化的艺术效果，呈现出城市淡然的气质，平静的江水与流动的游客数据交相辉映，让这座城市透出历史沉淀的文化底蕴。

景区山体渲染

3. 三城商圈，演绎生活化气息

人们出游到达一座城市后，景区游玩、商场购物、饭店用餐等，不同的行为方式发生在不同的场景下。这些数据可视到大屏中，分布在商圈内部。随着镜头的推进，周围的场景被弱化处理，聚焦商场主体，以全息化的方式楼体外部结构消失，剖析出商场结构与店铺分布，展示内部的客流形态。辅以动态的方式逐层展开，直观解读楼层内的人群热力数据，随着时间热度起伏变化，展现着熙熙攘攘的商圈经济。

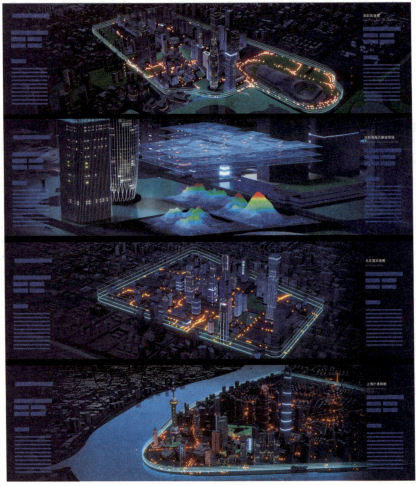

商圈与商场特写镜头

数据大屏能力沉淀

每年的十一数据大屏后，设计所沉淀的能力已形成了 LOCA 数据可视化特色产品，落入高德开放平台官网，并服务于智慧交通、智慧物流、智慧城市、全境智能等数字化领域，均采用数据大屏的形式为客户提供服务。

大屏能力沉淀数据可视化产品

结束语

基于地图的数据大屏的设计，通过对数据的计算转化，对业务动态数据的把控，以宏观的视野让地理空间数据更具活力。未来，还会有越来越多结合地图的数据可视化的前沿场景等着我们去挖掘和钻研，用设计助力更广阔的业务场景和服务体验，是我们不断前进的动力。

遇见和探索线下
新空间的未来
—

伴随着阿里巴巴集团不同业务的全域发展，许多业务的线下空间拓展也如火如荼地展开，无论零售还是办公空间，园区规划还是展览展会的策划与设计，当这些设计诉求不断增加时，创意设计中心的空间设计组应运而生。这是一支以空间专业能力横向支持集团各业务在线下透出的团队，涉及多类型空间的设计、把控和落地管理，发现线上与线下整合机遇，运用互联网思维、产品化思维来沉淀空间领域产品形态，发掘业务痛点，助力业务实现发展目标，完成高品质的线下新空间体验。

现在就带领大家认识一下空间设计组，并看看这支在互联网公司里比较"特别"的设计团队，在过去的一年中都为业务在线下空间中做了哪些设计与改变？

1. 深入一线业务，打造线下零售空间，"遇见"更多的消费者

空间设计组与集团各业务紧密合作，透彻了解业务逻辑和商业策略，提供零售空间项目中所需的全案设计能力，将品牌解读并延展到线下空间。2021 年，零售空间设计服务覆盖十几个业务，国内外 5000 余家线下零售空间。结合、分析不同业务的实际线下场景，从各个专业细分领域保障高效的空间规划，让实用性与功能性合二为一；通过动线设计、陈列设计、空间品牌设计、体验设计等帮助门店进行商业转化，提升消费者的购物体验。

我们与集团内多个业务一起拓荒线下，从无到有帮助品牌在市场上开出一家家新店，落地了一个个线下营销活动。在上海推出了第一家 iFASHION 服饰买手店，给消费者触手可及的"时尚潮流"；与天猫好房合作，打造首个线下交易服务中心，构建大众对天猫好房的品牌认知，提供高品质的交易体验与一站式专业服务；在上海 TX 淮海年轻力中心、愚园百货公司打造了一系列极有家线下快闪营销活动，空间设计师还化身主播与 Airbnb、极有家联手，打造了一场 8 小时民宿改造直播。

极有家 x 愚园百货公司快闪活动

天猫好房八方杰座交易服务中心

从一家店到多家店，用设计赋能业务，加快线下门店拓展速度。天猫养车在空间设计组的支持下，一年内通过空间形象研发、建店设计标准的研发及迭代，在全国高效拓展了 1000 多家门店，让天猫养车连锁品牌形象在短时间内迅速成长为行业标杆；协助天猫校园，在全国各大高校设计落地了百余家集购物、学习、生活、实践于一体的线下空间，致力打造校园新零售；与天猫优品一起走进乡村，基于大小家电等品类，构建县域新零售的门店终端系统，快速拓展并树立消费者心目中天猫优品的品牌心智。

天猫养车自贸店

天猫优品与曲美家具联合店

2. 横向协同，支持园区及办公空间设计，"服务"更多身边同学

在办公空间领域，空间设计组通过自主设计及设计管理两种协同模式，全链路承接蚂蚁集团的办公空间设计工作。从园区规划、建筑、室内、软装到品牌文化、标识导视设计，这些都是从身边"同学"的工作和生活体验中出发，通过调研对话，关注用户的体验与诉求，进行各个维度设计的提升，让他们拥有更好的专属办公体验。

过去一年中，空间设计组的服务涵盖共计 20 万平方米以上的蚂蚁办公室内空间，如蚂蚁 A 空间、H 空间、黄龙万科、桃源坞创新谷等项目，参与了超过 100 万平方米的蚂蚁集团全球总部园区的设计管理工作。从空间调性、品牌形象、使用效率、用户体验等多个维度打造了属于蚂蚁的办公空间标准，涵盖了办公区、访客空间及户外景观。对外，我们在园区里透出蚂蚁集团的社会责任感，体现一家企业的特色及担当；对内，则是充满"蚂蚁味"的空间营造，用熟悉的视觉元素贴合员工的使用习惯，强化空间品牌体验和归属感。

蚂蚁集团 A 空间园区访客中心大堂 1

蚂蚁集团 A 空间园区访客中心大堂 2

蚂蚁集团黄龙万科办公区域

3. 创新展览空间，为集团搭建展示的舞台，"吸引"更多内外目光

除了零售、办公空间的设计，我们还用线下展览设计及活动策划的能力助力集团对外发声：通过精彩的展览展会"吸引"更多业内外目光，让品牌、业务触达更多用户。空间设计组秉承业务先赢的精神，探索创新空间体验，通过展览规划、细节设计和高效精准的落地管理，为观众带来与众不同的观展体验，让业务方或品牌方达到最大程度的拉新、宣传及信息传达。2021 年的阿里巴巴设计周，我们的工作涵盖了 Ucan 论坛会场、15000 平方米 Usee 展览空间的整体规划和设计，以及参展商的展览设计导则和展位设计管理规则。此外，空间设计组也承接各类丰富多元的展览业务，如 95 公益周、杭州植物园自然教育基地及 B 端业务展等。

此外，空间设计组联合活动发展部设计推出了 EGS（Exhibition Green System）绿色展览系统，我们坚信，绿色环保的命题一直是现在乃至未来都非常重要的一大课题。EGS 将致力于通过打造全新阿里巴巴集团绿色主张，全力推进低污染、低噪音、高效率、高复用、高环保的出展策略，贯穿集团内部全年度大小会展。我们制定了全年度的政府出展策略，从 4 月的"福建数字中国"开始，截止到 2021 年底，已经完成了 8 场展览落地。未来希望能以公益环保的心做商业，通过设计力、平台力对材料进行数字化运作，同时最大幅度地降低搭建成本，为中小企业出展开辟一个新的展览搭建方式。

EGS 绿色展览系统

2021 年 Alibaba Design Week

杭州植物园自然教育基地

4. 改变与创新，用智能算法变革传统设计领域，"设计"更多的数智可能性

不管是小到几十平方米的零售空间，还是大到几十万平方米的集团园区规划，设计师们一直在思考如何更"聪明"地设计线下空间、降本提效，更好地管理项目。依托于集团强大的技术能力，结合项目中所遇到的设计痛点，空间设计组自主研发了智能化设计工具，用数字化代替重复的人力，用空间逻辑算法自动生成空间排布方案，直观展示空间效果，同步生成工程量清单及造价预估，并为后期数字化运营打下基础，在大幅提升业务拓展效率与设计效率的同时，降低整体人工成本，把控空间落地品质。

2021 年，空间智能设计工具已经在天猫养车和蚂蚁办公的项目中进行了实践。基于天猫养车线下门店的设计逻辑及不同门店的现状条件，可快速生成平面布局图；后期在对门店设计逻辑进行迭代时，无须冗长的供应商培训机制，利用智能设计工具既能快速推进新门店形象标准的落地，还能对设计逻辑进行知识产权的保护；当门店设计方案完成后，利用算法同步生成门店装修工程量清单，直观地呈现项目的改造成本。

天猫养车智能工具

结束语

空间设计组作为一支融合多专业的综合设计团队，过去的一年在集团的零售、办公、展览等领域发光发热，帮助业务解决从线上转线下的难点，完成高品质的线下空间，为集团构建更深入人心的品牌形象。同时作为阿里巴巴大家庭中的一员，他们还积极参与到公益实践当中，在乡村振兴、乡村教育、环境保护等方面发掘空间专业在公益之路上的可能性。

在未来的发展中将会继续探索空间原理，整合组内多元化的专业为业务乃至集团带来更多价值。让大家知道，互联网公司也可以做出令人惊叹的线下空间。

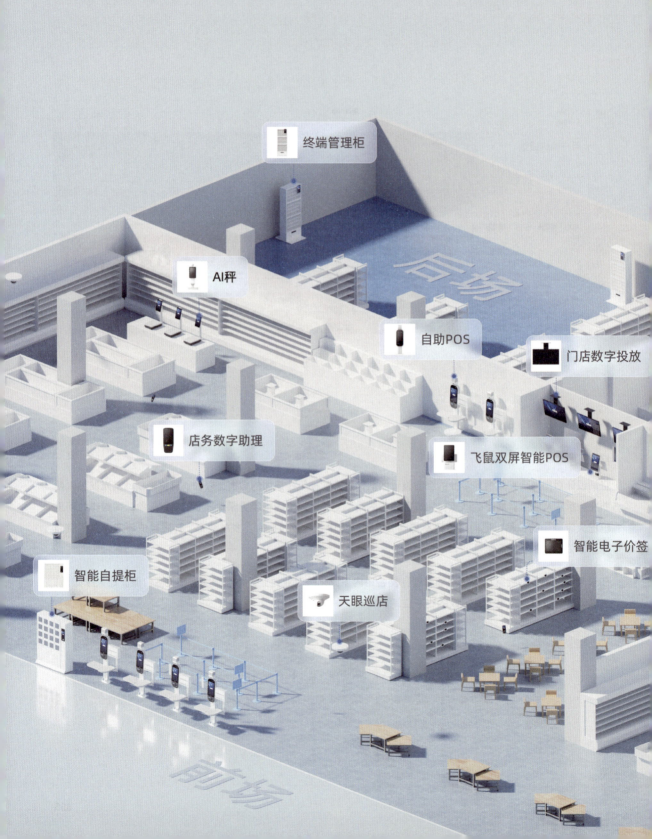

终端管理柜

AI秤

自助POS

门店数字投放

店务数字助理

飞鼠双屏智能POS

智能电子价签

智能自提柜

天眼巡店

后场

前场

盒马设计，
让零售门店温暖有 AI

—

线下场景是新零售必不可少的一环，盒马设计深耕零售门店，以体验的视角持续推进称重、结算、取餐、购物和门店管理等场景的体验升级和效率提升。过去一年，盒马设计带来了盒马鲜生 plus、盒马 X 会员店、盒马邻里等新业态的创新体验，帮助更多消费者能够买得到、吃得好、吃得健康，更是面向行业通过 ReX AIoT 服务了多元零售商户的数字化转型，在专业上获得 Good design、CCFA 金翼奖等奖项。

不同于体验设计主导的线上设计系统，零售数智化解决方案的交付依赖人、货、场、端的重新构建，盒马 ReX Design 融合了体验设计、工业设计、空间设计和计算设计的专业内核，面向零售经营者、消费者和作业者塑造包容、高效、应变的全链路产品体验，让零售门店温暖有 AI。

盒马 ReX Design——让零售温暖有 AI

设计新终端，温暖智能的服务

1. "设计有 AI"让称重更自由——AI 秤

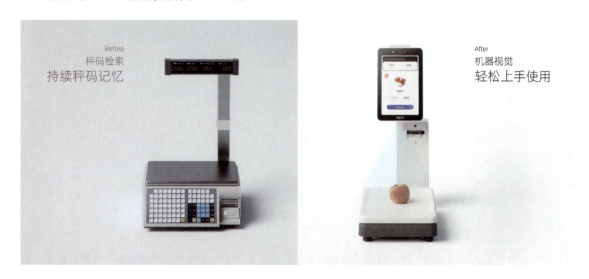

ReX AI 秤

传统称重有着较差的购物体验，通常伴随着消费者漫长的排队和打秤员工重复枯燥的劳作。

我们基于商品视觉识别技术，重新定义称重体验，带来了"AI 视觉秤"——在称重时自主识别商品，免去复杂的检索操作环节，可以极大地节省打秤员工的培训成本和人力。

只需一放一点一标签，简单 3 步即可高效完成。精准的 AI 算法，达到 95% 以上首推商品即准确。

简洁的外观：柔和的曲面，让设备主体看起来醒目整洁。产品家族的延续，由单一产品拓展至全系列5款硬件（单摄像头版，Pad版，自助打标签，散称POS一体机，多品识别POS），满足不同商家的差异化需求。

友好的交互：通过线性流程设计和拟物化引导让用户零学习成本上手，用户自助打秤耗时仅为原先熟练打秤员工的 50%；异常情况智能引导，系统声光提醒员工上前帮助，同时辅以水平旋转的操作屏，仅需一个员工即可高效地服务多个用户。

2. "设计有 AI"让取餐更轻便——自提柜

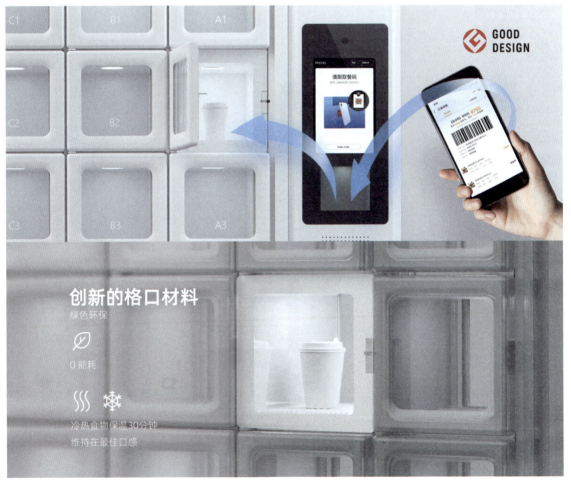

ReX 自提柜

荣获 2021Good Design 大奖
早起上班，很多人常常因为想多睡一会，来不及吃上一口温热的早饭。

"自提柜"是一款全新餐饮订餐取餐模式，通过"线上下单，到店取餐"新服务体验，解决上班高峰时期用户排队、员工发餐忙碌的痛点。同时，在疫情期间还能减少员工与顾客直接接触的风险。

高科技材质：与传统的加热/制冷模块相比，Smart Box 格口应用食用安全且环保的发泡材料，保持食物完美食用温度。同时，简易的组装流程和温控材质能够降低设备采购成本 50% 以上。

轻量化模块：组装结构具有多场景灵活适应性。

3．"设计有 AI"让结算更轻快——飞鼠一体机

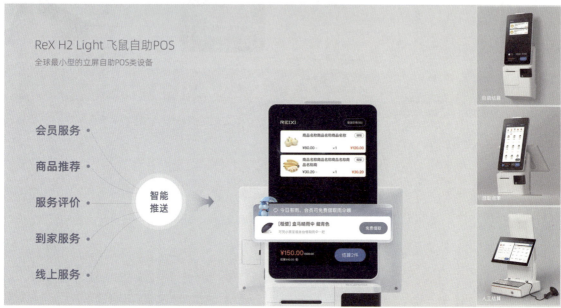

ReX 飞鼠一体机

荣获 2021Good Design 大奖。

小微商家需要的是微小空间中更灵活的设计。

正如其名，体积优化至最小，为小微商户设计。它是世界上第一台集成了自助和人工收银为一体的 POS 机。收银员（横屏端）不在收银台时，顾客（竖屏端）可自行对商品扫描，完成支付和收据打印。

贴心的帮助：需要帮助时，点击屏幕上的"help"，竖屏顶部的呼唤灯会亮起，工作人员可到横屏一侧接管支付操作，大大缓解了小、微商户工作人员的工作负担，疏通了营业高峰时期的收银瓶颈。

应用体验升级：从"结算服务"向"智能服务"转型，主动向消费者提供各类智能服务。比如 POS 上的"购中服务"板块，遇到下雨天，结算终端上就可以向门店会员主动提示借伞的服务；赶上情人节，会温柔地询问顾客是否需要给心爱的人换购一盒巧克力。

灵活的场景适配：只需要更换功能模块，就能轻松适配不同场景，如纯自助用途的挂墙安装或独立支柱安装。

4. "设计有 AI"让购物更愉悦——电子价签

ReX 电子价签

传统的价签往往只能机械化地展示名称、价格等单一的商品信息。

"小身材，有大容量"——我们革新了门店基础商品信息展示体验的多媒体价签，在方寸之间建立商品与消费者更丰富的信息链接。

除了展示商品价格，还将消费者关心的商品"上架时间""销售热度""价格优势"等购物信息通过大数据计算、实时更新的方式展示出来，让商品表达更丰富，购物更放心，更有趣。

业务销售提升显著：价签不仅是基础信息，更是为业务带来增量的经营工具。

丰富的素材模板：多媒体 UI 模板可视化编排，迭代超迅速。

巧妙的硬件设计：独特的旋转安装方式，对员工来说移动操作简单，对消费者来说不容易误取。

设计新效率，高效不累的管理

1. "设计有 AI"让员工更轻松——以费力度最小化为目标的盒马 B 类设计

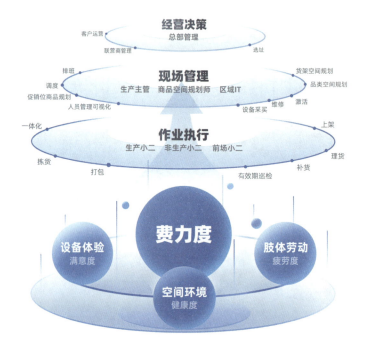

门店费力度度量体系（Customer Effort Score）

盒马门店 B 类业务包含作业执行、现场管理、经营决策等用户场景。

在作业执行场景中，每天有数十万名店员参与 30 种作业项目，最忙时每人每天需要行走 5 万步、抬手 2 万次、眼睛注视 2000 次。

在现场管理场景中，生产督导每天需要对上百名员工做排班、调度；IT 运维每天需要完成数千台设备的状态管控；门店规划师每月需要对几十万的货架做陈列编排、布局管理。

这背后都是巨大的费力成本。

好的体验，有助于提升员工工作效率，那么，员工的工作体验应如何被量化？

我们以费力度（CES）为指标来度量员工的作业体验和效率，更准确地反应店员的工作感受。

相对于复杂多样的客观指标，费力度从更中立的视角监测员工的感受，发现并解决作业链路中的费力点，有效降低门店离职率，促进营运效率等业务指标的达成。

围绕费力度，从设备界面、空间环境、肢体劳动等角度设置费力度指标，精准定位问题。通过作业执行链路的优化、现场管理工具的设计及经营决策的可视化，降低作业者、督导者和营运者的工作费力度，提升全国门店的人效。

2. "设计有 AI" 让作业更简单——DA2.0

ReX DA2.0

在店仓业务场景中，从效率出发，设计出DA 2.0，一方面对作业因子做了可视化，另一方面对交互效率做了优化。以拣货为例，我们做了作业空间导视的优化，拣货通道、排面、货层都铺设了可视化标签，DA拣货界面用一致的设计做了呼应，店员拣货费力度从45.5下降到36.4，库位寻找时间快了10%。以类似思路，我们优化了打包、有效期巡检等作业场景，有效降低了各环节的费力度，促进出仓效率的提升。

3. "设计有 AI" 让决策更智能——设备可视化 & 业务可视化

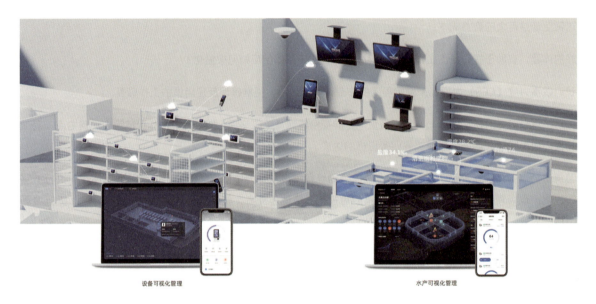

设备可视化管理   水产可视化管理

ReX 设备可视化 & 业务可视化

在 IoT 设备应用场景中，大量 AIoT 设备在门店的应用，带给每个门店超负荷的设备管理成本。

相比于传统的在店处理异常的方式，我们通过新的工具变革零售的经营管理模式。

全店数字孪生：让一线运维人员即使不在门店，在地铁上或家里都可快速排查问题，降低问题排查费力度，让门店时刻保持最佳的运营状态。辅助管理者通过 IoT 数据的采集，在宏观视角更好地对门店进行经营分析，指导门店现场作业。

丰富的 AIoT 业务应用：各类 IoT 数据在云端互联互通，碰撞出了大量 AIoT 生态应用，如云端悬挂链、天眼系统、水质可视化管理等。构建出实时可视的数字化虚拟场，解决传统零售中费力的业务问题，可以让云端比现场更了解门店。

4. "设计有 AI" 让规划更高效——空间可视化
用 "寸土寸金" 来描述零售线下经营空间再合适不过，每一平方米都是销量的原子单位，利用好了会带来有效的空间转化。然而空间规划、坪效分析对于传统零售而言，缺少量化数据指导经营分析。

通过将经营空间可视化呈现，可以将原本摸不清、看不透的线下空间状态白盒化。

空间规划可视

货架规划可视

ReX 空间可视化

宏观空间可视：

站的高才能看得远——从空间里原子颗粒的标准化开始，我们构建零售场货架/堆头及空间布局的实物模型单元,注入商品及动销数据。辅助业务从宏观上一览门店空间利用状况,为空间规划/人流感知/门店运营提供支撑。

微观空间可视：

见微知著——南半球一只蝴蝶翅膀的煽动，能带动巨大的连锁反应。将一些细微却有效的经验数字化，比如设计陈列规划编排工具，让每个陈列调整都能与商品销售形成映射，将商品与销售结果进行智能化分析，使品类空间分配和销售机会最大化，最终提升零售利润和顾客满意度。

最后

盒马设计，在零售的画纸上描绘出有"爱"科技的星光，让零售门店温暖有"AI"。

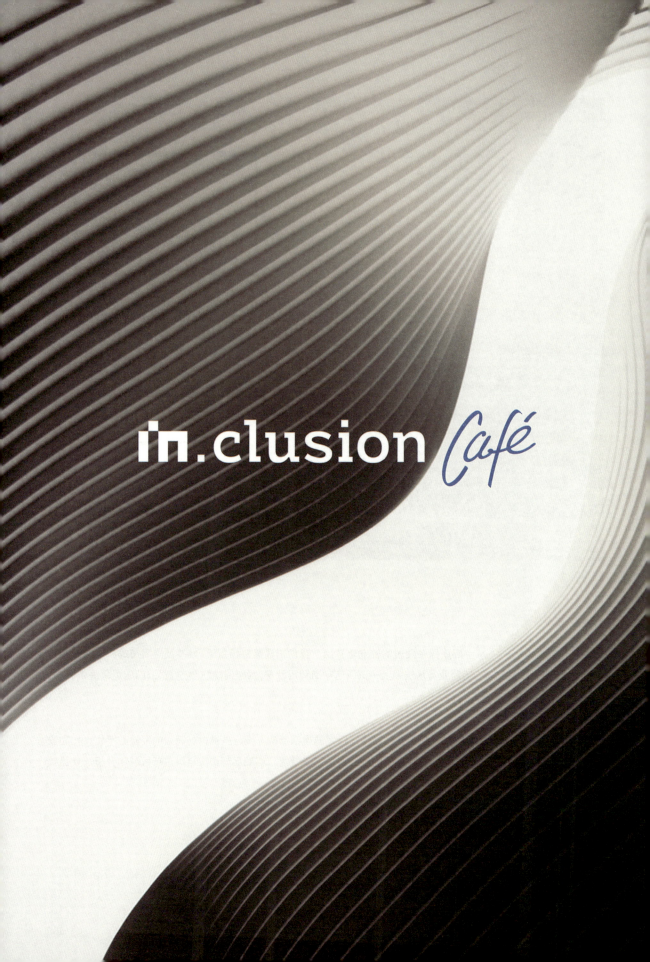

品牌塑造边界的拓展，
暖成咖啡递给你
—

品牌简介

In.clusion Café 是蚂蚁集团的咖啡品牌，脱胎于"In.clusion 外滩大会"，且不止于外滩大会。通过采用市场化的方式打造咖啡品牌，融入蚂蚁集团理念，综合体现了蚂蚁集团科技领先、社会责任、绿色低碳、企业人文等特征，多维度立体化地通过品牌背后的数字特性，以此展现科技的人文温度。

In.clusion Café 设计策略

品牌设计方向

In.clusion Café 的设计灵感来源于 "In.clusion" 一词，其蕴含了外滩大会 "科技，让未来更普惠" 的愿景。我们抽离出 "包容、普惠、绿色" 作为关键词，进行视觉语言的设计转化：万物彼此包容、普惠、生长，在形式感上的重叠与共荣，形成无限生命力延续至深远的可持续未来。

在品牌视觉系统、空间叙事方式、产品包装形式、品牌运营体系几个维度都遵循统一的品牌表达和设计语言，用设计诠释了 In.clusion Café 不仅仅是一杯咖啡，更是用创新的方式链接味觉与感受、咖农与用户、科技与体验、绿色与未来。

价值影响力

In.clusion Café 作为一个市场化品牌，从业务场景出发却不局限于业务场景，电商逻辑的商品运营与线上线下的销售链路，通过产品与门店创造了品牌输出的创新载体，每一杯咖啡、每一包咖啡豆、每一个门店都成为为蚂蚁集团科技人文温度做市场传播的载体。它们在讲述着蚂蚁链溯源 +eWTP 数字贸易平台的商业价值，讲述着通过销售利润反哺咖啡原产地小微咖农的社会温度，讲述着全运营链路绿色环保的低碳商业实践，讲述着一个科技金融公司体现品牌气质的另一种语言。

品牌标志设计

In.cluison Café 以文字为第一视觉，具体细分为几何、现代、富有科技感的 In.cluison 字体与曲线、人文、充满温度感的 Café 手写体的相互和谐匹配与综合塑造。其中 Café 作为主要识别元素，用平头笔书写时线条粗细间的转变，强化了文字形态自身的节奏与律动；起笔与收笔间开放、自然的笔形特征与文字总体呈右上的书写趋势，一并呈现出积极与充满活力的视觉感受。

In.cluison Café 标志设计

产品视觉系统设计

以人为起点，产品视觉系统设计以 In.clusion Café 本身的语义解构为方向，延伸出两个不同维度的思考与发问：其一，"普惠" 的概念如何通过视觉设计进行传达与被感知；其二，除了客观、具体可把握的咖啡，它还能是什么、能成为什么……至此，将前者在对传达层面的符号 - 图形、语言 - 文字与感知层面的感觉 - 情绪、

认知 - 心理，与后者"不仅仅是一杯咖啡"的心智与生活态度进行综合分析、筛选后，结合与人相关的事、物、场、境模拟与建构之后，确立了以文字作为核心元素的产品视觉系统设计。最终，以 In.clusion Café 为主体，通过产品视觉设计，让大众都能"简单理解"与"直觉感受"到善意、温暖、普惠、包容。

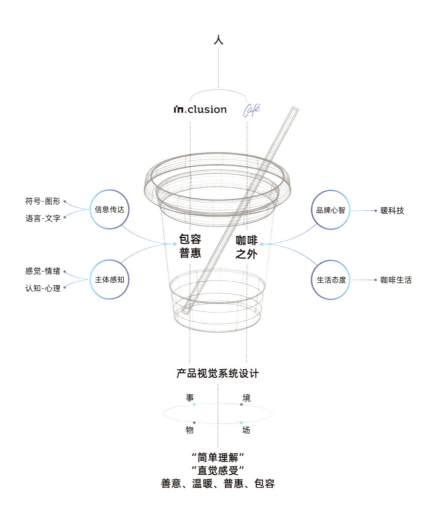

In.cluison Café 产品视觉系统设计思维

在应用上，以 In.clusion Café 为内在载体，外延普惠生活的理念，以人与咖啡的联系性为划分依据，前者为强化初创品牌的视觉语言与品牌视觉的统一，注重人与咖啡的强关联性，具体表现为咖啡空间内普遍出现与使用的相关物料均以 In.clusion Café 标志作为主要视觉元素进行相关设计，加强人在咖啡空间中的瞬间性视觉记忆；后者基于咖啡之外的解读与生活外延，以 in. 出发，理解与认识其音义功能、构词属性、方位组成为理据，一方面分析人与咖啡之间所发生的行为和关系，提炼出温暖、向善的情感中立文案，另一方面简单副词与名词、简单动词与名词的组合方式使其语义更易于理解和普遍易懂，最终应用在咖啡周边产品的设计中，这是人在咖啡空间外的延续性感受的一种设计尝试。

视觉系统设计

产品视觉系统设计及延展

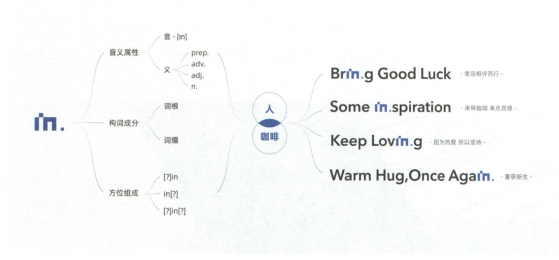

咖啡周边产品设计思维

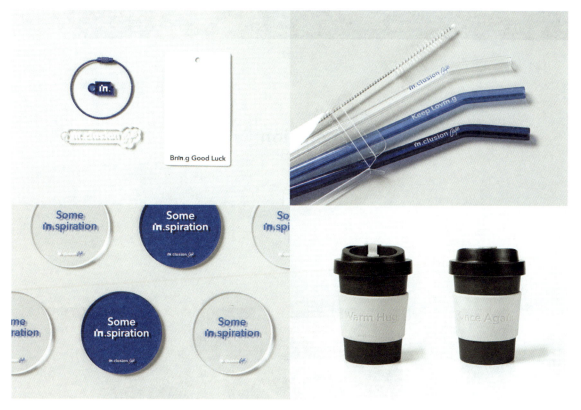

咖啡周边产品设计

多媒体设计

基于 In.clusion Café 本身的含义为方向，延伸出两种多媒体表现语言——"连接"与"生长"。整个设计中会通过虚实结合，交融共生，比如从直观的水波荡漾中看到包容互联，从山脉的生长中看到积极向上。从具象到抽象，不固定形式，多场景发散，为观众提供更大的想象空间。

在动效设计上，以"真实、生动"的运动曲线为基本法则，让所有的动效基于现实出发，带来真实的感受，回归本源。

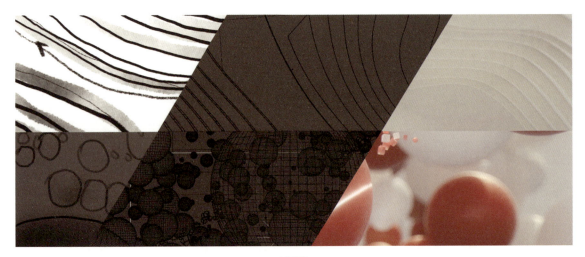

过程稿

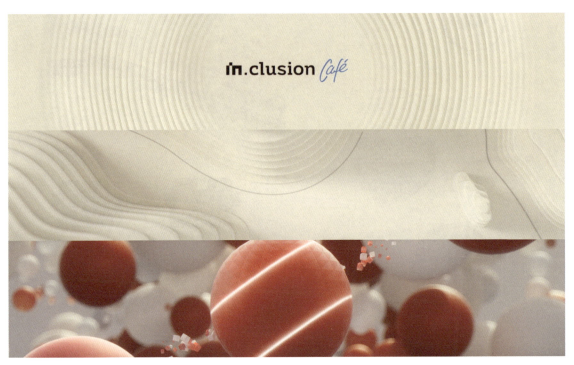

动态截图

空间设计

In.clusion Café 空间设计从 In.clusion 词本身做灵感发生，提炼出"包容"和"沟通"两个关键词，融合"蚂蚁曲线"等品牌空间设计元素，并形成明确的视觉化语言。传递出"如蚕蛹般具有亲和力的包裹感"及"促进人与人沟通"的设计宗旨。

在概念明确之后，衍生出具体的形式和功能布局，最终营造出"共同链接并向上生长"的 In.clusion Café 体验空间。

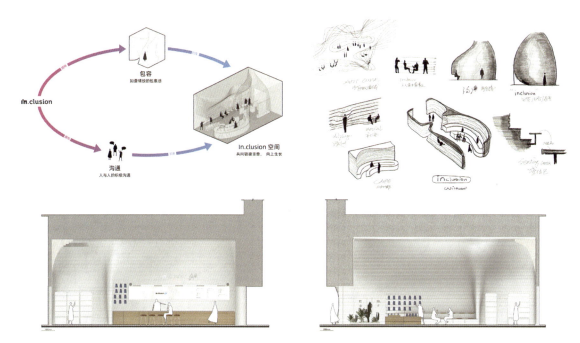

空间设计概念

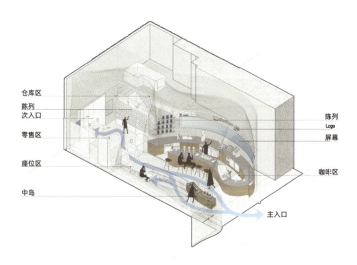

空间平面轴视图

空间照片

菜鸟 IoT 寄件服务设计
模型与实践

—

寄快递，你是否习惯了当面交接

现在，快递业已经能够达成 2 小时上门揽收时效，寄快递越来越便捷。但你是否也经历过这些尴尬的情况：当你在会议中激烈讨论，快递员突然到达并电话催促包裹交接，你无法抽身只好改约时间；当你顺利地把包裹交给快递员，却因事后推送的运费，对包裹称重是否准确产生怀疑。

面对这些服务体验问题，我们发起了自我挑战：是否可以有一种时间更灵活的寄件服务，同时距离消费者最近、价格也非常确定呢？

引入服务建模方法，创建从 0 到 1 的产品服务

原有的寄件服务主要包含上门寄件、到站寄件等人工服务形式，其中任何一种服务，在"时间灵活""距离近"、"价格确定"这 3 点上都无法完全满足。如果从传统的人工寄件服务中跳脱出来，考虑采用自助寄件是否可行呢？最开始我们并没有竞品服务作为判断依据，因此，引入服务建模方法，帮助项目实现从 0 到 1，从计划到落地目标导向地进行设计管理。

1. 什么是服务建模

建模是什么？譬如说，你看见一只猫匆匆跑过，之后让你去描述它，你可能会说："这只猫是黑白的，眼睛瞪圆，体态优美……"当你把事物的特点描述给他人，就已经是在建模了。建模的作用是帮助人进行理解。一项服务可能包含巨大的信息量，因此设计师需要选取一定的工具来对新的产品服务进行建模，而建模的精细程度取决于选择什么样的工具手段。

2. 什么情况下需要服务建模

服务建模是针对研发一个服务中的"设计服务"部分而进行的设计整合和项目管理的方法。"设计服务"与"服务设计"之间有何不同？从设计师常谈的 5W2H 要素来看，一个是 How，一个是 What。"设计服务"是创建某个服务模式，侧重项目的综合管理；"服务设计"则是服务中触点设计的集合，如工业设计、交互设计、空间设计等。在一个针对服务研发的项目中，设计师们将"服务设计"充斥于"设计服务"过程中的每个环节，二者相辅相成。

3. 如何做服务建模

下面总结了服务建模的 6 个关键步骤：假设验证 - 服务愿景 - 服务场景 - 模式建立 - 设计原则 - 服务评估。

（1）假设验证——寻找依据预判价值和结果。

项目起源于企业寄件调研。我们发现消费者在寄个人快递的过程中，存在等待焦虑、运费存疑等问题；同时，企业需要付出一定的人力成本来管理员工包裹；快递员也默默承受了等待用户和时效考核、催付款的多重压力。面对多方痛点，我们提出创建一个可以让用户自助称重、投递，无须等待，价格透明，给管理者带来方便的同时也能方便快递员揽收的寄件服务。

接下来的一个月，通过制作纸模型、塑料泡模、CNC 结构手板，快速验证硬件产品形态，结合构想的业务流程及人机交互，利用开发板的方式搭建了最简单可行的功能手板。借助云栖大会的人群流量进行真实的用户测试，从而获得短期大样本量的市场验证。经过上百份问卷及用户测试后，调研数据呈现出了市场对新服务的真实需求。

利用产品原型快速验证

（2）服务愿景——厘清利益相关者达成体验共识。

通过与天使用户的交流，我们察觉到了不同利益相关者的诉求：除了消费者寄件前对新服务的认知心智及寄件中的软硬件体验，还要关注服务提供者的体验和服务管理者的效益，每个环节都缺一不可。经过设计策略的制定，定义了无缝的、一致的协同服务愿景，并针对关键用户类型制定服务指标体系，在接下来的落地过程中对服务质量进行定期监测。

服务愿景

（3）服务场景——充分的细节推动合作共识。

落实解决方案之前，如何使用工具进行有效的分析推导，从而支撑方案的生成呢？通常，我们会想到体验地图（Journey Map）。而新服务使用"体验地图"做用户分析的可靠性较低，因为产品的用户是虚拟的、数据是缺失的，它更适用于业务 1~∞的阶段。因此引入了服务蓝图（Service Blueprint），这个工具最早是从管理学的角度来阐述服务流程，发现流程中有问题的服务节点，最后根据服务的时间框架来进行流程设计的。利用这个图纸，写下未来服务中可能存在的元素，如消费者、后台服务端、客服等，模拟各环节的行为、诉求、数据流等，分析潜在卡点。最终通过蓝图在项目各角色中达成一致，并明确相关协作资源。

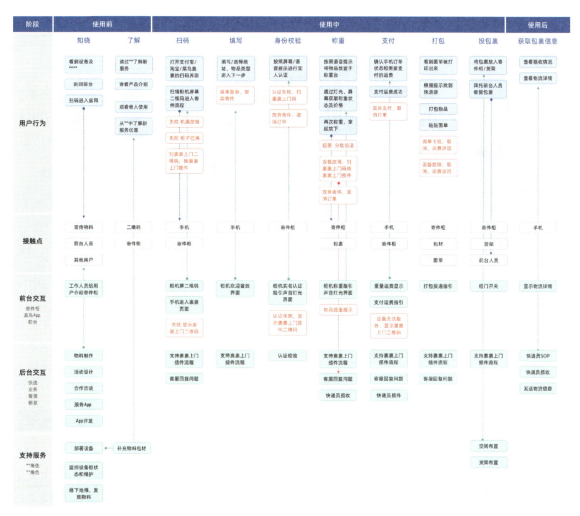

服务蓝图

（4）模式建立——帮助组织反思并校准方向。

确立了流程后，通过系统图的创建帮助组织反思并判断到目前为止对服务的设定，各因素之间如何影响系统的运行。我们推演了新的寄件模式中，各利益相关者所处的位置和协作关系，从物流、数据流、资金流、服务流 4 个维度检验计划中的服务模式能否在实际运行中形成生态平衡，确保参与其中的利益方能否获得持续的收益或能力支持。接下来进入产品设计阶段。

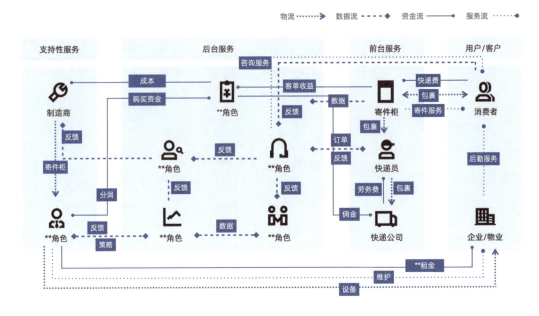

生态系统图

（5）设计原则——平静的体验。

过去，产品的主要价值在于硬件。现在，产品更大的价值在于用户产生的内容。也就是说，能够提供服务的最简单的设备才是好的，这样的设备更容易使用、维护。

在工业设计方面，通过模块化的设计满足无人、半无人场景的运营需求，主机与存储柜可独立工作，采用无线通信、一体供电的方式进行交互。遵循"低科技"原则，它的外表和硬件选型是节制的，而它的技术内核是隐匿的（如视觉算法），让用户聚焦寄件过程，给用户带来平静的使用体验。

在体验设计方面,基于多端交互和场景属性,定义平静友好的产品性格。人物化的模态反馈,通过有节奏的音效、语音提醒及适时出现的流动灯光帮助用户较快地完成自助寄件步骤。

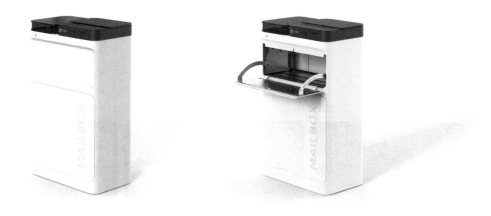

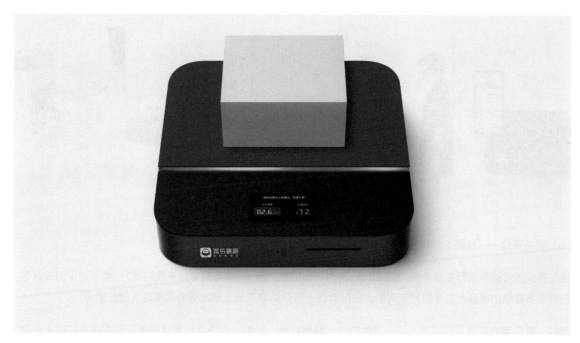

模块化设计满足不同场景

声音设计

音效：音色，旋律，情感表达"友好"，区分不同的提醒强度
语音：专业沉稳的男音，情感表达"安全"
通过声音实验来确定"播报内容""语速""语调"

灯光设计

- 蓝色呼吸灯 - 沉睡待机
- 蓝绿流光灯 - 欢迎，工作中
- 中性光 - 等待下一步操作
- 绿色长亮光 - 成功
- 红色闪烁 - 异常反馈

反馈分类&复杂度排序　　　声音设计原则　　　灯光 - 产品语义定义

多模态设计

用户自助寄件流程

（6）服务评估——验证、修正和扩展。

通过持续地对服务进行度量分析，我们发现，面对不同的用户群体、服务商参差不齐的能力、竞争对手的破坏等，仍然不断暴露出很多无法预知的新问题。将问题逐一拆解排期落地，产品服务逐渐进入稳定运行。

目前，菜鸟裹裹寄件柜已成为人们生活中的物流基础设施，它为一线快递经营者提供了新的稳定的收入来源，也为社会多方服务商提供盈利机会。现在，寄件柜已累计服务上百万用户，用户单次寄件耗时不足 1 分钟。

服务落地场景

服务不停，设计不止

结合以上经验，不难发现，服务建模并不是孤立的设计方法，它是由设计师和项目各角色共同参与完成的。其独特价值在于，通过服务设计完成的产出物因其可视化和直观性，比文字篇幅较大的商业企划书更易查看、修正和讨论。服务建模的过程中，最初只是实现了一些基本功能，投入成本低但并不好用。随着模型建构的深入，就会被放入更多的能力和资源，最终形成好服务、好生意。

跨时代的快递服务，
人人都能用上的智能物流无人车
—

业务概述

随着国内经济发展,居民购物水平的逐渐提升,在中国每天有将近2亿件包裹流转。面对如此巨大的包裹流转量,如何降低末端配送成本、提升流转效率成为我们急需解决的难题。为此，达摩院自动驾驶实验室推出了末端智能物流无人车——蛮驴，并在 2020 年 10 月的云栖大会上正式对外发布。

设计概念

小蛮驴整体外观采用黑白相间的三明治结构，简洁明快，与竞对产品有效区别，形成特有的外观识别度。为了避免小蛮驴在社区、校园内行驶过程中，行人对于无人车的安全性的恐慌感，外观造型在梯形基础上采用大弧面加上大圆角设计手法，达到视觉效果稳重且无伤害的设计感，拉近其与用户之间的距离。

黑白相间的三明治结构形成特有的外观识别

外形采用弧面大圆角的友好化设计

385

为提升无人车的使用体验，在用户取件环节增加了多种交互方式，可以通过输入取件码、刷脸及扫码的方式进行无障碍取件。同时，增加了自动化货箱门系统，真正实现了用户取件即走的使用体验。

支持取件码、刷脸、扫码等多种取件方式

全自动货箱门，用户即取即走

价值影响力

2020 年云栖大会发布后，小蛮驴获得红点奖工业设计金奖，在 ID 设计层面获得国际设计领域权威认可。

同时因为小蛮驴智能物流无人车的加入，彻底改变了 C 端用户快递的收货体验。用户只需要在手机端选择使用小蛮驴送货，并设定收货地址和时间后，小蛮驴便可以自动规划路线将包裹送到用户手中，解决了 C 端用户去驿站取件，B 端驿站小件员上门送件成本高的矛盾。

并用一年的时间快速推广部署到全国超过 200 多所校园＆社区菜鸟驿站中，日均配送包裹高达 10 万件，2021 年双十一期间累积配送包裹高达 200 万，服务用户数量远高于同行，可说是为数不多使自动驾驶技术真正形成业务的无人车代表产品。

超强避障能力，可通过狭窄道路

智能预测对象车辆运动以及并进行规避

达摩院听悟，
提高会议幸福感的帮手
—

达摩院设计团队于 2019 年随达摩院而生，基于高精尖技术产研特色，集合了语音多模态交互设计、3D 数字人元宇宙、自动驾驶 HMI、机器人、工业设计、创新用户研究等多元背景专家。背靠设计事业部与创新孵化实验室，与 ADIC/ 供应商管理组共同提供"无限且弹性的设计能量"，也与浙江大学、清华大学等高校建立了联合实验室，实现"产学研一体"的创新引擎，是一个能够协助达摩院快速实现创新孵化、软硬一体、懂技术高执行的设计团队。

同学，你是否有这样的痛苦时刻

在做用户研究的你，经过一天的访谈后，为了不忘记访谈的重点，还要回来一遍遍听采访音频，整理访谈记录；

即将交付项目的你，除了有做不完的需求，还有开不完的会，会中遗留的待办事项不小心忘了，还要被老板念；

作为管理者的你，每天从早到晚开会，还有要处理的海量信息及事项，多希望有人能帮你总结每个会议重点，让自己的脑子空出来去思考更多有价值的事。

日常生活中我们有无数的沟通，而沟通中的信息并没有被简单方便地记录，所以，听悟便应运而生了。

听悟是基于达摩院最新的技术，智能地记录人们沟通中有价值的信息，让重点不被遗忘，留出更多的精力投入到沟通及工作本身的会议 AI 产品。

为了让开会的幸福感提升，听悟做了什么？

1. 精准记录，重点不遗漏，只需认真讨论，让脑子减负

边开会边做纪要，一直是大家开会的日常，但难免因为过于投入讨论或做纪要，错失重点。听悟基于达摩院最新的语音技术，实时把讨论内容用文字准确地记录下来，让你只需要沉浸在讨论中。如果一时遗忘，可以随时回溯讨论内容，避免掉线，就算中途加入会议，也可以快速了解会议的整体内容。

（1）精准实时记录，重点内容一键标记，大色块强化正在讲的话，用户一瞥屏幕便能看到，一键即刻记录。

（2）回溯内容，不担心遗漏，只看自己想看的，通过调研我们发现，会议中大家除了关注信息本身，也关注发表该信息的人，所以区分于普通的记录工具，我们强化了讲话人，让你看到只想看的人，同时以 IM 对话气泡的设计让线下的沟通具象化。

精准实时记录，智能区分发言人

2. 会后黑科技加持，纪要整理效率加倍

部分读者可能用过其他将音频转换为文字的产品，但往往会遇到这样的难点，一个会议讨论下来，洋洋洒洒就有万把字，不要说整理，光是阅读就很痛苦。为此听悟做了以下几项工作。

（1）会议原文、纪要编辑文档、原音频，信息同窗，可互相联动，边看边听边整理，减少多窗口切换的痛苦。

三窗联动，音字回听

（2）海量信息从文字排版、展示形式上让阅读减负。

（3）智能技术基于主题、风格、议题、上下文理解、讲话人的停顿等对文本进行分段，让阅读更有逻辑、更简单。

智能分段整理

3. 让 AI 帮你写纪要

听悟采用了达摩院最新的智能技术，让 AI 帮你写纪要，现阶段可以体验的有核心结论、重点内容、智能待办事项等。不过现在技术还不是特别成熟，只能给写纪要提供一定的参考，但 AI 的学习能力很强，当你用得越多，AI 会越来越了解你，写出来的纪要越符合你的需求，帮你减负。而这个功能的位子是当时设计的难点，①全新的能力如何让用户理解；②界面信息很多，如何给用户信息减负。

在未来，希望利用这个模块直接帮用户把纪要写好，出于这样的初衷，我们把它放在了编辑区域，让用户理解这是协助编辑的。但是由于技术不成熟，所以建议以侧边栏形式出现，且选择压缩原文区，因为用户精力有限，可以减少用户的阅读负荷。

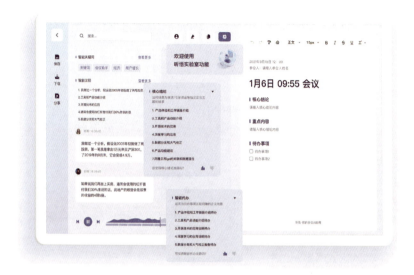

智能生成会议摘要

4. 随时随地，想记录就能记录

日常会议主要有两种形式，一种是大家在会议室里开会，另一种是有线上接入的参会者。为了确保用户随时可以记录，除了可以用听悟网页端直接记录，同时也与线上会议厂商合作，可以在线上会议时直接进行记录，减少端的跳转。对于不方便使用计算机的场景，还可以使用移动端。

移动端、PC 端多端使用

5. 搭配硬件，更精准

ASR（一种将人的语音转换为文本的技术）转写的准确性除了与算法能力相关，跟音频质量也密切相关。笔记本电脑等设备的收音技术没有经过深度定制，噪音较为严重且没有用于讲话人角色分离的方位信息，基于此设备收录的音频转写而来的文字准确度仍然较低，用户仍然需要花较多的精力回听录音纠正文档、标注讲话人的身份。为了更好地解放用户精力，打造极致产品使用体验，达摩院设计团队联合摩院语音实验室，共同研发了一款专门用于线下会议的智能硬件——听悟智能麦克风。

（1）收音更清晰，声源定位更准确。

为了提升用户使用体验，解决音频降噪和讲话人角色分离的问题，对收音技术方案做了调研。目前行业内收音方案以 MEMS 为主，开发简单且供应链成熟，但是降噪效果和声源定位的准确度较低，直接影响用户后期对于 ASR 转写后文本和讲话人纠错的复杂度。为此，我们自研了一款放射状 8 阵列 ECM 指向性 mic 方案。

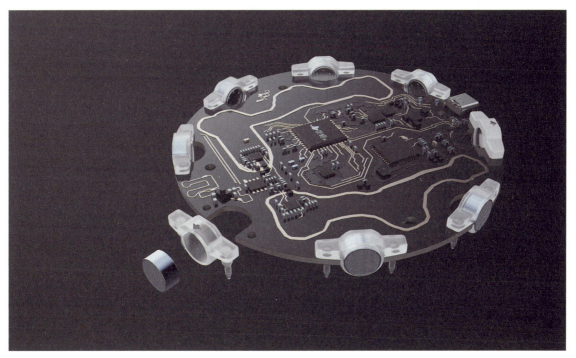

麦克风阵列设计

（2）技术特性与外观效果的平衡。

由于 ECM 指向性方案对于外观造型和声音透明性要求极高，且暂无相关数据沉淀。如何平衡好技术要求与外观效果，最大化发挥这个方案的优势，为用户带来更好的使用体验，成为 ID 设计需要重点考虑的问题之一。为此我们对 ECM 声学特性进行建模，构建外观通透性敏感度热力图谱，并以此为基础进行不同 ID 造型和声孔方案设计与样品制作，通过声学测试确定最优结构方案。最终经过测试，转译和角色分离准确性达到业务领先水平。

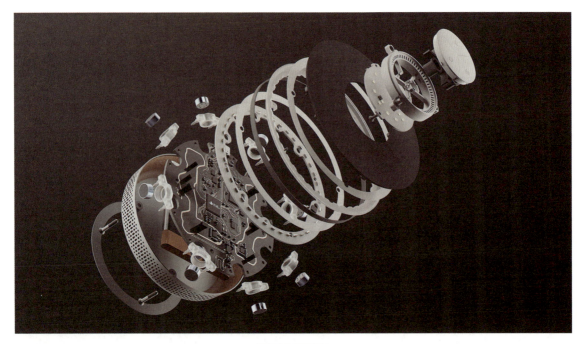

智能麦克风爆炸图

（3）公域场景硬件用户体验。

• 按键布局。

公域使用场景中，真正的用户不会接触到产品的使用说明书，为了避免用户拿着硬件"满身"找按键的痛苦，将所有的功能按键都放到了硬件顶部中央的位置，降低用户的寻找成本。

• 状态辅助交互灯。

"按键在用手按的时候，按键灯光往往会被手指遮挡，我不清楚我按到位没有呀。"用户反馈的是常规按键用icon 背光的方式来表示当前状态，当用户按压按键时，手指会将 icon 遮挡，设备状态切换是否有效触发无法及时反馈，在会议场景中就会造成一些重要信息的漏录。为此，在听悟拾音器的按键上增加了一组状态辅助交互灯，用以进行状态提示。

智能麦克风顶视图   智能麦克风全方位图

• 角色定位环形灯。

为了提升纪要体验，将讲话内容与发言人自动对应，我们研发了角色分离技术，能够做到 10 度精准定位。设计如何将这项技术转译，让用户有更好的体感呢？为此，参照 "地动仪 " 的概念引入了加色定位环形灯。它由 40 颗 LED 灯珠组成，可以精确标定讲话人方向，与软件配合，所见即所得。

智能麦克风使用场景图

未来，听悟不仅仅是帮你做好记录

除了要解决好大家做会议纪要的难题，关于开会，大家还有很多难题，比如开了这么多会，会和会之间的信息是断开的；会后待办事项的跟进是纯人工的；同样的内容要和不同的人开多次会讲，浪费时间等。听悟都已经听到了这些痛点，接下来我们将基于对用户的了解及智能技术将信息与信息、信息与人、人与人串联起来，做到每个人的会议 AI 助理，让每次沟通都有记录、有后续、有行动，让每次沟通都高效有价值！

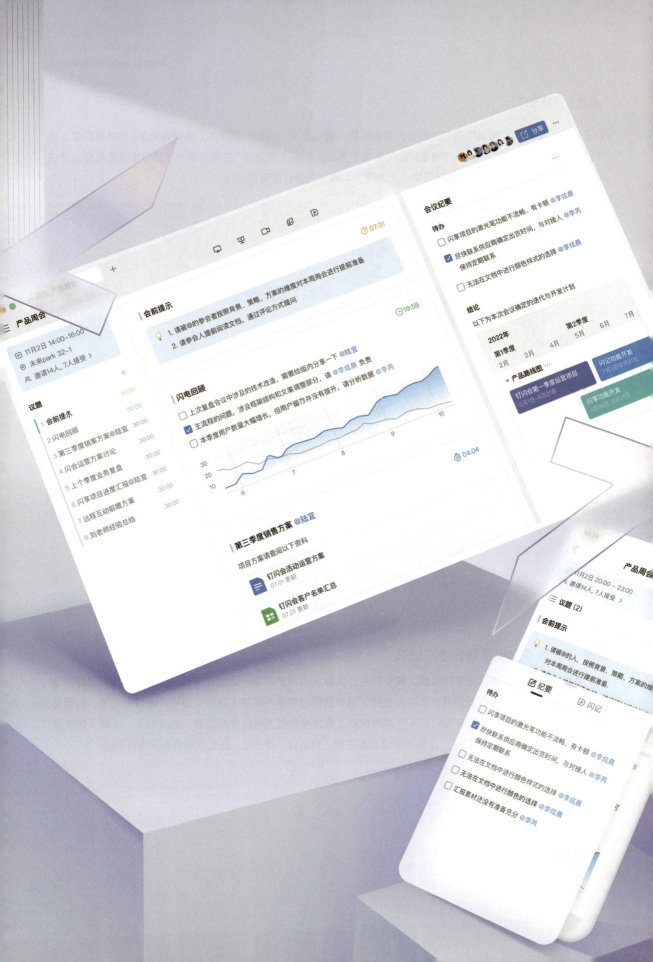

钉闪会，
开一场有备而来的会

—

企业开会有三难，会前准备难、会中参与难、会后数据管理难。而现有视频会议仅将会中场景线上化，没有针对会前、会后的会议内容管理提出合理解决方案。

通过对会议类型与参会角色开展分析，发现无论是循环型会议还是任务型会议，会议的核心任务均为"议题阐述"与"任务跟进"。参会相关角色的需求虽各有差异，共性是希望会议相关数据集中化管理；团队管理者不希望会议数据分散在个人设备中，导致问题难以管理跟进；邀会者不希望邀约过程在日程、邮箱、文件、聊天等多窗口切换以完成邀约并邀填议题；记录员希望能更快捷地记录和查找，并支持语音转文字智能纪要。

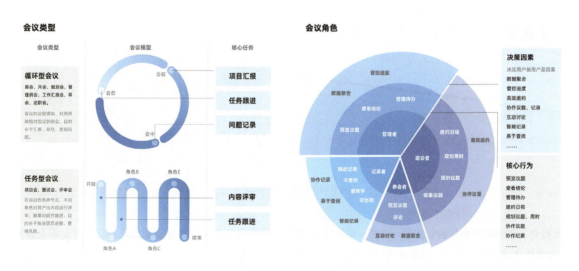

会议类型和角色分析

钉闪会将以服务会议全流程、多角色需求为目标，打造一个看板化的界面框架；并在这个界面的基础上提升各角色的开会效率，创造超出预期的体验。

服务会议全流程的界面框架

钉闪会在界面框架上通过"规划路径""有序集成""灵活易变"的设计方法，将不同角色在会前、会中、会后进行邀约日程、创建议题、会中讨论与记录、主持与会控、待办跟进与结论发布等任务"看板化"，全流程地解决三难问题，为用户提供完整的会议服务。

规划路径 1

将会前、会中、会后各阶段的操作事件按信息层次再整合，形成「会议概览」形成「会议纪要」两大看板模块。用户在任何阶段进场均能聚焦到相应区域完成操作。

有序集成 2

原本分散的多篇议题文件通过「电梯」结构的集成设计，实现高效连贯的滚动预览，并能通过导航快速定位到相应议题。

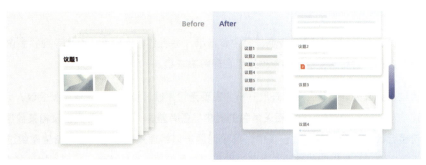

灵活易变 3

用户根据会议的不同阶段，灵活控制议题导航、纪要模块的收缩。使原本复杂的会议看板在不同场景需求下更加精简专注。

钉闪会的框架设计方法

"看板化"的界面可保持会议主题不失焦，会后查阅概览与纪要两个模块辅助会议现场的可还原性，满足异地错时的线上会议使用场景，将更适合后疫情时代远程办公的大趋势。

看板化的界面框架

完成钉闪会界面框架的搭建后，我们将高效、愉悦、轻便的设计原则融入会前、会中、会后的微交互设计中。

"会前"让会议准备减少一步

为充分引导用户进行会前准备，在会议的日程邀约环节对用户高频操作进行产品化设计，以减少由信息收集时多窗口切换行为造成的页面跳转与蹦失，让用户更高效地进行会前准备。

（1）通过界面功能的合理集成，通过左右分屏的结构融合日程创建和议题编辑，用户不必先发送会邀日程，再发送议题邀填，达到资料收集的目的，提高用户会前准备的意愿。

（2）通过在每个议题区提供高效的菜单选择工具，一键导入上次会议待办，用户无须多窗口切换寻找上次会议的纪要，提高用户跟进问题的效率与决心。

一键导入上次会议待办

（3）通过轻便的标签推荐一键使用模板，一键保存模板；对于相对固定的循环会议，用户无须重复编排相似的议题流程。

（4）通过一键勾选"保存至团队空间"，使会议沉淀路径多样且轻便，避免会后信息难寻，易于管理。

一键保存至团队空间

"会中"会议管控简单、愉悦

根据"议题数量"与"会议时长"自动分配议题时间，想用户之所想。

（1）开启议题计时后，通过清爽、温和的倒计时提示音，帮助提醒沉浸在讨论中的参会者注意把控时间。

（2）通过颜色精准区分超时议题，提示演讲者注意时间控制。

（3）通过在议题导览区提供一键拖曳排序的轻交互，当因参会者突发状况未能及时抵达会议现场时，可快速调整议题演讲顺序。

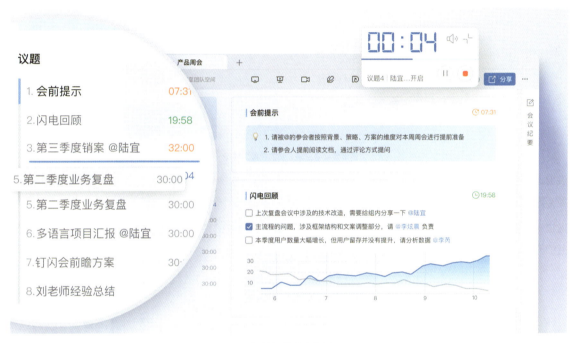

会中计时与议题管理

"会中"使远程讨论更轻便

（1）远程会议沟通方式单一。

线下同事之间开展讨论时，可直接到对方工位指向屏幕小范围讨论；而远程办公时，只能发起视频会议共享屏幕，步骤相对烦琐低效，缺乏线下讨论的灵活度。

（2）还原线下交流的临场感。

尽可能还原实体空间下同事聚集在屏幕前开展小范围讨论的场景，在界面中通过颜色光标和头像体现同事"在场"，一键发起讨论邀请，对方即可跟随你的光标图文并茂地展开问题讨论。

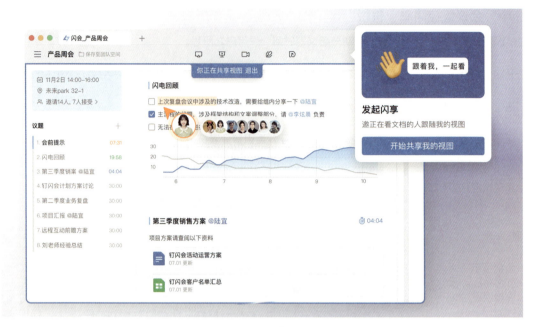

邀请参会者跟随"我的视图"讨论

"会后"智能高效的任务跟进

通过一键催办、一键导入待办、一键分享结论的产品化服务，会议的结束只是另一场会议的起点，是一个任务的开始，这样循环的操作引导将提升产品黏性。

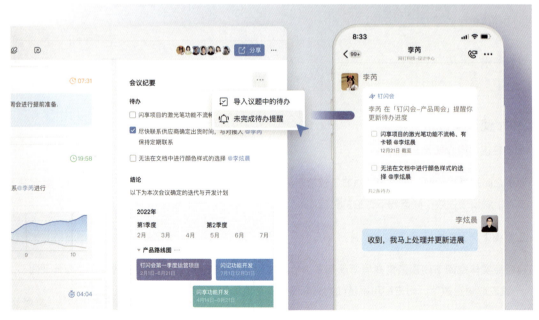

会后一键催办任务

结束语

钉闪会的目标是打造线上线下虚实结合的办公模式，在这个高效的协作空间里，参与者单窗口就能完成会议所需的邀约讨论、任务分派与成效追踪，并通过高效、愉悦、轻互动的微交互优化全流程的会议体验，不但满足后疫情时代数字游民边创作、边讨论、边评价、边记录的混合办公模式，更期望打造满足全产业需求的会议产品。

 麦座 | Aseat

麦座 Aseat,
如何让传统票务更加数字化
—

麦座 Aseat 概述与票务变革进程

麦座 Aseat 是基于大麦现场演出票务销售场景所诞生的票务座位绘制系统,其主要面向 B 端主办客户(演唱会、体育赛事、剧院等)提供座位可视化绘制与选择能力。通过连接票档与座位之间的关系,为客户构建了一套高效的场馆底图绘制、座位生产、票房规划和票务销售能力。

1. 一张演出票的诞生

对于一张演出票来讲,它的诞生历经场馆资料绘制、底图绘制、座位图生产、票房规划及票务销售 5 个步骤。其中场馆与底图的绘制需要有标准的设计格式来实现各个场馆在底图绘制上的格式一致性;而在第三步座位图生产中,需要对座位进行"区 - 楼 - 排 - 座"的基础属性设置,也会对区域内座位形成的排或行进行变形调整,以适应场馆的形状;第四步票房规划中,主办方会按照项目的实际场次需求,为绘制好的座位附加不同的票档价值,同时也配置如套票、保留票、等级票等多种票类型,方便客户根据票房总目标合理分布票档规划;最后一步,由主办方与票务系统部生产出来的一张票通过大麦或商家自营网站等渠道最终销售给观演用户。

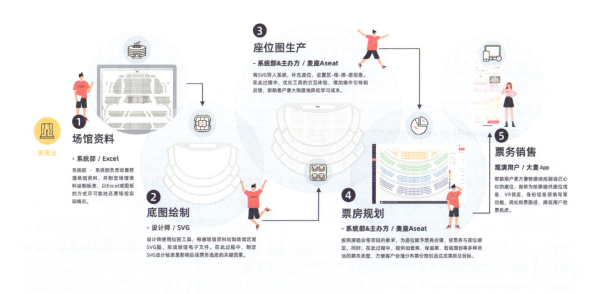

一张演出票的生产流程

2. 票与座位配置的变革过程

票务行业是一个比较传统的行业,进行数字化体验也只有 4 年左右时间。在早期的随机落座和人工配置座位中, 用户是无法挑选的,同样在商家端,票与座位的配置管理方式也很混乱;随着数字化的发展,目前已经可以 实现由系统配置票和座位之间的关系,做到先配座后购票的体验。但是仅仅做到这些还远远不够,像智能化票 房规划体验、预售选座体验、座位精细化运营设置体验及票的附加服务等功能才是立足当前、着眼未来的发展 方向,同时还需要注意如何通过功能组件化设计来保障在各个票务销售渠道中生产方式的一致性;而在用户交 易端,如何实现身临其境的购票体验也是票务行业长期探索的命题。

票与座位配置的变革进程

多种设计手段助力票务生产提效

1. 递进式画板界面结构

票务行业的绘座工具多而复杂,前后操作步骤连接关系极强,需要层层递进才能触及到座位属性设置。根据用 户以前线下场馆布置习惯,首页先从"区域模式 - 座位模式"两种模式去模拟区域绘制和票务规划两大工作场景, 其次再从界面布局上区分侧边绘制工具、顶部常用工具、座位基本属性及四角的操作提示区,最后通过模拟一 个座位 "区 - 楼 - 排 - 座" 的基本属性进行递进式的生产交互,从而达到从大区域到小座位的操作路径递进的 目的,有效降低主办方从线下习惯迁移到线上系统的学习认知成本。

麦座画板

2. 清晰的座位类型视觉设计

作为主要服务于 B 端客户（主办方 & 场馆方）的座位效率生产工具的产品，麦座 Aseat 的视觉设计精力主要集中在座位类型的视觉表达上。基于客户传统标注习惯，模拟设计出普通座、锁定座、保留座等不同属性座位标注视觉方式。同时，为了帮助客户理解交互工具，在关键路径上辅以情感化插画来解析工具使用过程。

座位视觉类型与情感化引导

3. 优异的复杂场景规划设计

在绘制座位的场景中，包含选择类工具、形状工具、复制工具、套索工具、变形工具及补座工具等多达 20 种的工具，可以帮助大麦系统部和主办方更加容易地上手。其中变形工具和补座工具是在座位绘制过程中使用比较频繁的工具。变形工具可以依据同心圆、旋转、错位、对齐方式、座位角度等多种方式进行组合式弧度变形，依据项目实际情况进行细致调整。补座工具可以帮助客户在同一个项目的不同场次灵活调整票档的变化，提供单排、多排、向前、向后等多种补座方式，并自动补充座位编号。

票务绘制工具

4. 一键智能生成票房座位布局图

在票房生产的 5 个场景中，票务规划无疑是最耗时的场景，其中的主要原因是由于票务规划人员传统的 Excel 规划习惯和持续不断发生的座位属性灵活调整情况。所以，结合此情况，尝试允许票务工作人员在麦座系统中上传日常使用的 Excel 规划表格，并根据其票档类型和票档规划数量生成智能化的票房规划建议，同时允许客户通过简单的左右拖曳的交互方式灵活调整票房布局情况。最终，客户在智能生成的票房布局上进行座位属性的微调，形成最后的项目票房规划图。虽然智能化票房建议不能完全代替人工票房规划，但是已经帮助票务工作人员节省了 50% 的票房规划时间，提高了工作效率。

智能生成票房

5. 模块化设计满足不同演出场景需求

麦座 Aseat 绘/选座的所有工具都进行了组件化封装，可以随小型剧院或大型体育赛事等不同现场娱乐场景提供灵活的适配方案。同时，允许不同渠道的客户对于组件的皮肤、样式、数量进行一定程度的自定义，以满足不同系统的差异化需求。

工具模块化设计

6. VR 选座模拟现场视野

在大麦 App 中，用户可以只需单击操作即可完成递进式的"由全局模式进入座位模式"的选座体验。另外，在以往的购票环节中，用户时常因为无法感知到自己所选票挡在实际演出中的视野而感觉疑虑，比如同样是 380 元的票档，可能会分布在一层后排和二层的前排，用户需要凭历史观看经验去判断该如何选择。所以，结合此类情况，在部分的超级场馆中尝试了 VR 选座体验，在选座的过程中可以体验到身临剧场的座位视角，帮助用户在购票环节中更精准地找到自己心仪的座位。

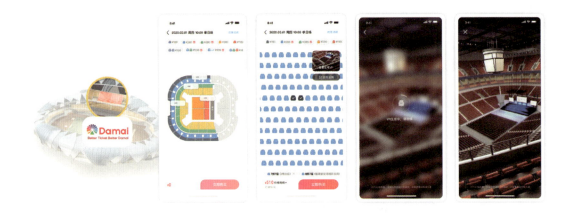

VR 模拟选座体验

Aseat 的影响和未来的展望

目前，麦座 Aseat 已经在中国的各类文化娱乐演出中得到了应用，为国内 60% 左右的场馆提供座位生产服务，支持从几十个座位到最多十万级座位的演出现场票务规划能力。这项沉淀下来的座位规划场景设计组件是可持续性的，将应用于演唱会、体育赛事、剧院演出、音乐节、展览展示五大演出场景中，在 2019 年武汉军运会、2021 年西安全运会及即将到来的 2022 年杭州亚运会等多个国家重大赛事项目中也同样得到运用。2021 年，经过激烈的评选，麦座 Aseat 荣获红点传达设计的 User Interface 类设计奖。

在未来，演出的票务生产体验也必将面临着由单一的数字化向智能化的转变。其中，实现场馆座位的 3D 化绘制和选择能力将是奠定智慧化场馆的基础能力。在此基础上，诸如人流动线规划、馆内入座指引、现场 AR 漫游体验、不同场次的票房动态规划能力等场馆内的空间体验拓展，也将陆续展开，期待在未来实现票务行业的数智化生产体验。

>设计，高效的产能
PLATFORM DESIGN

ALIBABA
DESIGN YEARBOOK

2022.

ALIBABA

Chapter 5 p413~451

数字重塑
新物流
—

后疫情时代背景下，传统物流遭遇极大挑战，物流单量的剧增、快递员数量的减少、网点规模的扩张，加上疫情防控的需要带来的不确定性，货物堆积、员工工作强度加大、企业物流成本增加，阻碍了企业的经济效益高速增长，提高了社会物流的管理成本。因此，物流行业的数字化转型和精细化的管理成为企业高质量、可持续发展的重要命题。

菜鸟在数字物流行业拥有丰富的数字化实践经验，基于独有的数字运输、数字仓储、数字分拣、智慧园区技术能力，帮助重庆物流公司进行全链路的数字供应、数字生产和数字管理，做到物流生产链路的可视、生产环节的可控、物流时效的提升，以及员工和司机工作强度降低和工作满意度的提升，最终实现企业的数字化转型升级。

生产要素的匹配和协同

寻找设计创新的机会点

人、货、车、机器、场地等物流生产要素的高效匹配和协同，直接决定物流的产能和时效。生产工艺流程（流水线）是由有一个个生产制造环节组成的，其中一个或几个环节中断，整个生产工艺流程就会中断，因此生产全链路的数据实时采集，每个生产环节和生产要素的数据可视化预测预警、监控分析、通知执行至关重要。生产离不开人，管理者、产线工作人员、履约司机、商户是最终数字化设计的使用者和管理者，我们对他们进行了深度调研。

1. 管理者视角

作为公司的日常管理者，宏观上要做到对上游供应链、中间仓储分拣生产、下游运输配送的全链路管控；微观上要做到对产能的精准预判，才能做好合理的人员、车辆、机器、货物的资源调度，实现削峰填谷、降本提效；要做到对过程的精细化管理，才能确保仓储、分拣、运输和配送的过程可控、异常的及时处理，提升货品的周转效率，提升人、机器的产能和效率，降低工作负荷。

2. 履约配送人员视角

作为履约配送的司机和调度员，更在乎运输配送的等待时间、装卸时长、配送路线和交接效率，如何有序出入园区、减少排队时长、更高效地装载，让机器跑得更快，让车辆跑得更安全、路程更短、时效更快，让客户更快拿到货物，让能耗、油耗更少、更节能环保，是他们最重要的工作目标。

3. 商户视角

作为商户，消费需求能否被满足，紧俏商品的及时供应，货品的保真保质保量，是他们最关心的问题。

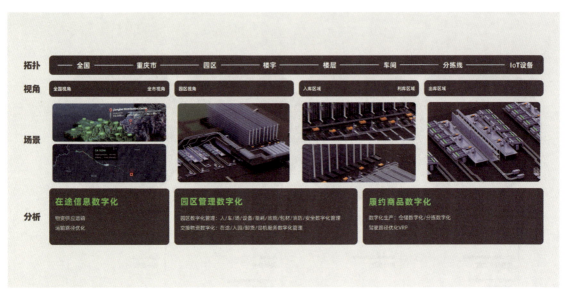

数字化设计架构

基于上述调研，我们有了清晰的设计方向，帮助客户实现 3 个数字化转型升级，即"承运商品、在途信息的数字化""园区/库内管理的数字化""履约商品的数字化"。数字化转型是企业发展必然趋势，通过完善数字化生产车间、智能化生产设备，推动生产现场/运输过程全要素、全过程的自动感知、实时分析各项数据，提高资源优化配置水平，赋能物流企业实现提质增效。

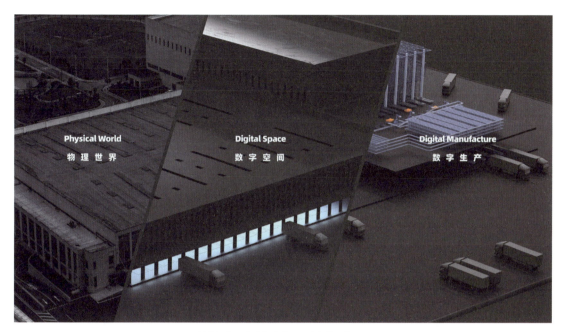

数字设计，连接物流世界和数字世界的桥梁

数字设计重塑新物流

物流空间的数字仿真：基于真实物理世界的空间信息进行一一映射，数字化还原地理空间、园区、产线、车辆等各种生产环境。

生产工艺流程的数字仿真：基于工业互联网和物联网，实现人、机器、货物、车辆、场地的互相连接，实现空间、生产的数字化、可视化和智能化。

智能预测、预警和监控分析：例如分拣环节的最优路径规划和产线机器的异常分析和处理，装车环节的最佳分单，配送环节的智能路径设计，以及交接环节的电子交接单和智能语音提醒等。

数字世界

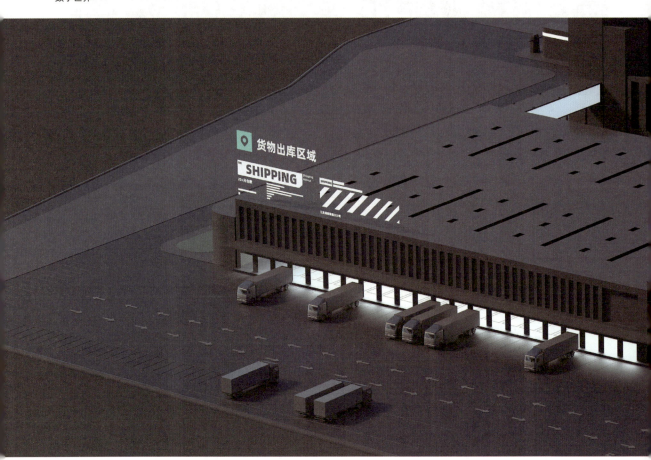

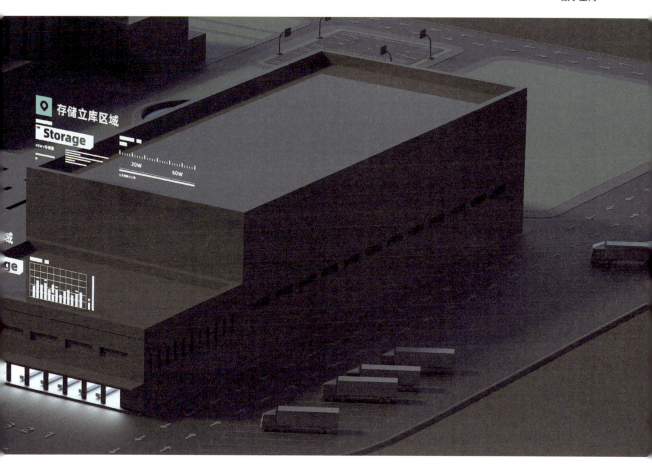

总结和展望

基于物流行业的最佳实践和大数据领域的创意与可视化设计能力，菜鸟设计数字实验室打造全新的智慧物流综合运营管控和可视分析平台，用数字设计的力量，建立物流世界和数字世界的桥梁，让万物互联，帮助客户实现数字化供应、数字化生产制造、数字化运营管理，助力企业数字化转型。

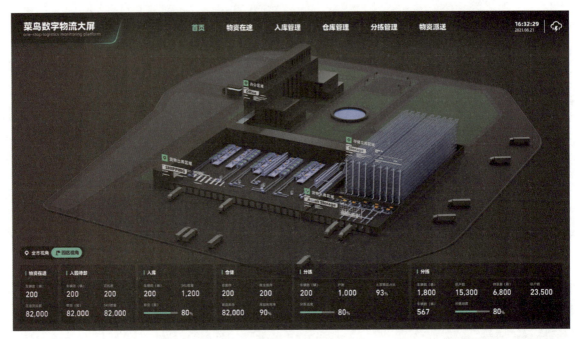

数字物流大屏

数字物流大屏 - 入库管理 1

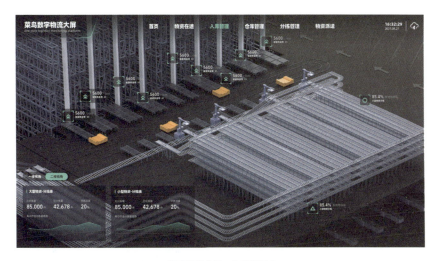

数字物流大屏 - 入库管理 2

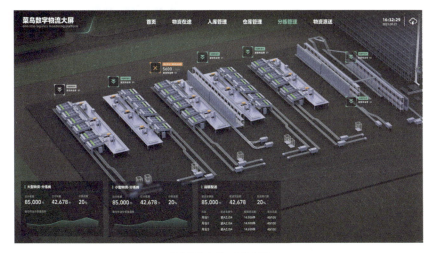

数字物流大屏 - 分拣管理

数字物流大屏 - 物资派送

4K RESOLUTION GRAPHIC TABLETS

Up to **20%** off
from our partner supplier

Source now

ELITE
PARTNER EVENT

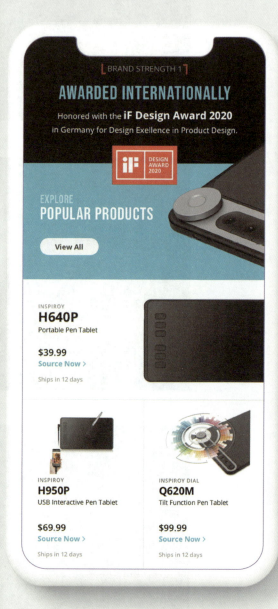
KAMVAS
Kamvas 13
Multicolor Pen Display

$249.00
Source Now >

Ships in 12 days

KAMVAS
Kamvas 12
Anti-glare Screen Pen Display

$219.00
Source Now >

Ships in 12 days

KAMVAS
Kamvas 22 Plus
sRGB Interactive Pen Display

$549.00
Source Now >

Ships in 12 days

⌐ BRAND STRENGTH 3 ¬

GLOBAL NETWORK

200+ cooperated agents and
distributors across the globe covering
100+ countries and regions.

Q car

All   **Consumer Electronics**   Vehicles & Accesso

ELITE × HUION

逆流而上，逆风而行
品牌出海新机遇
—

疫情阻止不了的品牌出海

2021 年对海外 B 端市场的冲击是巨大的，由于疫情、贸易摩擦、供应链变化、自然灾害及逆全球化等趋势所带来的困难与挑战，让走在前线的国际站优质供给商家品牌出海的道路更加艰难险阻。曾经的他们能够通过线下活动、展会和代理商（会）面对面、针对性地和海外买家沟通交流，并全方位地展现他们的工厂、产品来验证品牌实力；如今，在疫情所带来的众多限制与影响下，国际站携手商家们化挑战为机遇，加速改革创新，通过近年来飞速发展的数字化技术，颠覆传统的采购业务模式，开启数字化采购的新篇章。而超级星厂牌 Elite Partner Event（EPE）正是数字化采购时代下，国际站为平台优质供给商家和海外买家量身打造的最佳解决方案。作为国际站第一品牌营销 IP，EPE 从 0 到 1 全方位打造线上化品牌营销场景，帮助国际站近百家头部商家精准定位、展示、沟通他们的品牌价值实力，从而迅速有效地提升转化海外买家对国际站优质供给的认知心智。

数字化"优质供给"采购，打造品牌专业形象

超级星厂牌 Elite Partner Event（EPE）

EPE 是平台重磅打造的年度核心项目。作为领跑外贸界品牌出海的全新顶级品牌营销 IP，EPE 通过平台官方的全球背书，精准定位的营销场域，以及 S+ 级资源的联合推广，为商家提升面向海外用户的品牌影响力，带来亿级海内外声量曝光。截至 2022 年 1 月，买家对于 EPE 所传达的国际站"优质供给"的三大标尺：Quality、Reliable、Trustworthy 形成初步认知与认可，对 EPE IP 的整体认知度达到 30%，转化使用率达到 60%。另外，平台站内主动搜索关键词"elite"的点击 PV 提升 1200%（上线前月均 5 VS 上线后月均 66）。

Part 1. EPE 的打造历程

北美 UED 联手市场部各部门和全链路服务团队，结合头部商家们的市场优势、综合实力及品牌特性，为每个商家打造差异化价值，定制独家营销场景及策略，扩大品牌获客机遇，以精准触达其潜在分销群体；与此同时，团队综合各商家亮点，为其提供多媒体运营的定向扶持，实现品牌曝光与站外引流的双重突破，以增加商家海外品牌声量，加速品牌店铺成长。

截至 2022 年 1 月，团队从 0 到 1 建立并优化 6 期 EPE 营销活动，夯实近 200 个商家平台模板模块，创新开发第一期品牌分销 ×RTS 场景，并设计了 100 多个个性化的站外宣传海报及视频，以赋能商家领跑品牌出海。

EPE 站外品牌宣传视频（截图）

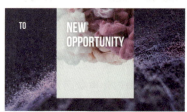

EPE 商家品牌亮相视频（截图）

（1）标准化模板，自主化升级。

北美 UED 团队结合海外买家的宏观需求，精心打造了 EPE 专属商家模板，为商家搭建了页面升级的整体架构，并通过本地化的设计及语言，在强调商家实力点的同时，突出针对海外买家的利益点，以设计及内容为桥梁，为双方搭建出更好、更符合需求的沟通平台。

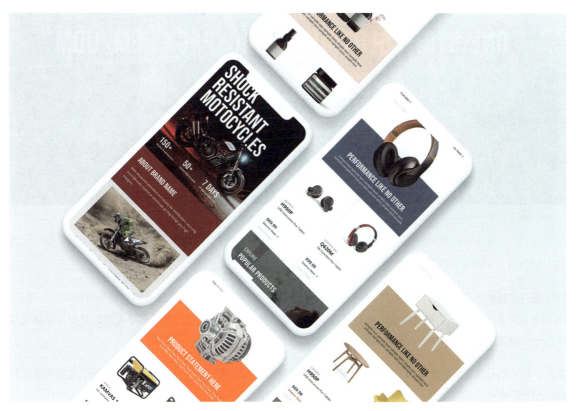

EPE 商家品牌私域旺铺模板：自主品牌（移动版）

EPE 商家品牌私域旺铺模板：制造品牌（移动版）

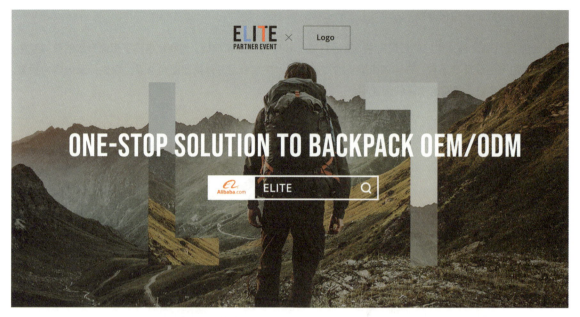

EPE 商家品牌私域模板头图设计（PC 版）

（2）创新驱动下的囤货周与分销商专场。

EPE 在打造标准化模板的同时，结合目标受众的需求，并遵从国际站为海外买家提供"更高效地采购"理念，从 EPE 商家的众多产品中精挑细选，精心打造了 EPE 精选产品囤货周。通过产品展示与限时折扣，让优质商家进一步触达潜在用户群体，并为海外买家提供更大效益的营收机遇。

此外，EPE 还打造了分销商专场，为已经在海外具有品牌声量的优质供给商家提供了品牌分销的专属渠道，并通过站内外多元化投放平台，精准连接品牌分销商，将高效获客、高效采购进行到底。

EPE 创新营销模式：囤货周（移动版）

（3）结合受众需求，打造品牌个性化与差异化。

对于国际站上提供优质供给的出海商家们而言，了解目标受众当地的生活习惯、审美喜好和文化差异，是打造品牌影响力的关键因素。北美 UED 团队以深入的用户洞察为根基，结合对当地市场环境和政策的了解，通过创意策略及对商家们现有素材的视觉和内容升级，实现个性化品牌定位，打造商家品牌差异化。

EPE 商家品牌个性化资源位设计（移动版）

（4）站外多媒体定向助力，实现双重流量加持。

通过社交媒体的平台多元性与目标受众的文化多样性，建立更深层次的情感连接，不仅有利于品牌在当地营销的传播，提升线上认知度及影响力，促进数字化销售业务，更能展现品牌价值观，推动品牌形象建设。

EPE 结合商家的品牌实力、研发实力、生产实力、团队服务实力和营销实力，通过视频的方式，根据目标受众的视觉及内容需求和喜好，动态化升级商家品牌整体形象，助力国际站"优质供给"商家品牌在不断变化的市场中乘风破浪，砥砺前行。

社媒创意内容高光：Inside Factory,Quality Supplier Spotlight

Part 2. EPE 的价值影响

（1）从品牌的认知表现来看，用户对于 EPE 项目从整体项目认知度到实际使用的转化率高达 60%，在一系列营销活动中的表现仅次于网交会。

（2）用户对于 EPE 项目所提供的"高质量的供应商资源"认知非常清晰，数值大于两倍标准差，高于年度大促。

（3）用户对于 EPE 项目所提供的"帮助用户的采购流程更高效省心"认知清晰，数值大于一倍标准差。

（4）12 月 EPE 的 How-to 教学视频的 24 小时表现高于平台 YouTube 频道 24 小时表现平均值近两倍。

（5）EPE 项目邮件的平均打开率为 30% 以上，远远超出业界 B 端邮件及平台邮件的平均打开率水平。

12 月 EPE 的 How-to 教学视频（YouTube）

品牌出海的持续战役

国际站是全球优质供给，特别是中国优质供给，面对海外买家的第一平台。即使有疫情的阻碍，海外 B 端买家的国际采购需求仍呈现强力的增长趋势。这些新老海外买家需要国际站优质供给提供匹配他们需求的优质品牌和营销能力。这样的品牌出海会是国际站及其竞争对手的一场持续战役。从品牌打造到渠道建立，再到商家营销场景的建设和能力的展示与巩固，期待我们在 2022 年能助力更多优质的商家破浪前行。

DEEP！企业智能体验设计 "双引擎"

—

阿里有无数耳熟能详的明星产品，如天猫、淘宝等。但是，支持 15 万员工日常工作和运营的背后，是无数个阿里内部系统在精密运转。而"企业智能"产品覆盖了阿里人、财、法、事、物、场等多个业务领域，它们是维持阿里组织快速运转的核心，也是阿里做 102 年"好公司"的坚强基石。

什么是企业智能体验设计"双引擎"

阿里内部系统具有处理复杂企业数智化需求的特性，在业务域广泛、产品种类多、覆盖职能类型多样、多端场景呈现复杂的情况下，"客户"与"用户"的双视角对设计品质、产品体验同样挑剔。如何兼顾体验与效率成为大企业产品体验设计师的一大挑战。

我们通过多年实践与积累，沉淀了为企业级产品服务的体验"双引擎"DEEP，它们是"生产制造引擎"及"体验管理引擎"，支持设计师"做得快"的同时，还提供"做得好"的保障。生产制造引擎是以一致性、提效为目标，沉淀的多端、多场景、多样化设计资产，以及设计工厂可视化在线搭建能力。体验管理引擎则是具有高拓展性与多元体验分析洞察能力为核心的体验度量、管理解决方案。它们双管齐下，相互作用，让企业智能产品输出形成从生产制造到体验管理的完整闭环。

生产制造引擎　　　　　　　体验管理引擎

企业智能体验设计"双引擎"

"生产制造"引擎

整体物料

在全新升级的设计体系里，将 DEEP Assets & DEEP Factory 双剑合璧。DEEP Assets 负责为业务、设计师源源不断地输送必要的弹药物资"设计物料"；而 DEEP Factory 则是一把"弩"，负责将子弹上膛，通过可视化搭建的方式"开箱即用"，实现高功率输出。

1. 多样化设计资产

DEEP Assets 是基于阿里集团提供的 Fusion 封装的具有企业智能业务场景特性的解决方案，并且被赋予了新的品牌意义和属性。除基础原子级组件，还沉淀了大量业务属性相关物料和模板。Fusion 解决了集团层各个业务线下重复建设设计系统的问题，而 DEEP 则更垂直化地解决了企业智能域的高成本、低复用问题，让 30 多名设计师轻松支撑起 400 多个操作系统。

DEEP Assets 覆盖阿里内部大部分流程操作类、数据分析类、门户首页类等产品与页面的多样化产品需求。沉淀了包含 DEEP PC、DEEP Mobile、DEEP IoT 等多个终端解决方案，解决一套基础物料的跨终端流转问题，使物料在不同终端得以顺畅适配，让页面信息更好地展示。此外，DEEP 在特定垂直场景如图表、图形上也做了相应的物料沉淀，至今 DEEP Charts 已沉淀 100 多种图表物料，DEEP Graphics 沉淀了 200 多种图形物料，多样化的设计资产满足了企业服务场景下的各种多元诉求。

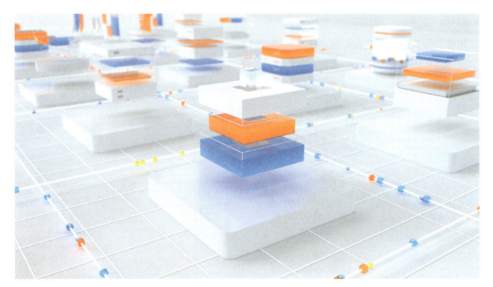

图形物料

插图物料

2. 低代码在线研发工具

从 2020 年业务提交的产品需求数据来看，平均需求数增幅达 70%，而产能并没有明显增幅，未来人员增幅也不能与需求增幅成正比。如何更快满足不断增长的需求？如果说业务是"田"，那么 DEEP Assets 就是"肥料"。有田、有肥料，还需要什么来种出庄稼呢？答案就是工具。DEEP Factory 也因此应运而生。通过"在线设计能力"输出，缩短需求交付的周期，提高研发效率。

企业智能是一个综合部门，我们有一支强大的技术团队，在工程师与设计师理性和感性思维的碰撞下，共建了"低代码搭建平台""AECP"等低代码在线研发平台，用工具化的方式解决自搭建、自研发问题。部分复杂度不高的标准化页面可交由上下游人员自交付完成，从而促进研效的提升。通过"工具化 + 模板化"的交付方式，一次设计多端适用，将原来的 7.2 天的平均开发周期缩短至 1.7 天。而一些偏静态展示的首页，通过页面模板、区块模板 + 可视化搭建方式，前端人员只需要少量投入甚至是不投入，由 PD/设计师"自交付"完成，大大缩短了交付时间。

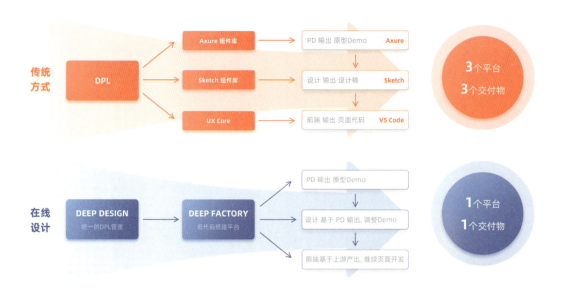

交付链路

此外，部门孵化的"低代码搭建平台"还赋能到了阿里集团生态，面向更多集团内、外部客户，将 DEEP Assets & DEEP Factory 价值最大化。

搭载DEEP Design的应用数量

通过"宜搭"对外商业化 **7532+** 应用

支撑阿里经济体生态应用 **3355+**

搭载"低代码搭建平台"跨BG赋能集团中后台场景

覆盖BU内业务

2016 2017 2018 2019 2020 2021+

搭载 DEEP Design 的应用数量

"体验管理" 引擎

"生产制造"引擎让业务需求到设计更快落地,如何让用户体验更好,则需要一台"体验管理"引擎,在业务逻辑复杂、角色多样化、定制多样化的企业级场景服务中,建立一套以体验数据为核心的体验管理机制,通过定标准、建数据、做诊断、给建议 4 个步骤推进和改善产品体验。

一种通过定标准、建数据、做诊断、给建议来提升体验的机制

1. 定标准

企业级产品领域类型差异大,有人事、财务、法务、采购、智慧园区等不同类型的业务场景,内在逻辑复杂,需要建立一套体验度量框架以满足不同场景的诉求,参考业内众多用户体验度量模型,从行业视角、业务视角、用户视角 3 个维度共收集了 158 个基础测量量,通过 13 次卡片分类实验,用 K-MEANS 算法聚合得到最适用于企业级产品的 6 个维度:满意度、易用度、完成度、参与度、服务质量、技术质量,命名为"体验度量六脉神剑模型"。根据不同种类的业务属性,从中选择不同类型的维度。

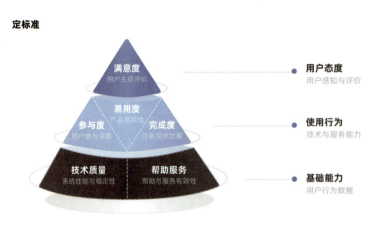

体验度量六脉神剑指标模型

2. 建数据

"体验度量六脉神剑模型"分为 3 层,自下而上分别为基础能力层(描述性指标)、使用行为层(结果性指标)和用户态度层(感知性指标)。根据产品周期与业务特征定义合适的指标进行数据收集,系统表现和用户行为是客观数据,通过埋点数据、用户行为日志、系统运行日志采集;用户态度数据是客观数据,通过调研方式采集。主观数据相较于客观数据,数据获取难度高,数据质量难把控,需要结合主客观数据共同采集,相互印证定义问题。

数据收集方法与工具

3. 做诊断

按照体验度量框架和数据参考线,查看当前数据的优良中差情况,通过满意度分析、参与度分析、完成度分析、多维分析进行下钻,进一步分析低分数据所反应的问题及深层原因,提供猜想与结论。

（1）满意度分析是建立在满意度主观打分基础上，与用户行为、用户属性、业务数据进行交叉分析，分层查看各个满意度分数下的主要影响因子，得出影响满意度的主要问题。

（2）参与度分析是指分析用户对于产品使用中的流量、参与深度及用户黏性。

（3）完成度分析基于用户在操作流程中各个环节节点的操作数据，对比各个操作节点的数据，反应各个环节出现的问题点。

（4）多维分析通过自由组合分析维度，获取多个想进行交叉分析的维度，交叉对比分析问题的根本原因。

做诊断

数据分析方法与工具

4. 给建议

针对总结归纳后的问题，给出相应的优化策略及实施建议。按各个指标维度的优化策略分成以下几种。

（1）满意度问题：解决重点影响满意度的痛点、卡点问题，挖掘核心提升满意度亮点的机会。

（2）易用度问题：保障操作体验顺畅，降低新手学习成本，提高体验一致性。

（3）完成度问题：减少流程卡点和低效环节。

（4）参与度问题：提高内容质量，加强用户运营。

（5）服务质量问题：增加服务资源数量，优化服务内容质量，适时提供主动服务。

（6）技术质量问题：提高性能稳定性，减少故障率。

根据不同维度的问题，找到对应的参考建议，提出合适的解决方案。

结束语

DEEP "双引擎" 形成了易理解、可传承的知识，通过工具化的方式，让经验能快速被复制和传承，很大程度上可规模化提升设计产出品质 & 效率，让品质 & 效率可控、可升级。DEEP 帮助设计师省去了很多重复劳动，提升了体验管理能力，从容地去享受设计工作。

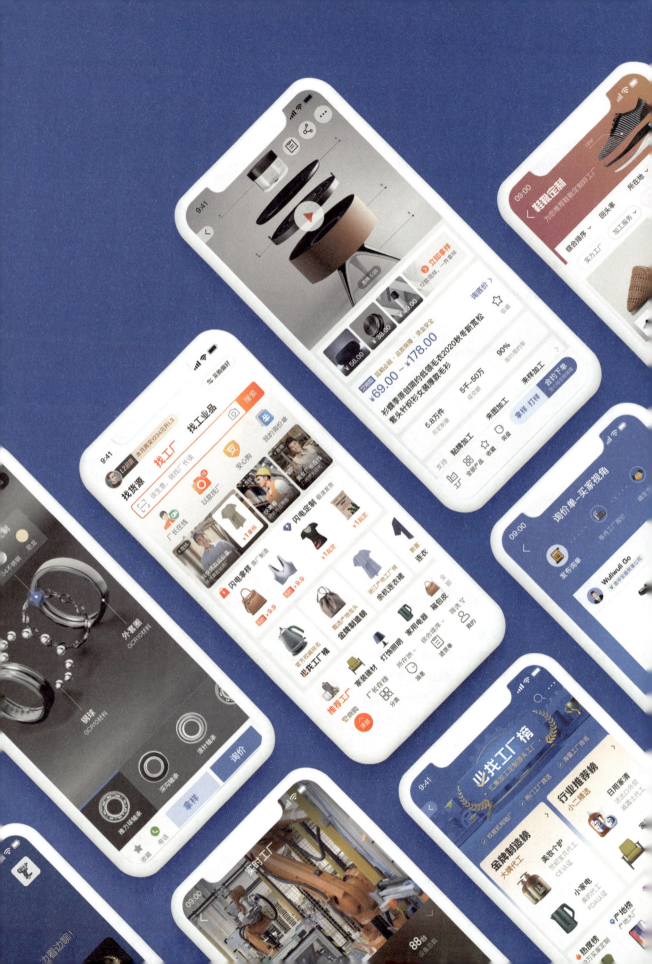

链接工厂的
体验设计探索
—

如果你做过老板，搞过实业，创过品牌，那么或多或少会跟供应链打过交道，生意越小越可能会面临"小工厂你看不上，大工厂看不上你"的尴尬处境。而自己所关心的价格、质量、工艺、交期……其中的磨合更是一言难尽！所以，寻找稳定供应链是中国千万创业者面临的挑战。

那么怎么找，去哪里找，找什么样的工厂，怎样沟通并形成初次合作？成为买家首先面临的问题。

1688 作为国内最大的 B2B 平台，拥有近百万源头工厂供给，但是买家来平台找工厂做加工定制的心智很弱。我们需要打破现状，探索一条体验差异化之路，塑造用户来平台做加工定制的心智。让更多线下工厂扎根在 1688，实现数字化转型。

以用户视角展开旅程，挖机会点

1688 有加工定制诉求的用户群体中，有一半反馈，"寻找合适的工厂或商品太难了""工厂到底是真是假""工厂生产加工的实力很难识别""工厂沟通不及时"等。在找工厂环节中，工厂真实性难识别，实力难匹配，难沟通，成为用户找厂效率低的主要痛点。

用户找厂的本质诉求不是要找到一个多好多大的工厂，而是要找到可信赖的生意合作伙伴。

所以找工厂的过程本质上是双方供需匹配、规模匹配、信任匹配的过程。

首先，为用户提供找工厂的场景链路，解决用户去哪里找。

其次，通过塑造工厂的真实实力表达，帮助用户找得更快。

形成合作意向之后，再结合创新手段，进一步提升用户的沟通效率。

从场景到内容到工具，塑造全链路找厂体验

从 0 到 1 搭建产品链路，解决用户去哪里找的问题。

针对用户"找""挑""询""付""履"的路径，从以资找厂到以款找厂，通过全新首页和特色场景，为用户提供行业洞察与商机趋势。改造搜索引擎，做高阶版智能询价单，塑造工厂特色的旺铺、OD，来提升用户与工厂的匹配效率。

提升链路中的内容体验，做工厂真实实力体感表达，为买家讲好工厂故事

我们将工厂能力模型进行抽象，以用户视角转化工厂数据信息，涵盖商家规模、生产、研发、资质、质量管控等，从商到品，形成全维度的故事脚本，再去选择合适的媒介表达。同时，用户与公司的投入成本也是需要考虑的重要因素，因为成本意味着能否形成规模，规模则是设计是否具备商业价值的重要衡量点。

最终，我们选择全景与视频作为体验突破点。视频在叙事性上非常有张力，全景在空间感、真实感、沉浸感上更具信任度，所以将两者做了融合，首先用 360 度全景视频去打造真实可见的数字化空间，搭建买卖双方之间的信任桥梁。

针对工厂的外部环境，以小行星视角呈现工厂全风貌，再转场到陆地视角，对生产车间、研发室、工厂展厅、质检场景、包装场景、仓储物流等场景，从空间还原到人员风貌，做全方位的展示。针对复杂的内部环境，重构工厂的三维模型，用数据可视化的方式对核心信息做标注，比如在展厅中，借助 AI 算法对样品尺寸、商品详情做展示；在车间中，接入生产设备的数据信息和商品的工艺视频，信息随着场景进行动态跟随。

全景工厂

除了 1:1 还原真实生产环境，还通过短视频媒介推出了老板带看纪录片，去掉不必要的包装、过度滤镜和刻意表演，让工厂的关键角色出镜为用户传递真实、专业、可靠的信息，拉近生意人之间的距离。从定制品维度探索、用户关心的商机卖点、定制空间到服务纬度，从样品角度去体现工厂的加工定制能力。

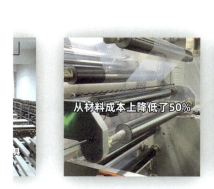

老板带看短视频

促转化，建 B 类可视化洽谈工具，为生意沟通搭建桥梁

B 类场景的生意洽谈周期复杂且漫长，交谈效果往往决定生意能否谈成。情绪传达、信任建立及商机触达，整个交谈过程是有技巧且人性化的。过去图文信息的互动方式无法深刻触动生意双方。

那么如何让线上洽谈比线下更高效呢？

我们去复刻线下一对一接待服务的体验，工厂根据买家需求，在洽谈的不同阶段提供不同的数字化服务，在线上为买家带来面对面般的洽谈体感，并提升合作的整体效率。

在同屏互动的技术原理上，整合工厂私密样板间和私密档案。阶段 1：提供一对一实时带看厂、带看品、拿样品的服务。有合作意向后，进入阶段 2，通过可视化定制工具，提供在线 3D 打样服务，结合 3D 技术抽取商品尺寸、材质、颜色、工艺等定制纬度，让用户快速浏览商品定制效果。明确合作意向后，提供在线拟定合约服务。阶段 3：提供实时生产、跟单验货等数字化服务，解决用户痛点的同时，给用户一个"甜点"，提升用户整体的洽谈体验。

可视化洽谈工具

可视化轻定制工具

为了让更多买家知道并选择 1688 找工厂，以品牌视频为内容载体，对找工厂整体的场景心智进行表达、塑造及传播，强化了"找工厂就上 1688，谈生意就和厂长谈"的用户心智。首先，采用了夸张买家痛点、前后反转的叙事手法，让内容更加贴近买家真实的找厂体验，唤起买家共鸣。其次，将 1688 IP 牛元源演绎为买家的生意伙伴——牛厂长，当买家遇到"找厂难""洽谈难""履约难"的困难时，在平台的帮助下，与牛厂长有了高效链接及安心合作。品牌 IP 的应用加固了"厂长"的形象，有助于品牌心智传达，促进用户对于源头工厂信任感的建立。

找工厂品牌心智传播

重塑商家经营
新体验
—

引子：正视与反思

大家都感同于近年来市场环境的变化，参与到电商经营的商家群体从构成到诉求，所产生的变化也愈发明显。大量商家把生意重心布局至线上，原本只是"消费者"的普通用户也华丽转身，拥有了"商家"的双重身份。

我们在电商领域深耕多年，业务成熟，但长期围绕能力的累加，也使得商家平台的入口琳琅无章，链路操作犹如过山车般兜兜转转……复杂的逻辑和陈旧的体验已经无法满足商家诉求，近一年来，万求率的上涨也无时无刻在提醒我们直面问题的紧迫与必然：强大不等于好用，商家经营阵地需要全面且系统的升级。

定义体验

设计过程中容易陷入业务链路的微观世界，盲人摸象却得不到商家们真正所处所需的全局视野。为体验打分的永远是用户本身，体系化升级的方向需要充分走近他们的世界，也需要敏锐地在产品中寻找实践求证的机会点。

1. 离得更近些

基于问卷、访谈、数据分析建立用户画像是非常司空见惯却行之有效的工作方法，差别在于它是否让我们看到了真实的群体现状，又是否能让我们得到不是普遍而是有针对性、时效性、清晰明确的结论。

大环境的变化下，首先感受到的不是以往某一些垂直行业或常规的体量分层，而是商家群体"身份"的多样化，产业带工厂、线下实体店、自媒体人，甚至是你我身边的普通人都纷纷进入电商，寻找新的成长机会。大量"90后""00后"的年轻人，他们具备较好的互联网思维，有想法与判断力。

2. 感性到理性

"好看"或"好用"这类定性结果看似感性但也不是完全无迹可寻。特别是在当前的群体特征下，经实践发现，当把问题和描述具像化后，用户对功能与体验都有着明确且更高的要求，他们更为直接地表达不满，也更为主动地充分描述期望。

从抽象到具象

3. 储备意识

"前瞻性"在大多数商业产品设计中都不是灵光乍现的结果，它取决于对业务、用户、设计这 3 个领域的知识储备，积累的日常化是非常必要的。

重塑体验

"重塑"而非"打造"，我们已经意识到扭转已固化的"信息密集、操作复杂"的用户印象其中的难度与成本，一切以"给商家带来轻快且有成就感的经营新体验"为终局目标，并以此布局体验在每一步设计的落地，让重塑变得可行。

1. 轻快感

中后台类产品，操作"快"是朴素的第一体验指标；在关注交互的流转效率之外，产品从框架、界面、信息呈现上，经由视觉设计营造出"轻"的感受，两种设计方法共同作用，给用户带来更深的体验感知。

（1）操作系统级的框架体验。

我们的商家工作台覆盖到经营链路的每一个节点，其升级前计算机端导航内的平铺菜单多达 120 个，而移动端则以插件的方式内置百余个业务功能，框架结构错综、导航菜单冗长是商家进入工作台后"迷路"的主要原因。

作为商家日常工作的起点，清晰易懂的框架导航能帮助用户有效了解电商经营的核心思路，"能做什么"及"在哪里做"。重建操作系统级的框架体验：结构布局的降维简化，不仅降低了用户对后台产品的理解成本，同时也将更多的屏幕可视区域留给内容；导航菜单除了其本身的归并精简，交互形态从横纵交杂式简化为仅保留左侧区域的渐进选择式；视觉感受上，工作台被清晰地划分为左右结构。

A - 账号区
B - Logo+一级导航
B' - 二三级导航
C - 框架操作区

A - 框架操作区
B - 导航区

A - 导航区
B - 框架操作区

导航演进

多端产品能力的布局是商家工作台的一大特点。以相同的信息表达方式减少跨端理解成本，尽可能减少跳转次数，实现一键直达，完成新框架在 Web、客户端、无线端的映射与体验方案。

多端框架映射

（2）精简舒适的界面构成。

与有着丰富的图片、视频、互动的消费者端界面不同，商家端界面通常都是由表单、列表、信息数据等元素构成。高度的规范化搭建能保障基础质量，也带来界面构成单一的感受，信息扁平而密集的问题并没有得到解决。

商家端界面 90% 由大量操作和终端详情页构成，侧重于一致性，使用统一规范的表达减少用户的学习成本；10% 的页面多为看板/模块型的链路阵地页,量级虽少，但却是商家深入了解经营状态进而做出生意决策的关键。针对此类界面的构成进行优化在当前阶段显得尤为重要。

商家端界面分型与一致性设计

过往，在中后台产品中习惯于采用"灰底白卡"的样式布局，将信息简单整合进卡片，便能得到一个相对规整的界面，而它带来的屏效、同质化、灵活性等问题逐渐凸显。在"帮助用户高效获取信息"的目标下，需要从实际应用场景出发，商家端界面同样需要建立灵活的布局方式，跳出卡片的局限，重新打磨字体、对齐、留白的排版设计，为更灵活的组织信息创造条件。

商家端界面分型与精细化设计

（3）零负担的信息读解。

在获得更为灵活的布局原则下，对于繁杂文本与满屏的图表、数字信息，重新组织内容关系，在完成对生涩表意的简化，建立全链路语言环境的一致性表达的基础上，加入色彩、图标、插画、动效等视觉处理，信息设计精细化获得了更大空间，强化信息区分、突出信息重点，让堆砌平铺的界面因信息设计而带来了层次感与节奏感。

信息的视觉表达深化

（4）更丰富的体验形态。

在复杂或信息量较大的业务场景，除了对内容层本身的梳理与排版设计，另辟蹊径地用一些轻量化交互方式进行处理，渐进呈现，减少信息过载压力，打破传统表单的设计思路，让有着"刻板"印象的商家端界面也能鲜活生动起来。

轻量化交互

3. 成就感

经营道路上，商家们有时开心，有时也会遇到困境难题。在操作体验之上，希望通过设计的方法建立产品与用户情感层的触点，给商家带来有温度的关爱，陪伴并见证他们的成长。

（1）重设调性：营造审美趋近。

建立中后台基础调性时，常见的方式是确定一个品牌主色，以此拓展用于各类组件中。色彩应用受限，很难再加入其他颜色，因此缺少了一个用于直接表现丰富、温度、重量的设计利器，也鲜于更深入地定义材质、光影的细节。

商家群体的年轻化、对产品质感的要求及对工作愉悦感的期许，让我们重新审视商家端后台产品的调性。全平台视觉质感的重建是让用户感知"经营新体验"的环境基础，一个趋近用户审美或明亮舒适的新工作环境所带来的感受层变化是不容小觑的。

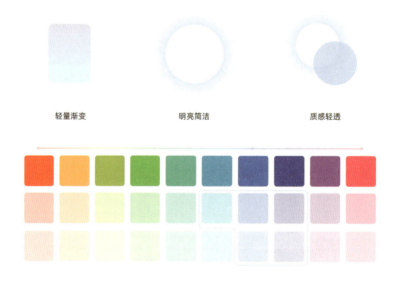

轻量渐变　　　　　明亮简洁　　　　　质感轻透

材质与色域

（2）重拾 IP：建立情感连接载体。

如果说工作环境的打造为人们带来一个全新的舞台，那么重拾"千牛"的 IP 形象则是为了创造让平台更为直接的与用户进行情感连接的载体。新的形象不仅仅是活力与亲和力，它将赋予更多场景代表平台去表达和演绎。

重拾 IP

（3）传达情感：收获正向认同。

我们能感受到商家认真经营的每一天，点滴的累积与付出。他们有很多值得纪念的第一次，第一次开店、第一次发布商品、第一次接待消费者、第一次成功售卖……也有着属于自己的高光时刻，商品的荣登榜首、大促的优异战绩、消费者的赞赏与认可……这些我们都在看眼里，也将不再吝于表达。

经营节点的情感化

衡量体验

建立体验衡量标准的根本目的，不是为了"好/不好"的结果，而是能够找到一种适用于自身业务现状的机制，去保障体验类问题从发现、解决到验证的"可持续性"。

品质与体验的提升也不是某一次产品升级能够带来的，商家端"轻快、有成就感的经营新体验"的重塑，源于我们对用户所处环境与诉求的认知在不断深化，因此设计的方法也将持续精进。

>设计，可感知的未来
INTELLIGENT DESIGN

ALIBABA
DESIGN YEARBOOK

ALIBABA

2022.

Chapter 6   p453-483

构建与数字世界的连接
下一代导航的创新体验

—

日常出行时，无论是步行还是驾车，地图导航都是必备神器。但在使用这个工具时，相信大家一定也碰到过以下这些问题。

- 走出地铁站后握着手机原地旋转找方向，但最后发现还是走反了。

- 开车时，在路口前错过并线时机，或看不懂地图而走错路口，甚至错过高速出口后多跑几千米的路程。

这些问题在地图用户的日常使用体验中横亘已久，原因是地图导航的定位精度、数据的精确性不够，进一步导致用户使用地图时无法与现实世界做直观比对。经过几年的探索，这个问题终于有了进展，借助 AR 视觉图形识别、车道级定位及三维渲染技术，提升了地图数据的精细度和准确性，由此高德地图全新升级了步行导航和驾车导航体验，从而让步行和驾车的导航体验都有了跨代际的提升。

步步精心打造 AR 实景步行导航

随着 5G 时代的来临，AR 技术近些年在各行业崭露头角，AR 的交互方式不仅提升了交互的准确性和精度，更提升了用户接近真实世界的能力。

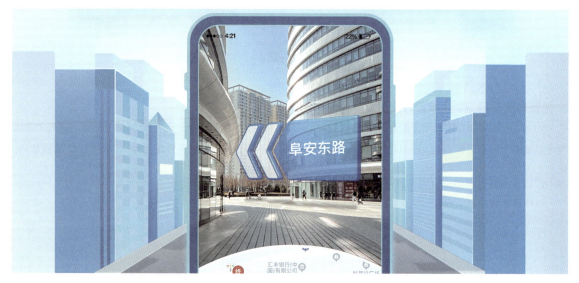

AR 步行导航使用效果

1. 探寻本质：用 AR 构建更精准高效的步行导航体验

高德 AR 步行导航，借助智能定位和视觉识别功能，将 AR 标识真正有机地融合在道路环境中，构建地图与真实世界的映射关系，提升导航精准高效性的同时也为用户带来多感官交互体验。帮助用户解决找方向难、不知何时转向等难题，使用户高效便捷地到达目的地。

那么为了更好地在用户体验上融合，首先来明确一下 AR 在步行导航场景下的体验特性：AR 步行导航需要在"渐进移动"的道路环境下能够清晰地识别到"实时的信息指引"。

因此，为了信息能够在导航的过程中得到更精准高效的展现，梳理了如下设计策略。

AR 步行导航设计策略

2. 拓宽体验：用 AR 让步行导航更真实可感

在 360 度 UI 空间中，设计用于聚焦，站立时的自然视角是平视视角，而最佳可视范围是 90 度，在这个范围内可以清晰地看到所有信息，所以在设计时会将最重要的信息展示在用户进入体验后默认位置的 90 度视角内。

为了打造真实感，引导标识完全按照物理世界的体感打造，通过远小近大的空间关系及全局全时的光照投影，给人以物理世界的真实感受。

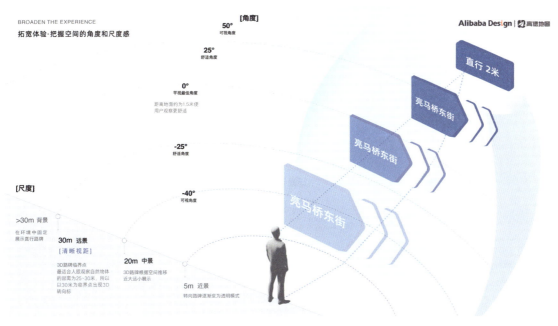

AR 步行导航多维体验设计原则

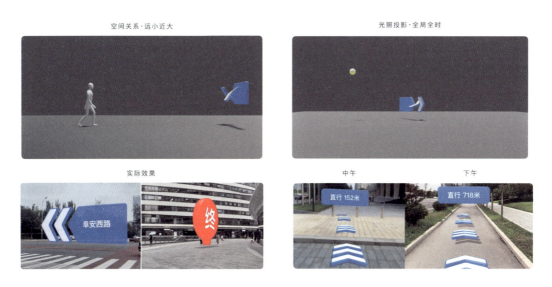

AR 步行导航空间感知设计呈现

3. 价值影响：用 AR 打开探索城市的新方式

科技的发展就是不断以更自然、更便捷的方式去改善人们的生活，而 AR 与地图的结合，正符合了逐渐走向数字化世界的趋势。高德地图基于大量的地理信息数据和精准的导航能力，利用 AR 特性让地图中的数据清晰易懂、可视可用，给用户带来更高效自然、舒适贴心的用户体验。

导航精准

回归导航本质，提供精准可靠、高效决策的导航体验

场景延伸

基于地理信息数据和精准导航能力，在信息服务、共享出行等领域利用AR特性让地图中的数据清晰易懂、可视可用

体验多维

根据功能情景特征进行多维多感官的体验设计，提升用户的参与感，让内容更精准有效地传达给用户

NOW   FUTURE

AR 在地图中的设计价值

车道级地图开启人车共驾导航体验

与 AR 步行导航不同的是，车道级导航主要应用在驾车场景，并且核心技术要素是车道级数据和车道级定位。那么车道级地图与传统的驾车导航地图的差别是什么呢？

相比于传统地图，车道级地图导航在信息精细度、定位准确性、动态信息丰富度上有大幅提升。比如，车道级导航能清晰显示道路上的虚实标线、自己的车行驶在哪条车道上，还能在地图上看到车身摄像头，以及雷达检测到的周围车辆、锥桶、防撞桶等。

	车道级导航	传统导航
道路渲染	对现实道路的三维模拟	对现实道路的二维抽象
定位精度	10厘米-20厘米	几米-几十米
数据源	车道级地图融合车身感知数据	标精地图（SD）
产品形态		

车道级 · 设计效果图   道路级 · 高德地图车机版

车道级地图与传统地图的区别

除了数据精度不在一个层次，使用场景也有明显区别。传统地图的使用对象只是人，而车道级导航地图是人车共用的。在人驾驶车时，通过车道级的精细引导，可为驾驶员带来更直观、准确的导航体验。在自动驾驶时，车道级导航地图不仅为自主驾驶系统提供地图和导航路径，驾驶者与乘客也可以通过地图更清楚地了解车辆做决策的依据，增强对于车辆的信任感。

车道级地图导航承载的信息和应用场景，都与传统地图有明显差异。如何将这些信息加工转化为愉悦的人车共驾体验，就是设计师要解决的问题了。

1. 基础构建：车道级地图的三维空间设计

车道级地图中所呈现的数据元素相对比普通地图更多、更复杂，而且在不断采集更新中，但大致可划分为 3 类：动态识别元素、高精道路元素及场景氛围元素。

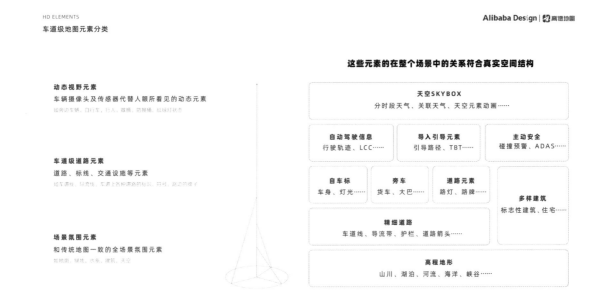

车道级地图元素

设计需要将以上这些数据元素以三维视觉化的方式进行呈现，最终服务于驾驶场景中的驾驶者。

数字地图的优势在于能清晰地展示复杂世界的空间关系。空间关系的清晰表达能让驾驶者更了解当前所处的道路环境，心里更有底，这对于开启自动驾驶的车辆而言尤为重要。

设计风格的选择则需要克制，既要让驾驶者能快速识别地图中的元素是什么，又需要让画面整体有序，主次明确。所以选择使用介于写实与抽象风格之间的简约风格，既能写实展示元素的关键特征，整体又不复杂。

车道级地图设计风格

2. 动态交互：车道级地图的人车共驾视野策略

地图画面是由渲染引擎程序的摄像机拍摄出来的。摄像机的位置、俯仰角、投影中心、裁剪区域等都会影响用户看到的画面内容。视野设计分为自动驾驶场景和真人驾驶导航场景。

自动驾驶的关键场景是车辆自动并线。为了强化驾驶者对车辆并线决策的感知，在汽车进入并线等待状态时，相机的投射中心会移动到目标车位。

自动驾驶时的车辆并线视野

与自动驾驶相对的是真人驾驶的场景。根据与下一个转向路口的距离远近,人在驾车导航时可抽象为 4 个阶段:顺行、预判、确定、动作。

不同的驾驶阶段需要不同的摄像机视角,来强调最相关的信息。例如,当下一个转弯路口在几千米以后时,驾驶员对几千米范围内路况的需求要强于对前方路口位置的需求;当临近路口时,驾驶员对前方从哪里转弯、走哪条车道的需求又会强于对几千米后路况的需求。

CAMERA
导航时不同场景的相机视野变化

Alibaba Design | 高德地图

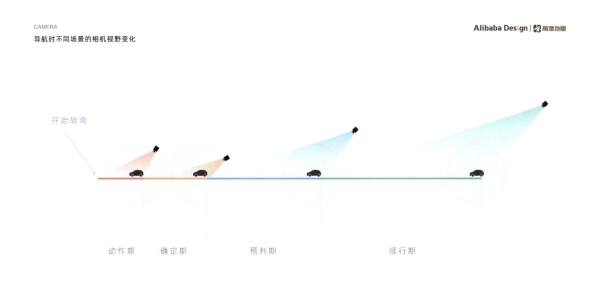

导航时不同场景的相机视野变化

3. 价值影响:车道级地图助力自动驾驶功能量产

不同车道级导航在智能汽车的驾驶场景中,有两方面的用户价值。

● 车辆自动驾驶时,提供驾驶环境实时模拟的视觉可视化界面,建立人对系统的认知和信任。

● 在人开车时,提供贴合现实的路口形状、直观的并线引导,降低驾驶者对导航信息的认知成本。

总结

地图是人类文明的坐标,随着科技的不断进步,地图不断被赋予新的内涵。结合 AR、车道级定位、高精数据的地图设计探索才刚开始。我们的目标是创造次世代的导航体验,为用户提供更准确、好用的高德地图。

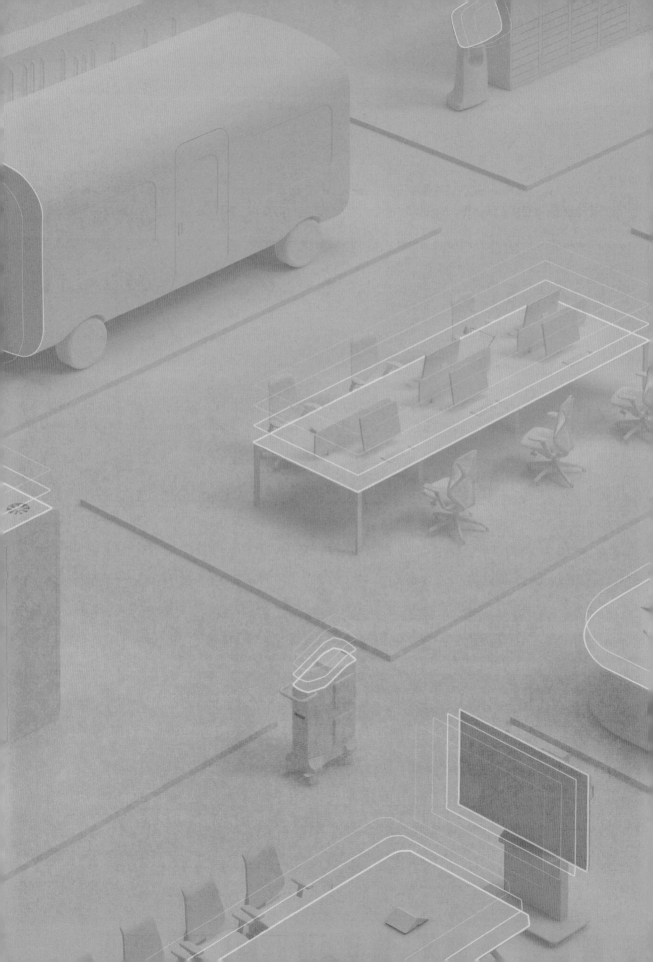

"智造"未来新办公，
原来可以这样

—

随着企业数字化转型，办公场景将更加细分，传统的生产工具（如计算机、手机、办公软件、办公家具）已无法充分满足细分工作场景的特定需求，而智能硬件具有更多维的数据感知能力、更强大的数据连接能力和更即时的数据交互能力，将更有机会去满足这些特定需求，从而提升办公效率和体验。

企业办公为什么需要智能硬件

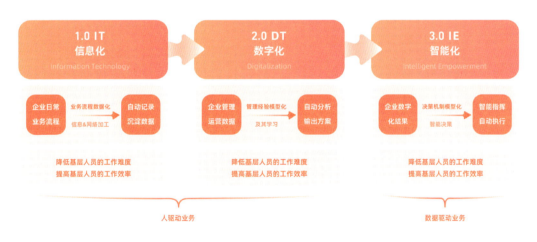

企业发展经历的 3 个阶段

企业发展历经信息化、数字化之后，已逐步进入智能化阶段，智能硬件可借助先进的科学技术，将物理世界采集的数据进行数字化，再将内含的复杂信息经过人工智能技术挖掘出来，直接驱动业务发展和系统运行，企业办公形态也由过去对经验的依赖逐步转向对数据的依赖。

传统办公硬件仅能满足基础办公需要，办公软件（电脑端和手机端）主要满足常规线上办公需要，而特定场景下的办公则需要智能硬件来提供更多维的工具能力，帮助人们更高效、更低成本地完成工作，甚至取代人工自动完成工作，从而更好地服务企业内外部的用户。因此，智能硬件将更有机会打造更智能的企业办公方式。

智能硬件与企业办公的关系

1. 智能硬件可将物理触点数字化

传统的会议室管理主要依靠人力完成，导致企业运营成本高、效率低。通过在会议室部署人体识别传感器，将会议室使用的行为触点进行数字化，实时检测有没有人，可及时释放资源，为空间运营提供精准使用数据，减少不合理使用行为。触点数字化是企业办公智能化的前提条件，通过多维度的空间感知、设备感知和行为感知，使得办公场景链路具备数据获取和连接能力。

会议室内的人体识别传感器

2. 智能硬件可重构产品能力，实现降本提效

传统会议室硬件设备多样、学习成本高，为此，我们研发了全新的音视频会议一体机——黑鲨。它整合了电话机、麦克风、扬声器和触摸屏，统一了集团的会议室硬件，带来了全新的参会体验。一键发起、一键入会，扫脸

即可识别员工身份。视频画面、麦克风和扬声器都可以通过触摸屏轻松控制。在这里，智能硬件将原先多设备能力进行了重构和集成，降低了产品的学习成本和硬件成本，提升了会议体验。

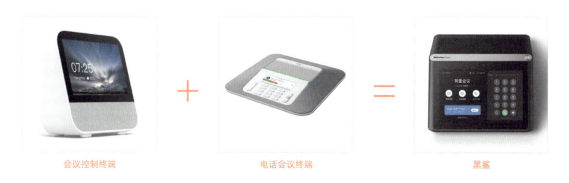

会议控制终端　　　　　　电话会议终端　　　　　　黑鲨

黑鲨

3. 智能硬件可让办公体验更智能

传统企业前台主要提供物品寄存、借领用和问询指引服务，由于人力和空间成本原因，仅能在固定位置提供 8 小时集中式的业务服务。而云前台可根据需要灵活部署，有效地拓展服务空间和范围，满足员工 24 小时就近获取服务的需求，高效省事。云前台取代传统前台，主动服务取代人力服务，提升行政职能人员工作效率、降低前台运营成本的同时，也让员工的办公体验更加智能。

云前台

通过智能硬件打造办公新形态的项目实践

办公场景细分领域很多，要从哪些领域优先切入做智能硬件呢？以阿里巴巴企业智能事业部为例，根据主要办公场景软硬件生产工具的分布情况，我们发现会议协同、数字行政、资产管理等领域，业务流程标准化程度高，产品工具属性强，在这些领域更有机会通过智能硬件去重新定义员工、职能人员的生产工具，为其提供更高效、更好用、更智能的办公方式。

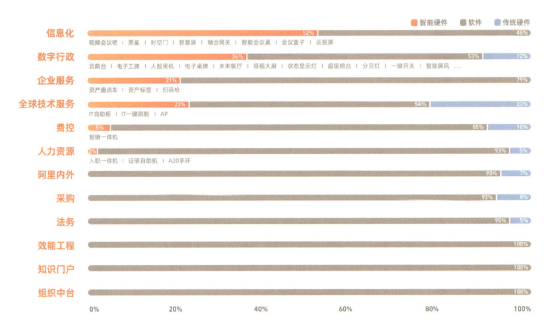

企业智能主要办公场景软硬件生产工具分布情况

如何开好会和管好资产是常见的办公需求，会议室资源少、异地协同难、资产盘点费时耗力等痛点长期困扰着员工及职能人员，下面将通过项目实践来具体介绍智能硬件是如何打造办公新形态的。

1. 开会办公新空间——视频会议吧

会议室预定难是办公经常遇到的问题，园区建好后存量会议室资源有限，无法充分满足不断增长变化的会议需求，另外会议室被提前预订后，临时不用的情况下，很少会及时主动释放，造成会议室出现间歇性闲置与浪费。

面对会议室资源不足和使用不合理的难题，我们探索出一种开会办公新空间——视频会议吧，主要用来满足高频的 1~4 人小型会议需求，如视频会议、招聘面试等。员工可以通过顶部的条形电子屏，在远处看到会议吧是否占用或当前已被使用的时长。会议吧能够检测内部有没有人，自动控制灯光和换气调节舒适度，从而创造安静舒适的小型会议空间。据统计，单位时间内会议吧开会次数相当于普通会议室开会次数的 3.8 倍。模块化结构方便低成本地灵活部署到各种办公空间，有效提升空间利用率，并且较传统会议室成本节约 30% 以上。

视频会议吧

2. 白板协作新体验——智慧屏

异地办公协作逐渐成为重要的沟通方式，如何让异地沟通更顺畅、协同体验更好，成为协同类生产工具亟须解决的问题。随着大屏显控技术的突破，会议屏幕已由过去的单显示设备进化到可触控的智能交互设备。因此，我们打造了一款集书写、演示、会议、控制等多功能于一体的白板协作一体机——智慧屏，内嵌 AI 音视频技术，突破传统会议只能在本地使用白板的地域限制，满足异地办公协作需求，提升异地沟通效率和协同体验。同时配备霍尔感应手写笔，实现提笔唤醒白板的能力，让书写体验更自然。

智慧屏

随着智慧屏在园区的广泛应用，在开放空间使用智慧屏开会也备受青睐，然而开会区和邻近工作区的说话声音相互干扰和影响的问题日渐凸显，对开会和办公的体验都有影响。为此，我们研发了一种能检测环境噪音并进行状态调节、实现降噪功能的智能屏风，内置麦克风阵列，实时检测说话音量，持续超过预警音量水平时，及时通过旋转吸音叶片的组合方式形成相对闭合状的降噪空间，改善所在空间的噪音水平。

智能降噪屏风

3. 资产盘点新方式——资产盘点车

传统资产盘点采用人肉扫码方式，操作效率低，盘点过程需要多人协作，扫码反馈体验差，盘点数据整理耗时费力。由于大型园区资产类目多、数量大，传统的人肉盘点容易导致资产账实不符、出库转移难以准确清点等资损管理风险。

面对资产难盘、账实难管、风险难控的问题，我们通过打造全新的盘点工具——资产盘点车，打破了传统人肉盘点的低效方式，重新定义资产盘点的工作方式。内置高灵敏度的 RFID 阅读器，可快速精准地识别 3~5 米范围的资产，盘点效率是传统扫码的 5 倍以上，目前已经在全国数十个园区广泛应用，管理着上百万件园区资产。资产盘点车上手容易、推车轻松，可实时查看盘点进度和盘点结果，快速定位账实差异，便于异常处理。这种高效便捷的盘点新方式，可大幅降低盘点成本，让资产易盘、账实一致、风险可控。

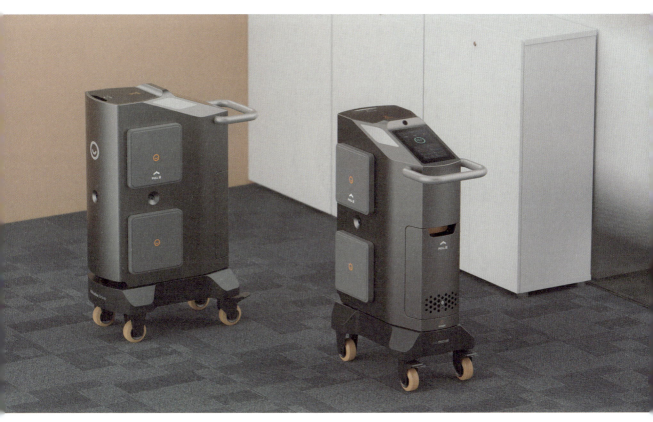

资产盘点车

通过打造全新的智能硬件，将工作场景中的物理触点数字化，重构和集成传统生产工具的产品能力，把烦琐的日常工作通过智能硬件进行智能化处理，重新定义办公新形态，将工作场景数字化、智能化，提高办公效率，让办公体验更智能，实现办公场景整体价值增长。

未来办公新形态的畅想

新一代信息技术（云计算、大数据、人工智能、5G 等）与各行各业的融合正在进一步加深，企业正加速进入数字化转型步伐中。我们认为，未来企业办公将更依赖基于"数据＋算力＋算法"创造出的新生产工具来完成工作，未来办公也将不局限于物理的园区、办公室和设备，只要有网，就可以随时随地与全球各地的人协同办公，就像是在面对面一样，未来的办公形态将会模糊虚拟和现实的边界，虚实融合。

"百变金刚"
是怎样炼成的
—

当初发起创办达摩院时，马云是这样说的：研究不应该是 Research for Fun（为快乐研究），也不应该 Research for Profit（为利润研究），而是 Research for solving the problem with Profit and Fun（为解决问题而研究并带来利润和快乐）。For fun 走得太远，for profit 走得太近，都走不长。一个企业能做多大，在于企业解决了多大的社会问题，这是阿里巴巴的思考逻辑。

阿里巴巴"机器人实验室"设计团队秉承这样一种设计理念，力求规划全系统模组化的服务机器人系列，打造"百变金刚"。

针对机器人领域的重新思考与定位

我们专注"AI- 机器人"领域，"Alibaba 自身平台化"能力是赢得客户信赖的优势，我们认为将这一优势在设计上最大化是机器人规划 & 设计工作的核心目标。为此，提出了"泛模组化"的产品规划理念。"泛模组化"旨在将产品按功能分区最大限度地进行拆分，包括硬件功能模组、系统感知模组、人机交互模组及关键功能模组内的"模块化"，以实现自由组合，适应更多工况的目的。各模组内的小模块间解偶，便于单独研发、管控。同时将各功能模块上升到产品层级，同样受产品 PI 约束。

在"未来社区，一云多端"的大背景下，为了使平台化优势能够更直接、清晰地传达给客户，需要在感官层面建立同样使客户信赖的产品形象：①视觉感受。确立与自身定位相符的产品风格，建立"专业领域 - 自身品牌 - 产品"之间的对应关系。②使用感受。在产品使用阶段通过融合传感器技术的人机系统设计及功能性细节设计，使用户获得良好的人机体验，从而建立用户对产品性能和功能认知的信赖。

"S-Heart 人机交互系统"应用实例

近年来，由于机器人产业的发展，各类机器人产品形态种类繁多，缺乏统一的行业可通用的设计标准，混乱无序的机器人人机交互模式导致用户与机器人认知、使用及有效交互的成本增加，造成各类使用困惑甚至人身风险。

"S-Heart"是阿里巴巴机器人团队在"泛模组化"的服务机器人系列的产品规划设计中研发的，基于一整套有效的软、硬件功能模组，可智慧适配各类不同场景的机器人人机交互系统。

对于硬件部分，将底盘运动模块根据不同工况可变换室内外两种形式。中部业务功能模块进行了最优的可变标准化设计。人机交互模块结合多种传感器感知融合，实现了视觉、语音、屏幕、表情、灯光等立体多模态交互手段，更大程度地提升用户使用体验实现人机融合。机体后方预留了特种功能扩展模块，是针对未来不同场景的功能需求变化及设备外接等做了预留接口的模组化设计。

S-Heart 硬件"泛模组化"组合设计实例

人机交互系统部分通过多传感器的感知融合，充分协同，获得全面的环境感知信息，有效调度机器人的各项软、硬件能力，自动适配不同场景的智慧服务中不同模态间完美的补充与共振的平衡，打通人机交互通路，形成细腻、多维的服务机器人使用者体验。此系统包括完整专业的语音、灯光、手势、音效、接口等交互内容，基于"Service Heart"的设计理念，以"Service Personality"（服务型人格）形成自然、统一的体系，在酒店、展馆、医疗、敬老院等场景下，为使用者带来高质量的智能服务体验。

机器人与人的交互，依据远、中、近距离及实际环境情况选择适当的多模态交互方式，有效避免人对于机器人表达意图的误判，建立人机信息通路。例如，在嘈杂环境下不能准确地使用语音交互时，此时上位机就会调度灯光主动交互或是触控屏交互等方式补充，让人理解机器人在场景中想表达的状态。当机器人在行进中由于不停地移动，机身上屏幕显示的提示文字无法准确地被使用者感知，此时需要辅以语音交互或灯光等补充的交互方式。

人器交互的空间尺度

经过多个机器人的业务经验，沉淀了机器人业务中会出现的多种状态的共性。我们将机器人服务室内外业务场景流程模块化，为每个业务流程中的模块设计了相应的多模态交互组合，这些组合包含屏幕、手势、灯光、语音、人脸交互，甚至包括运动速度、转弯半径、安全距离等，赋予机器人在业务场景中完成任务的能力。举例来说，当机器人感知自己在 A 场景中时，A 场景中的多模态交互组合（如语音＋屏幕）会被机器人系统主动调度，而当机器人移动到 B 场景中时，B 场景中的多模态交互组合（如语音＋灯光）会主动被触发。有了这些多模态交互组合后，便可将机器人应用至多场景，并拓展到多人多机的体系化，将机器人、机械臂、智能硬件等各个感官做了"体验感受对齐"的设定，来降低用户的困惑，让操作机器人的用户能明白机器人的意图，进而提升用户对机器人体验的一致性，建立起机器人的共通语言。

在具体设计中，会根据场景需求将各种交互手段进行系统的多种模块组合，满足不同场景中人机交互需求所需要的机器人能力，构建优秀的服务体验生态。输出一系列多模态交互设定文档。例如：

表情输出——复杂交互场景，近距离表达。

语音输出——中近距离表达，无明确指示性，带有强制性及一定的干扰，受使用环境制约。

屏幕输出——近距离表达，明确信息及指向性，可做复杂及兜底操作。

灯光输出——无距离限制，简单信息可全方位表达，无法传达复杂信息。

运动特征——人员密集场景，避免接触。

（注：涉及核心数据，此处不宜披露详细内容）

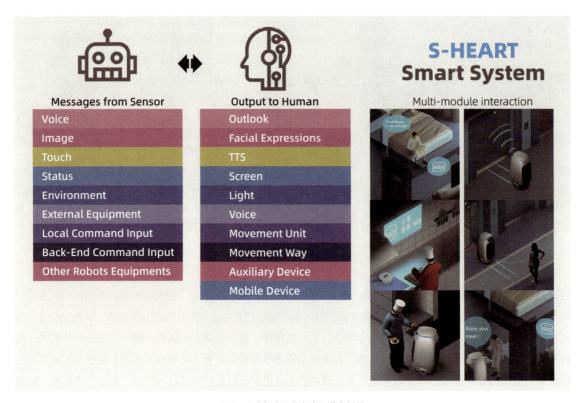

S-Heart 人机交互信息流 & 业务场景

用户只要调用提供的模块功能组合即可整合软、硬件交互能力，快速搭建适合业务场景的服务机器人。

S-Heart 为机器人行业人机交互现状提供了更优的解决方案，研究国际通用的相关交互认知规范，并构建出多模态的人机通用语言，而这样一种革命性的智能机器人人机交互系统可有效地节省研发成本，建立人机通路，减少感知误判。机器人人机交互系统可在各领域提升效率、改善生活，为多角色、多场景带来了高效、便捷且情感化的智慧体验。另一方面，该系统也为企业有效地节约了成本，提升了工作效能。S-Heart 系统平台能成为服务机器人领域的基础设施，通过建立机器人共通的语言，在未来将持续推动机器人行业的爆发成长。

获得的相关奖项：红点奖 reddot 2021，iF 2020 Professional concept，金点奖 2020，红星奖 2020，德国 iF 设计奖 2020，美国 IDEA 工业设计奖 2020。

PROTON

NEURO - SYMBOLIC AI

ARTIFICIAL INTELLIGENCE BY
ALIBABA CLOUD   2021®

MADE BY *
ALIBABA CLOUD
DESIGN

NEURO - SYMBOLIC
LAB
IS AN INNOVATION LAB
WITH A VISION

BUILD CONSCIOUSNESS TO
MACHINE

PHOTON IS AN A.I SYSTEM
DEDICATED TO FUTURE TECHNOLOGY.

GET IT   STARTED

PRIVACY POLICE

LEARN MORE ABOUT PHOTON

机器意识 AI 之旅，
神经符号创意设计

—

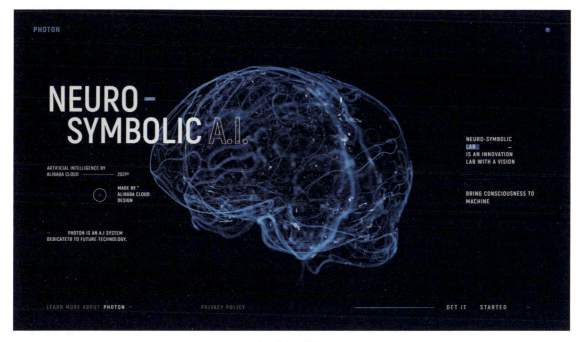

光子体验网站首页

光子系统（PHOTON）是阿里云神经符号实验室（Neuro-Symbolic Lab）开发的一套基于交互的视觉推理系统，寓意光子系统照亮人工智能的黑盒。神经符号实验室的创始人陶芳波博士，以及 NS-LAB 的科学家团队们致力于光子系统不仅能感知这个世界有什么，还能理解世界内物体的关系（时空、因果、社会关系），并基于这些感知来推理、交互，影响物理世界的状态，也就是 NS-LAB 的研究方向——Bring Consciousness To Machine（让机器拥有意识）。

此次，阿里云设计中心联合神经符号实验室强大的视觉智能问答（VQA）、图像描述（Image Captioning）及图像生成（Image Generation）等 AI 能力，共同打造了一个互动沉浸式的数字体验，让用户在线生成代表 PHOTON 意识的 3D 数字纤维，感受光子系统。同时，阿里云设计中心的数字设计能力将技术与设计更有机地整合，通过 Houdini、Blender、WebGL 等创意技术进一步挑战设计的边界，为用户带来影视级的视觉互动体验。

感知 PHOTON AI 模块

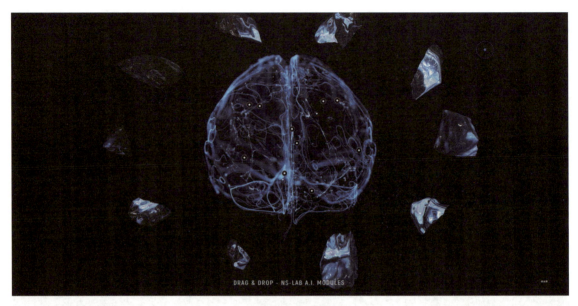

PHOTON AI 模块

光子系统（PHOTON）内部融合了自然语言、视觉、时空、执行、因果与推理及记忆等模块，这些模块有机地组合在一起发挥 1+1>2 的系统优势，逐渐完成越来越复杂的任务。这就类似人类的大脑：一个有机的智慧体，用户通过游戏化的拖曳互动体验，全方位地了解感知光子系统的能力构成。

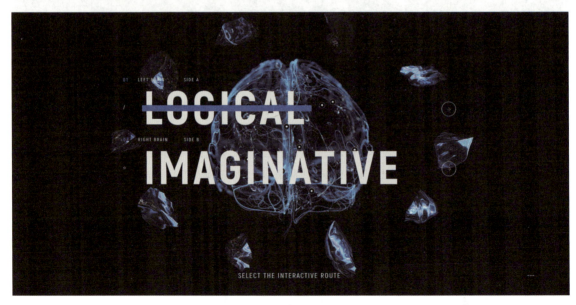

选择不同的体验路径

将光子系统抽象成一个光纤质感的数字"能力大脑"，当用户进入网站完成模块组装体验后，接下来，设计了两条交互体验路线：Logical（逻辑力）和 Imaginative（想象力），前者对应光子的图像问答能力（VQA）和图像生成（Image Captioning）能力，后者对应光子的图形生成（Image Generation）能力。

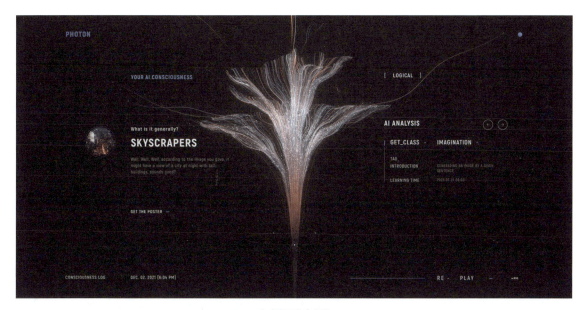

生成光子数字纤维

体验完成后，用户会得到一个和光子系统共同创造的"意识"—— 独一无二的 3D "数字纤维"，它基于实时渲染与人工智能分析，根据用户上传的图片和提问，纤维束的色彩会呈现多样的视觉效果，生成特有的数字创意艺术形态。

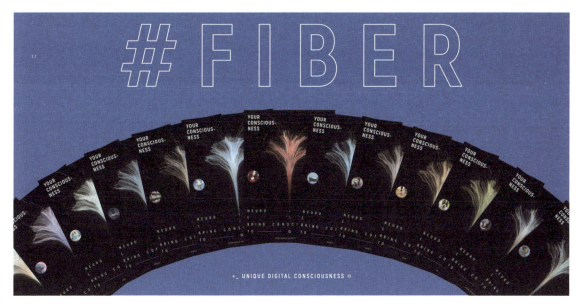

分享数字纤维海报

同时，还构建了一个意识展厅 Gallery，用来存放用户生成的各式各样的意识形态，用户也可以在这里将自己的"数字纤维"下载为海报并分享或者查阅其他人生成的"意识"。

技术的领先性 × 设计的代差性

神经符号体验网站的设计思路与平时的 B 类产品思维有很大不同，它是讲究时效性的创意传播，我们的设计目标是让全球用户在短时间内通过数字体验来记住阿里云神经符号实验室 PHOTON——这就需要其具备独特的数字创意体验，甚至颠覆性的设计。在这样的场景下，创意没有公式。借助阿里云设计中心自研的 GDS WebGL 图形技术，以及定制开发的底层图形 Shader 和渲染管线等领先图形侧技术，在整个体验网站中实现了诸多代差级创意设计及创意技术的运用。

1. Houdini × Blender × WebGL > 光子大脑

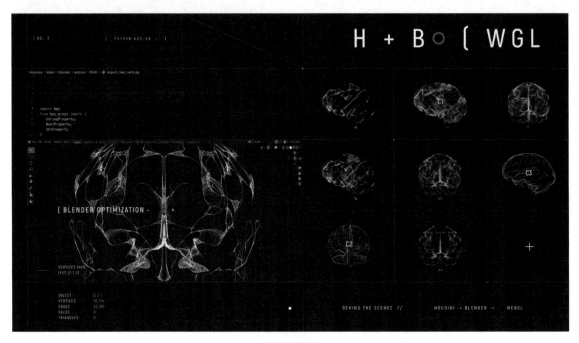

打造光子大脑

实时渲染的挑战在于图形是交互的，并非预渲染的图片或视频动画，这意味着大脑的生成需要从抽象的数据开始。使用 Houdini 中的 POP 粒子模块并结合 VEX 编程语言，定制实现了一套几何生成算法，生成既满足视觉需求，也满足 WebGL 渲染性能需求的几何数据。

为了达到网页渲染时性能的平衡，以及对大脑的局部细节定制化处理，将 Houdini 生成的 .abc 文件导入 Blender 进行优化，并编写了 Python 脚本导出为渲染算法需要的格式进行输出，最终得到了这颗"能力大脑"的模型原始数据。

在 WebGL 中，光纤质感最大的挑战在于细腻的景深效果（Depth of Field）。目前主流的实时景深算法都是基于屏幕空间后期（Post Processing）模拟深度，然后基于屏幕深度进行一次可变半径的采样卷积操作。这种算法应用在纤维线条和粒子等较细腻的物体上效果并不好，且在焦点附近容易造成走样（Aliasing）。

把大脑数据通过 Shader 在 GPU 里实现延时渲染（Deferred Rendering）——即在每帧渲染多次采样的粒子点位，利用光栅化渲染管线，近似模拟出了光线追踪的效果，达到比屏幕空间后期更加逼真细腻的景深特效，其技术难度远超过市面常见的开源 WebGL 景深效果。

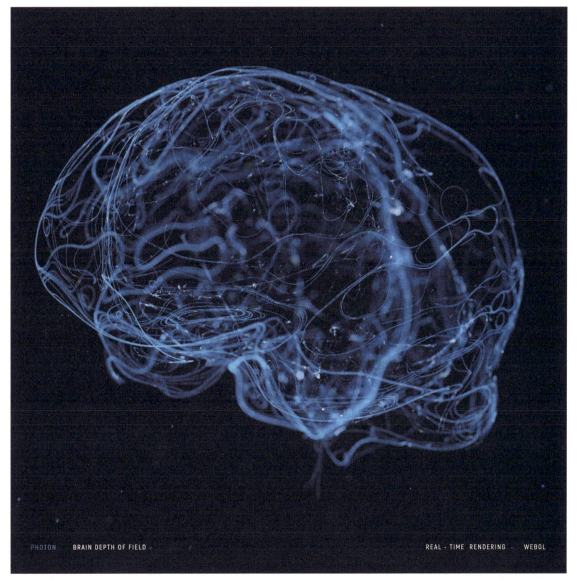

光子数字大脑

最终，我们实现了一颗既有蜿蜒流动的动感，又有缠绕交织的细节的光纤质感 3D 光子数字"能力大脑"。

481

2. GPGPU × FBO > 数字纤维生成

GPGPU 通用图形处理（General-purpose computing on graphics processing units，简称 GPGPU），是一种基于 WebGL 的高级图形技术，通过 Shader 及显卡的帧缓冲区对象（FBO），由 GPU 去计算图形。这一次，使用 GPGPU 创作了 3D 纤维特效。

光子体验网站 Gallery

界面动画（Interface Animation）是一个相对陌生的领域，它存在于界面交互中，需要代码联动实现，同时它也被称为数字创意设计师压箱底的秘籍。

在神经符号体验网站的创意技术开发中，通过 WebGL、Shader、Canvas、CSS3 等诸多 Web 端前沿技术，实现了诸如页面转场、文字编码特效、拖曳、页面滚动联动、像素点物理缓冲、3D 摄像机运动等界面动画。它们独特、细腻，且在整站创意体验中保持一致与精准，是用户在沉浸体验的过程中产生实时反馈的动画设计语言。

"我们要做的是赋予机器意识"

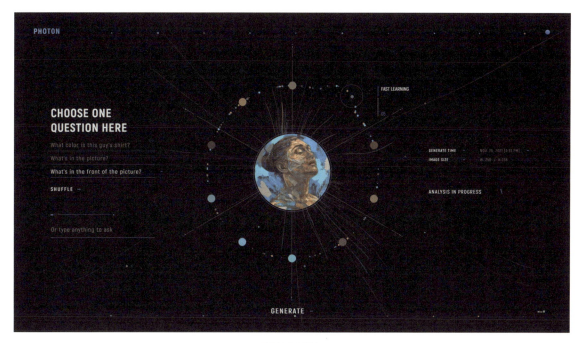

光子 VQA 能力

Bring Consciousness to Machine 是阿里云神经符号实验室的终极愿景，让机器拥有意识——也就是不仅仅让机器能够识别万物，还能阅读理解并辅以语意，更深层次来说，是让机器去感知并影响世界。阿里云设计中心和神经符号实验室此次共同打造的国际数字体验网站，面对全球用户上线，是人工智能与用户的一次轻量级创意连接，更是献给广大人工智能从业者的一份回礼。希望通过创意技术和设计，让更多人感知阿里云在人工智能领域的深耕和探索。期待在不久的未来，光子 AI 能够更加完善，最终服务于人们的生活中。

图书在版编目（CIP）数据

设计，不止于形式：阿里巴巴设计实战与解析 / 阿里巴巴设计委员会编著. --北京：电子工业出版社，2022.7

ISBN 978-7-121-43514-0

Ⅰ. ①设…　Ⅱ. ①阿…　Ⅲ. ①电子商务 - 网站 - 设计　Ⅳ. ①F713.361.2②TP393.092

中国版本图书馆 CIP 数据核字（2022）第 091067 号

责任编辑：陈晓婕
印　　刷：北京利丰雅高长城印刷有限公司
装　　订：北京利丰雅高长城印刷有限公司
出版发行：电子工业出版社
　　　　　北京市海淀区万寿路 173 信箱　邮编：100036
开　　本：787×1092　1/16　印张：30.25　字数：774.4 千字
版　　次：2022 年 7 月第 1 版
印　　次：2022 年 7 月第 1 次印刷
定　　价：158.00 元

凡所购买电子工业出版社图书有缺损问题，请向购买书店调换。若书店售缺，请与本社发行部联系，联系及邮购电话：（010）88254888，88258888。

质量投诉请发邮件至 zlts@phei.com.cn，盗版侵权举报请发邮件至 dbqq@ phei.com.cn。

本书咨询联系方式：（010）88254161~88254167 转 1897。